COLLE

PAUL CLAUDEL

Connaissance de l'Est

SUIVI DE

L'Oiseau noir dans le soleil levant

Préface de Jacques Petit

GALLIMARD

PRÉFACE

De L'Oiseau noir dans le soleil levant, *Claudel disait «qu'il forme diptyque avec* Connaissance de l'Est*». Sans doute songeait-il surtout, en rapprochant ces deux textes, à leur «sujet», à cette double découverte de l'Orient qui leur donne en effet une apparente unité. De l'un à l'autre des passages se font; le Japon est au cœur de* Connaissance de l'Est *avec les poèmes qui évoquent le voyage de 1898 et les souvenirs de Chine affleurent aisément dans* L'Oiseau noir. *Plus nettement, dans ce recueil, Claudel revient sur certaines opinions, sur certaines réactions anciennes pour les préciser ou les contredire.*

Les ressemblances toutefois sont plus profondes que n'implique ce parallélisme, plus révélatrices aussi.

Seuls la Chine et le Japon ont retenu Claudel à ce point. Certes, il a aimé la Bohême, admiré le Brésil, observé l'Amérique... Aucun des pays où il a vécu ne l'a laissé indifférent et de tous son œuvre garde la trace. Mais il ne leur a point accordé cette attention fascinée ni pris à les décrire ce soin et ce plaisir. L'Orient l'a touché d'une autre manière que ni le pittoresque ni l'exotisme ne suffisent à expliquer. C'est cette fascination, avec les contradictions qu'elle suppose et ses ambiguïtés, qui donne à ces

*deux recueils leur intérêt; elle en suggère aussi une lecture
thématique qui les éclaire.*

*Cherchera-t-on à comprendre? Derrière cette séduction
— elle contient aussi un refus, et violent — il y a des
rêves anciens; à en croire les confidences des* Mémoires
improvisés, *des rêves qui auraient décidé pour Claudel
du choix de la Carrière; depuis que sa sœur Camille lui
avait communiqué l'«admiration sans bornes» qu'elle
éprouvait pour le Japon, il rêvait de voir l'Extrême-
Orient. Peu importe qu'elle l'ait connu, comme l'affirme
Jules Renard, par «de mauvaises copies de mauvaises
choses de la décadence», l'admiration n'en existait pas
moins, qui préparait son frère à cette découverte. Et lors-
qu'on sait l'ascendant qu'elle a exercé sur lui, la force de
cette influence ne saurait étonner. Que l'on n'imagine
pas pour autant Claudel voyageur averti, documenté; de
l'Orient, dit-il, il n'avait aucune «idée directe», lorsqu'il
part «à la Chine»; rien que cet attrait, cette curiosité
qu'il satisfera au hasard des voyages, des rencontres et
des rêveries où l'entraîne ce pays. Il en est de même du
Japon, quoique le poète tente alors de s'informer mieux:
mais qu'un renseignement contredise son interprétation,
à propos de théâtre par exemple, il l'avoue, mais préfère
au «véritable* bounrakou*» celui qui «s'était mis à mar-
cher dans son imagination».*

*Le spectacle — œuvre d'art ou paysage — constitue
une incitation à la rêverie; on découvrira plus tard le
même mouvement devant certains tableaux; il n'est pas,
semble-t-il, le plus naturel chez ce poète. Mais ici certaines
circonstances se répètent, curieusement proches, à vingt ou
trente années de distance. En 1921, Claudel quitte la
France, comme en 1895, avec l'impression qu'il n'y a
aucune place. Le retour d'Amérique avait été «plus triste
qu'un départ», dit un poème. Ce texte,* Pensée en mer,

est connu, Claudel l'a commenté avec insistance. Les liens étaient rompus : «Amère entrevue! comme s'il était permis à quelqu'un d'étreindre son passé!» Il partit pour la Chine, heureux, dit-il, de cet éloignement. On ne sait ce qui fit naître cette impression. Simplement, peut-être, la difficulté de renouer, après deux années d'absence, certains contacts. Pour des raisons plus claires, Claudel ne trouve pas, revenant du Brésil en 1919, l'accueil qu'il espérait. Des projets échouent. La critique le malmène. Il était revenu enthousiaste, il part sans regret, et de l'exil se fait un refuge : «J'ai la sensation de vivre ici dans le plus parfait oubli dont je me réjouis...», écrit-il alors à Darius Milhaud. Vers 1896, il confiait à Mallarmé ou à Pottecher des impressions identiques.

Une telle attitude n'exclut pas quelque mélancolie, mais suppose une certaine paix intérieure que Claudel possède à ces deux époques. En Amérique, il avait composé L'Échange *où éclatent violemment ses contradictions intérieures ;* Le Repos du septième jour, *écrit en Chine, traduit dans sa structure même l'acceptation. L'événement qui remettra tout en cause après le «non» de Ligugé, la rencontre d'Ysé, n'a lieu qu'en 1901 ; seuls les derniers poèmes de* Connaissance de l'Est *lui sont postérieurs.* L'Oiseau noir *est écrit après que* Le Soulier de satin *a libéré le poète ; au cours des quelques mois qui en suivent l'achèvement, du moins, et où il ressentit vivement cette libération.*

Comment s'étonner des parallélismes, des reprises de thèmes, de tout ce qui, images ou mouvements créateurs, unit ces deux livres ?

Certes, à y insister, on néglige des oppositions. Mais le lecteur les saisira aussitôt. L'un, étalé dans sa composition, donné dans son mouvement chronologique, retrace le progrès d'une exploration que doublent une évolution intérieure et — Gilbert Gadoffre l'a montré — une recherche littéraire. L'autre, L'Oiseau noir, *lentement mûri, fut écrit pour l'essentiel en quelques mois, un peu comme un adieu au Japon; le simple désir de peindre «pour donner quelque fixité au passé» y fait place parfois au souci d'expliquer, comme l'atteste son architecture même, très étudiée; une certaine liberté du poète devant son modèle, quelque fantaisie lui donnent aussi une variété, dans le ton et les formes, qui semble refusée dans* Connaissance de l'Est. *Toutes différences qui ne masquent pas l'unité très réelle.*

Que l'exil devienne refuge n'a d'un paradoxe que l'apparence. Il suffira pour qu'apparaisse ce mouvement que s'inversent les images de prison et de réclusion, que le cercle, limite insupportable: «Le bouilli était las d'être mangé en rond», disait déjà Tête d'Or, devienne l'objet même du désir le plus profond. Les paysages offrent l'occasion de ce renversement: car ils inspirent moins les images qu'ils ne leur donnent prétexte à naître: la montagne en Chine et l'île au Japon se prêtent ainsi à toute sorte de variations et d'exploitations. Qu'on lise dans Le Poète et le shamisen *les pages sur les îles de la Mer intérieure où se redouble le thème. Les cercles en effet, concentriques, s'enferment parfois l'un l'autre: «Le lac, le lac, le lac. Au milieu du lac il y a une île...» De même l'ermite de la montagne, auquel s'identifie souvent le poète dans* Connaissance de l'Est, *est-il protégé par une série de cercles, de «la double enceinte des monts et des nuages» jusqu'à «cette basse estrade qu'entoure une mousseline, ce paillasson circulaire» où il s'accroupit pour méditer. «Ai-je jamais habité ailleurs que ce gouffre rond creusé au cœur de la pierre?» s'écrie encore le poète. «Nul œil humain ne saurait me découvrir où je suis…»*

Cette image de la solitude heureuse est reprise par celle de «la maison suspendue» ou de cette «tombe en oméga» où se réfugie le poète; seules y atteignent, indistinctes, confuses, les rumeurs de la ville. Le pays tout entier, comme contaminé par le thème, devient — il s'agit du Japon — un «ermitage insulaire».

Les jardins clos, en Chine ou au Japon, se prêtent mieux encore à ce rêve; le jardin japonais est une «invitation à ne pas bouger». Et, déjà, ceux de Chine paraissent mieux encore donner cette impression :

«Les arbres et les fleurs conspirent à ma captivité, et le repli cochléaire de l'allée toujours me ramène vers je ne sais quel point focal qu'indique, tel qu'au jeu de l'Oie, retiré au plus secret, le Puits…»

Celui-ci n'est même plus seulement prison souhaitée, mais coquille, enfermant le poète en lui-même : «Je contouche dans l'immobilité cela au-dedans de quoi la vie nous est mesurée par la circulation du soleil, par le pouls de nos quatre membres et par la croissance de nos cheveux.» Obscure, la phrase l'est par ce qu'elle suggère d'à peine saisissable, passage du macrocosme au microcosme, de l'univers à l'homme dans un mouvement harmonieux; à peine menaçant ici :

«Mes démarches dans ce lieu clos sont empreintes de précaution et d'une vigilance taciturne et coite, tel que le pêcheur qui craint d'effaroucher l'eau et le poisson, s'il pense. Rien ici d'une campagne ouverte et libre qui distrait l'esprit en emmenant le corps ailleurs.»

Le risque est proche et déjà se devine une ombre.

Le plus souvent l'emporte la paix. Et pourtant, le jardin se ferme plus subtilement sur soi que par ce jeu d'une allée-labyrinthe. En son centre, l'eau — ruisseau, étang *ou lac minuscule — qui le reflète tout entier et « reconduit notre œil vers le reflet ». Claudel a souvent repris ces images de miroir et de reflet, jamais avec une telle insistance, semble-t-il, que dans ces deux recueils ; sinon dans un court passage du* Repos du septième jour, *qui en précise la valeur :*

« Ainsi que les arbres d'un bois, ainsi qu'une montagne et la nue se reflètent dans un tranquille étang,

En sorte que l'on ne voit plus l'eau […]

C'est ainsi que le paysan, qui, couché sur le flanc de son lit, garde ses quatre oliviers,

Ne sait plus, voguant sur le fleuve céleste,

Si, avec ses collines et ses villages et ses arbres et ses eaux,

Il ne voit pas au-dessus de lui un ciel d'herbe… »

Le reflet accentue la réclusion, par ce jeu de renvoi incessant des choses à leur image. Ou mieux, L'Arche d'or dans la forêt *se termine sur l'évocation d'une des chambres secrètes du mausolée où se reflètent l'un l'autre, « invariables miroirs », six panneaux d'or.*

Cette image du miroir, qu'elle soit, dans les temples Shinto, « au recès dernier du sanctuaire nu », réellement, un « petit miroir rond de métal poli », ou cet étang qui « contient » le jardin, est pour Claudel symbole de la conscience. Il l'a complaisamment reprise. Elle naît ici : « Et le lac a fait le jardin. Tout se compose autour de cette eau qui pense. » Le même thème était sous-jacent dans Le Temple de la conscience ; *la réclusion ouvre à la contemplation ; l'ermite est au centre « où le lieu, se composant dans son harmonie, prend, pour ainsi dire, existence et comme conscience de lui-même », le solitaire « unit dans la contemplation de son esprit une ligne et l'autre ».*

*Ce texte précède de deux ans le fameux voyage d'où Claudel a daté l'illumination de l'*Art poétique *:*

« *Jadis au Japon, comme je montais de Nikkô à Chu-zenji, je vis, quoique grandement distants, juxtaposés par l'alignement de mon œil, la verdure d'un érable combler l'accord proposé par un pin. Les présentes pages commentent ce texte forestier…* »

Il montre assez que l'illumination fut surtout le résultat d'une lente imprégnation. Certes, ce thème de la « composition » s'épanouit dans L'Oiseau noir, *comme déjà dans les proses « japonaises » de* Connaissance de l'Est. *C'est le Japon qui donne au poète « la sensation d'une présence autour de nous qui exige la cérémonie et la précaution », c'est lui qui, par son art, fait comprendre « que le monde visible » est « une perpétuelle allusion à la sagesse », et introduit à « cette région d'authenticité supérieure où le fait brut est transposé dans le domaine de la signification ». Mais les considérations sur le « signe » dans l'écriture chinoise, la contemplation des jardins, les méditations de l'ermite sur les paysages ont déjà le même sens. Le retrait sur soi, dans un isolement où quelque amertume malgré tout se mêle au bonheur, a pour récompense cette découverte de l'harmonie.*

Que ces thèmes se lient très fortement, on le voit bien dès Connaissance de l'Est *et Claudel plus nettement le dit dans* L'Oiseau noir, *à propos du jardin reflété dans le lac, « Séjour bien fait pour une âme en exil… ». Il joue bien entendu sur « l'exil de l'âme » et sur le sien. Le shamisen dira mieux encore, évoquant les fleurs du jardin de Hasédéra : « et c'est l'exil seul qui rend ces roses possibles ».*

Il serait absurde de ne pas faire, dans la naissance et le développement de ces thèmes, la part de l'expérience. Claudel poursuit moins dans ces textes une interprétation de la Chine ou du Japon, même s'il l'a cru à certains moments, qu'il ne se cherche lui-même. L'image qu'il

donne de ces pays, très discutable peut-être et peu satis-
faisante pour un spécialiste, tient à ses choix personnels.
Il n'en reste pas moins que l'ont frappé certains traits
et que sa réflexion en a été marquée, qu'il s'agisse du
«signe» ou de la composition des jardins, imitation et
interprétation de paysages, et encore de ce respect de la
nature : fong-shui *chinois ou calcul subtil des Japonais*
chez qui tout édifice, imposant ou simple, semble «exau-
cer le vœu latent du site».

　　Les impressions notées ne sont pas toutes aussi heu-
reuses, sans que pour autant se modifient les images et les
thèmes, profondément ambivalents. Derrière l'Asie de la
solitude et du bonheur, ou plutôt mêlée à elle, se devine
l'Asie satanique. Aucun doute à cet égard sur les réactions
de Claudel. Même si le Japon se cache derrière une «bar-
rière de fleurs et d'enchantements», même si la Chine
dans son «tohu-bohu» donne l'image «d'une vie touffue,
naïve et désordonnée» qui le ravit, la noire présence
n'est jamais absolument oubliée. C'est, dans un temple,
au recoin d'une porte «un démon brun à quatre paires de
bras, la face convulsée par la rage», «caché comme un
assassin», ou, dans un jardin, ce grand rocher «comme
un monstre», et au Japon ces paysages d'enfer et la pré-
sence de Bouddha : c'est, enfin, car ce lieu semble avoir
fixé la réprobation, la «forêt maudite» d'Angkor, dans
Le Poète et le vase d'encens, *où se retrouvent violem-*
ment inversées les images heureuses, soudain menaçantes.

　　Mais certaines sont intermédiaires : l'universelle pré-
sence des morts, par exemple. «La mort, en Chine, tient
autant de place que la vie.» Le ton n'est pas sombre dans
ce poème : «J'habite moi-même ce pays de sépultures...»
et le «grand tombeau triple, noir de mousse et de vieillesse»

est un refuge aussi paisible que les ermitages de la montagne : «*Hôte des morts, j'écoute longtemps ce murmure, le bruit que fait la vie, de loin.*» *De même, au Japon, cette présence de* «*l'outre-tombe*» *n'est-elle pas effrayante. Pas toujours, du moins. Car le premier voyage, celui de 1898, n'exclut pas des images un peu sinistres :*

«*L'Averne devant nous s'ouvre et se déploie. Ce sol brûlé, ce ciel bas, cette amère clôture de volcans et de sapins, ne correspondent-ils pas à ce fond noir et nul sur lequel se lèvent les visions des songes ?*»

De même, l'une des premières promenades dans Shanghai s'achève sur le bord du fleuve : «*un peuple d'ombres y grouille, pareil aux mânes infernaux*». *La* «*Fête des morts*» *laisse le poète* «*tel qu'un mort sans yeux au fond de l'infini des ondes*» *et une traversée, paisible cependant, fait lever de curieuses images ; le navire paraît longer* «*la frontière de l'autre monde*» *et, tout à coup, s'avance* «*au milieu de l'éternité monstrueuse*».

Une autre image ambiguë est celle, si fréquente, du rêve, du songe, de l'illusion, liée à celle du reflet. Que les nuages, dans le soleil couchant, offrent à la vue du contemplateur «*la disposition solennelle d'une représentation de cité*», *une* «*Jérusalem*» *céleste ; que la lune éclaire un* «*grand arbre*» *qui* «*tout dégouttant de lumière*» *paraît soudain fleuri ou qu'elle suscite d'innocents fantômes ; que toutes sortes de jeux, feuillages, lumières, fumée, construisent une habitation* «*fabuleuse*» *ou que, plus simplement, Claudel note ses rêves, il y a, dans* Connaissance de l'Est, *une constante présence de l'*«*Illusion*» *et du* «*Prestige*». *Les nuages surtout et la brume attirent le poète ; lorsqu'ils enveloppent les montagnes, elles apparaissent comme de* «*noires îles*» : «*dégagée par un nuage, la cime du Kuchang est suspendue comme une île dans les étendues bienheureuses*». *La métamorphose est totale lorsque la masse de brouillard, vue de la montagne, devient une étendue d'eau,* La Mer supérieure. *Plus tard, c'est la même image, inversée, qui décrira le* Japon : *il «repose comme un groupe de nuages solidifiés au sein d'un océan sans bornes». Ici encore, nuages et brouillards, éléments d'un spectacle fantastique, recèlent un danger ; que «par la brume, une route insolite ne ménage un irrémédiable égarement». Déjà, dans* Portes, *le chemin qui conduit le poète paraît inquiétant.*

«Un ancien souvenir n'a pas plus de détours et de plus étranges passages que le chemin qui, par une suite de cours, de grottes et de corridors, m'a emmené où je suis. L'art de ce lieu restreint est de me dérober, en m'égarant, ses limites.» Cette absence de limites, paradoxale en ce lieu clos, c'est l'impression même que note Claudel dans Le Risque de la mer.

«Je vois dans le cirque noir errer les pâles cavaleries de l'écume. Il n'y a point autour de moi de solidité, je suis situé dans le chaos, je suis perdu dans l'intérieur de la Mort. [...] *J'ai perdu ma proportion...»*

Et c'est de cette crainte que naît, dirait-on, par opposition, ce goût et cette recherche de la solitude, de ces lieux composés offerts à la contemplation, paysages immenses où les montagnes paraissent «dans la gloire de l'après-midi siéger comme cent vieillards» ou minuscules jardins. Entre deux craintes, celle de l'infini :

«Emporté, culbuté dans le croulement et le tohu-bohu de la Mer *incompréhensible, perdu dans le clapotement de l'Abîme, l'homme mortel de tout son corps cherche quoi que ce soit de solide où se prendre»*

et celle de la prison.

Dans Connaissance de l'Est, *la première l'emporte et fait de la prison, si étroite soit-elle (le poète se sent heureux d'être «tel qu'un insecte dans le milieu d'une bulle d'air»), le refuge. Jusqu'à* La Terre quittée, *du moins, écrit en 1899 lorsque Claudel quitte la Chine et rompt l'enchantement :*

«*Tout mon cœur désespérément, comme l'opaque sanglot avec lequel on se rendort, fuit le rivage derrière nous qui s'éteint. Ah! mer, c'est toi! Je rentre. Il n'est pas de sein si bon que l'éternité, et de sécurité comparable à l'espace incirconscrit.*»

De même, l'un des derniers poèmes de L'Oiseau noir *sera éclat lui aussi et libération, même si «l'on voit des monstres noirs remuer au fond de l'abîme solaire».*

C'est cet élément d'inquiétude, «le sentiment d'un danger toujours présent», que Claudel dit avoir ressenti au Japon, qu'il faudrait maintenant faire apparaître. Il met en relation cette impression, dans Le Poète et le shamisen, *avec «l'amère paix du paradis bouddhiste qui n'est peut-être pas très loin de l'enfer». Sans doute n'a-t-il jamais été attiré par «cette amère paix» et il y a, au moins dans l'un des poèmes de 1898, une des condamnations les plus brutales qu'il ait portées sur le Bouddhisme :*

«*Et c'est là le Mystère dernier et satanique, le silence de la créature retranchée dans son refus intégral, la quiétude incestueuse de l'âme assise sur sa différence essentielle.*»

On a dit et répété, à juste titre puisque tant de textes le montrent, que rien n'était plus étranger à Claudel que cette attitude de retrait sur soi et de paix égoïste. Certes! Mais comme ces poèmes pourtant montrent que cette contemplation peut le séduire : «je goûte l'oubli et le secret du taciturne jardin». Il y a dans les proses de Connaissance de l'Est, *à peine sensible, le sentiment de cette «occulte parenté» avec l'Orient, et dans* L'Oiseau noir *une évidente indulgence pour le Japon, une sorte de jeu sur des motifs qu'il repousse par ailleurs.*

Ce choix de la solitude n'est pas exempt d'une certaine fermeture complaisante à soi-même ; si l'on s'en tient à l'image convenue, elle ne semblera guère « claudélienne », cette évocation du premier jardin qu'il a vu à Shanghai :

« Je m'engage parmi les pierres, et par un long labyrinthe dont les lacets et les retours, les montées et les évasions, amplifient, multiplient la scène, imitent autour du lac et de la montagne la circulation de la rêverie… »

Est-ce le même Claudel qui, dans Seigneur, *apprenez-nous à prier, craint que la méditation même ne tourne à « une vague et molle rêverie », à « cette complaisance à la fuite irisée des souvenirs, qui ne se distingue pas beaucoup de ce que les théologiens appellent la* délectation morose » ? *Pour celui-là, il est à craindre que* Connaissance de l'Est *et* L'Oiseau noir *ne cèdent parfois à cette rêverie. Il est certain que, succédant au violent mouvement d'extériorisation que représentent les premiers drames pour l'un et* Le Soulier de satin *pour l'autre, ces deux recueils traduisent autant qu'un passage à la paix un retour sur soi, qui n'est pas seulement disparition des conflits, mais repli. Et c'est pourquoi sans doute des craintes apparaissent, pourquoi brusquement après la condamnation de Bouddha,* Le Sédentaire, *par exemple, marque un arrêt, presque un refus :*

« … que la cascade grêle derrière le feuillage charnu du magnolia claquant sur le gravier m'invite, que le rameau fabuleux descende sous le poids des myrobalans et des pommes-grenades, je ne considérerai plus, arrachant mon regard à la science angélique, quel jardin est offert à mon goûter et à ma récréation ».

*Faut-il, comme le pense Gilbert Gadoffre, lire ici le témoignage d'une crise intellectuelle, liée à la découverte, au Japon, des thèmes essentiels de l'*Art poétique ? *J'y verrais plutôt, en suivant l'interprétation qu'a donnée*

Michel Malicet du Poète et le vase d'encens, *une violente réaction contre la séduction de l'Asie. À ce mouvement dans* Connaissance de l'Est *répond en effet dans* L'Oiseau noir *ce curieux poème dialogué.*

Le voyage en Indochine, au cours duquel le poète a visité Angkor, remonte à cinq ans lorsqu'il écrit ce texte, que les souvenirs, si vifs fussent-ils, n'expliquent pas seuls. On sait qu'il a gardé de cette excursion un souvenir très pénible, qu'il a souvent évoqué. Cette « ville maudite » est devenue pour lui une sorte de symbole démoniaque, dont il note, étrangement, que la « puanteur » « au fond de nos entrailles, lie je ne sais quelle connivence avec notre corruption intime ». Peu importent les interprétations et commentaires que l'on pourrait faire de la symbolique qu'il établit alors. Notons seulement que les thèmes essentiels de Connaissance de l'Est *et de* L'Oiseau noir *reparaissent inversés, noircis, dans ce poème qui en offre une sorte de négatif. D'un coup, Claudel rejette soudain tout ce qu'il a aimé en Asie. On en fera aisément la constatation, car ce dialogue, contrairement aux deux autres, est assez ordonné. Au centre de sa vision d'Angkor l'« étang », l'eau, le miroir, le reflet :*

« Le miroir. L'eau qui commence à refléter dès qu'elle s'arrête. Pareille au néant, image du vide et reflet de tout. — L'eau thésaurisée et stagnante, exactement adéquate à son cadre. [...] Emblème de la séparation et de l'exil. [...] Inutile, n'ayant de vertu que pour refléter, non pour atteindre. [...] Elle est morte, elle est excommuniée. La prison l'a rendue éternelle à la même place. »

À peine est-il nécessaire de rappeler, toutes proches dans L'Oiseau noir, *ou plus anciennes, ces rêveries heureuses sur l'eau reflet, miroir, conscience... L'eau devient ici « digestion de mirages », image qui refuse les jeux d'illusion.*

Suit, à partir de l'architecture d'Angkor, superposition de «plateaux», une vision de l'Asie devenue prison : «la Chine a l'une des "formes géométriques de la fermeture" ("un segment de cercle"), "le Japon est un groupe d'îles"». Claudel ne rêve plus sur ces îles qui de paradis sont devenues cachot.

À ces êtres enfermés ne reste que la contemplation immobile, de bas en haut, ce que traduit symboliquement cette construction ascendante. Que l'on n'y voie pas une sorte de salut! L'Asiatique «est occupé éternellement à mesurer ce qui est là devant lui et qui l'empêche de passer» et reprenant, sur le mode de la condamnation, l'image du contemplateur, Claudel note qu'elle «traduit l'impossibilité d'être ailleurs des gens qui se consument dans le regard». Ce n'était pas ce qu'il découvrait trente ans plus tôt dans les ermitages chinois. Voudrait-on jouer sur un détail? Ce «paillasson circulaire» où le bonze s'assoit pour méditer et qui, dans Le Temple de la conscience, *apparaissait dans la «fleur» que faisait «la double enceinte des monts et des nuages» comme «le cœur mystique», ressemble maintenant «pas mal» à un «lotus»…*

Ainsi tout se détruit. Pas entièrement, cependant. Ce texte apparaît plutôt comme une sorte de négatif, un refus violent après l'acceptation, la réplique à la séduction. Non point volontaire; mais aussi profonde, aussi instinctive que l'accord. Toute fascination est faite d'amour et de haine, d'attrait et de peur mêlés. Ces images qui, pour lui, définissent l'Asie, sont ainsi tantôt rêvées, tantôt repoussées. Mais ce que Claudel repousse ainsi violemment dans Le Vase d'encens *ou* La Terre quittée, *est-ce l'Asie, ou cette part de lui-même qui s'y accorde? Il ne détesterait pas tant par instants l'Asie, s'il ne sentait en elle une menace; elle l'attire trop pour qu'il ne la repousse pas. Qu'on voie comme il oppose à la contemplation asiatique, regard de bas en haut, l'action occidentale, regard en avant et conquête.*

Une telle lecture de ces deux ensembles de poèmes est, certes, fragmentaire. Rien n'est dit de l'admirable concentration de la prose dans Connaissance de l'Est *ni des subtiles recherches de* L'Oiseau noir. *Rien, ou presque, du drame intérieur qui sous-tend tout le premier recueil et, pour certains, l'explique. Des thèmes essentiels sont aussi négligés… Il m'a paru plus intéressant de situer ainsi ces textes dans l'œuvre claudélienne, où, avec quelques autres poèmes, ils représentent, me semble-t-il, un arrêt, une pause, un suspens, aurait dit Claudel ; avec tout ce que cette paix laisse entrevoir de troubles et de violences qui s'accumulent. Coupés de l'œuvre, non. Cette paix, incertaine et menacée, les personnages des drames la cherchent et Rodrigue au moins l'atteint. S'étonnera-t-on qu'il la trouve dans l'emprisonnement, sur la mer et au cours d'une Quatrième Journée qui n'est qu'un jeu de reflets et de mirages ? Ces thèmes, constants, sont aussi ceux de* Protée, *dont les personnages sont prisonniers d'une île et victimes de l'illusion…* Connaissance de l'Est, *comme* L'Oiseau noir, *œuvres apparemment apaisées, montrent que dans cette œuvre la paix, comme la violence, contient une menace. Celle de la mort sans doute, que l'Asie rend si présente, de cette « dissolution » qu'évoque pour des raisons bien précises sans doute, mais renforcées par ce contexte asiatique, le dernier poème de* Connaissance de l'Est : *« Quand je serai mort, on ne me fera plus souffrir. Quand je serai enterré entre mon père et ma mère, on ne me fera plus souffrir. […] Maintenant tout est dissous […]. Le ciel n'est plus que de la brume et l'espace de l'eau. »*

Jacques Petit.

Le texte de cette édition a été revu sur l'édition critique de *Connaissance de l'Est*, établie par Gilbert Gadoffre, Mercure de France, 1973 (encore que nous n'ayons pas adopté toutes ses corrections), et sur celle de *L'Oiseau noir dans le soleil levant*, encore inédite, établie par Henri Micciollo. Pour les trois dialogues de ce recueil, nous avons repris le texte donné par Michel Malicet, *Le Poëte et le shamisen et autres dialogues*, Les Belles-Lettres, 1970. Notre introduction doit beaucoup à ces trois études.

Pour *L'Oiseau noir dans le soleil levant*, dont la composition a connu quelques variations, le texte choisi est celui publié à la N.R.F. en 1929. Nous y avons replacé toutefois le *Hai-kai* de 1923 et *Le Vieillard sur le mont Omi*, supprimés, et qui n'ont trouvé place dans aucun autre recueil.

Connaissance de l'Est

HONG-KONG

Hong-Kong et les îles qui en escortent l'entrée,
tout cela est si petit à présent derrière nous qu'on le
mettrait dans sa poche.

Mais on peut encore voir tous les détails parfai-
tement quand on les regarde avec la lunette d'ap-
proche.

Les choses ne cessent pas d'exister parce que nous
les laissons en arrière,

Et Lamock tourne toujours dans la nuit derrière
nous cependant que nous entrons dans le périmètre
des Frères.

Il y a soixante-dix milles d'Ocksen à Chapel Island,
ainsi nommée à cause de la forme de sa motte,

Le triple éclat de Dodd's Island nous livre un long
regard de Turnabout,

Et, si bas qu'on le mêle à ces étoiles sinistres qui
se couchent à deux heures du matin,

J'ai vu de nouveau, avec un serrement de cœur, à
ma gauche un moment apparaître le feu des Chiens.

Allons dormir d'un sommeil avec la mer appro-
prié au travail tranquille de la machine.

Cette nuit pour la dernière fois jusqu'au matin je
m'en vais coucher avec la Chine.

Les choses n'ont pas cessé d'exister derrière nous parce que nous passons ailleurs.

Ce vieux monde une seule chose avec tant de siècles ténébreux, la Chine des Dix-huit Provinces et des Quatre Grandes Dépendances une seule chose sous son dernier Empereur,

La grande esplanade molle du Sud au Nord et la spacieuse moisson et le vent bleu qui souffle sur la Tartarie.

La vieille Chine des taotaïs et des chaises à porteurs, pleine d'ordures, de lanternes et de diableries,

Ce radeau une seule chose avec l'immense passé dont j'ai hanté le bord un moment et dont j'ai fait partie,

Parce qu'il s'est enfoncé en arrière je ne puis croire que ce soit fini !

J'attends le cavalier sans visage et sans voix, présentant le rescrit illisible,

Qui vient me prendre, et je traverse, accroché à l'arçon de sa selle, les Eaux Jaunes !

Ah, laissez-moi rejoindre une dernière fois derrière moi ce pays plein de délice et d'amertume !

Laissez-moi revérifier Fou-Tchéou d'une visite rétrospective et posthume !

Il y a un tas de choses qui me faisaient signe, je le sens, et que j'ai négligées !

Laissez-moi retrouver la source de ces grandes larmes oubliées !

Il est bien tard, il fait nuit, mais je sais que je retrouverai ma maison,

Je tape à grands coups de canne sur la porte, il y a quelqu'un qui se remue vaguement dans le sous-sol et qui répond,

Et pendant qu'il défait péniblement la serrure et qu'il tire la porte parcimonieuse,

Il y a une complicité dans mon cœur avec ce visage étrange qui s'efface et avec cette ouverture ténébreuse !

Paris, 26 juin 1927.

1895-1900

LE COCOTIER

Tout arbre chez nous se tient debout comme un homme, mais immobile; enfonçant ses racines dans la terre, il demeure les bras étendus. Ici, le sacré banyan ne s'exhausse point unique : des fils en pendent par où il retourne chercher le sein de la terre, semblable à un temple qui s'engendre lui-même. Mais c'est du cocotier seulement que je veux parler.

Il n'a point de branches; au sommet de sa tige, il érige une touffe de palmes.

La palme est l'insigne du triomphe, elle qui, aérienne, amplification de la cime, s'élançant, s'élargissant dans la lumière où elle joue, succombe au poids de sa liberté. Par le jour chaud et le long midi, le cocotier ouvre, écarte ses palmes dans une extase heureuse, et au point où elles se séparent et divergent, comme des crânes d'enfants s'appliquent les têtes grosses et vertes des cocos. C'est ainsi que le cocotier fait le geste de montrer son cœur. Car les palmes inférieures, tandis qu'il s'ouvre jusqu'au fond, se tiennent affaissées et pendantes, et celles du milieu s'écartent de chaque côté tant qu'elles peuvent, et celles du haut, relevées, comme quelqu'un qui ne sait que faire de ses mains ou comme un homme qui montre qu'il s'est rendu, font lentement un signe. La hampe n'est point faite d'un bois inflexible, mais annelée et, comme une herbe, souple et longue, elle est docile au rêve de la terre, soit qu'elle se porte vers le soleil, soit que, sur les fleuves rapides et terreux ou au-dessus de la mer et du ciel, elle incline sa touffe énorme.

La nuit, revenant le long de la plage battue avec une écume formidable par la masse tonitruante de ce léonin Océan Indien que la mousson du sud-ouest pousse en avant, comme je suivais cette rive jonchée de palmes pareilles à des squelettes de barques et d'animaux, je voyais à ma gauche, marchant par cette forêt vide sous un opaque plafond, comme d'énormes araignées grimper obliquement contre le ciel crépusculaire. Vénus, telle qu'une lune toute trempée des plus purs rayons, faisait un grand reflet sur les eaux. Et un cocotier, se penchant sur la mer et l'étoile, comme un être accablé d'amour, faisait le geste d'approcher son cœur du feu céleste. Je me souviendrai de cette nuit, alors que, m'en allant, je me retournai. Je voyais pendre de grandes chevelures, et, à travers le haut péristyle de la forêt, le ciel où l'orage posant ses pieds sur la mer s'élevait comme une montagne, et au ras de la terre la couleur pâle de l'Océan.

Je me souviendrai de toi, Ceylan ! de tes feuillages et de tes fruits, et de tes gens aux yeux doux qui s'en vont nus par tes chemins couleur de chair de mangue, et de ces longues fleurs roses que l'homme qui me traînait mit enfin sur mes genoux quand, les larmes aux yeux, accablé d'un mal, je roulais sous ton ciel pluvieux, mâchant une feuille de cinnamome !

[Juillet 1895]

PAGODE

Je descends de la ricksha et un épouvantable mendiant marque le commencement de la route. D'un œil unique plein de sang et d'eau, d'une bouche dont la lèpre, la dépouillant de ses lèvres, a découvert jusqu'aux racines les dents jaunes comme des os et longues comme des incisives de lapin, il regarde; et le reste de sa figure n'est plus rien. Des rangées de misérables, d'ailleurs, garnissent les deux côtés du chemin à cette sortie de ville qu'encombrent la foule et les brouettes à une roue chargées de ballots et de femmes. Le plus vieux et le plus gros est appelé le Roi des Mendiants; devenu fou de la mort de sa mère, on dit qu'il en porte la tête avec lui sous ses vêtements. Les dernières, deux vieilles, ficelées dans des paquets de loques, la face noire de la poussière de la route où elles se prosternent par moments, chantent une de ces plaintes entrecoupées de longues aspirations et de hoquets, qui est le désespoir professionnel de ces abîmés.

Je vois la Pagode au loin entre les bosquets de bambous, et, prenant à travers champs, je coupe au court.

La campagne est un vaste cimetière. Partout, des cercueils; des monticules couverts de roseaux flétris, et, dans l'herbe sèche, des rangées de petits pieux en pierre, des statues mitrées, des lions, indiquent les sépultures antiques. Les corporations, les riches, ont bâti des édifices entourés d'arbres et de haies. Je passe entre un hospice pour les animaux et un puits rempli de cadavres de petites filles dont leurs parents se sont débarrassés. On l'a bouché, une fois comble ; il en faudra creuser un autre.

Il fait chaud ; le ciel est pur ; je marche dans la lumière de décembre.

Les chiens me voient, aboient, s'enfuient ; j'atteins, je dépasse les villages aux toits noirs, je traverse les champs de cotonniers et de fèves, les ruisseaux sur de vieux ponts usés, et, laissant à ma droite de grands bâtiments déserts (c'est une usine à poudre), j'arrive. On entend un bruit de sonnettes et de tambour.

J'ai devant moi la tour à sept étages. Un Indien à turban doré, un Parsi coiffé d'un coude de poêle en soie prune y entrent ; deux autres messieurs circulent sur le dernier balcon.

Il faut d'abord parler de la Pagode proprement dite.

Elle se compose de trois cours et de trois temples, flanqués de chapelles accessoires et de dépendances. Le lieu religieux ici n'enferme pas, comme en Europe, unique et clos, le mystère d'une foi et d'un dogme circonscrits. Sa fonction n'est pas de défendre contre les apparences extérieures l'absolu ; il établit un certain milieu, et, suspendu en quelque sorte au ciel, l'édifice mêle toute la nature à l'offrande qu'il constitue. Multiple, de plain-pied avec le sol, il exprime, par les relations d'élévation et de distance des trois arcs de triomphe ou temples qu'il lui consacre, l'Espace ; et Bouddha, prince de la Paix, y habite avec tous les dieux. L'architecture Chinoise supprime, pour ainsi dire, les murs ; elle amplifie et multiplie les toits, et, en exagérant les cornes qui se relèvent d'un élégant élan, elle en retourne vers le ciel le mouvement et la courbure ; ils demeurent comme suspendus, et plus la fabrique du toit sera ample et chargée, plus, par sa lourdeur même, s'en accroîtra la légèreté, de toute l'ombre que projette au-dessous de lui son envergure. De là l'emploi des tuiles noires formant des rainures profondes et de fortes côtes, qui, en haut laissant entre elles des jours, détachent et dégagent le faîte : amenuisé, fleuri, il découpe dans l'air lucide sa frise. Le temple est donc un portique, un dais, une tente dont les coins relevés sont attachés à la nue, et les idoles de la terre sont installées dans son ombre.

Un gros poussah doré habite sous le premier portique. Son pied droit, retiré de dessous lui, indique la troisième attitude de la méditation, où subsiste la conscience. Ses yeux sont fermés, mais sous l'épiderme d'or laissant voir la chair rouge d'une bouche distendue dont l'ouverture longue comme un soupirail s'élargit aux coins comme un 8, il rit, de ce rire d'une face qui dort. De quoi jouit l'obèse ascète ? Que voit-il de ses yeux fermés ? De chaque côté de la salle, deux à droite, deux à gauche, quatre colosses peints et vernis, aux jambes courtes, aux torses énormes, sont les quatre démons, les gardiens des quatre plages du ciel. Imberbes comme des enfants, l'un agite des serpents, un autre joue de la viole, un autre brandit un engin cylindrique pareil à un parasol fermé ou à un pétard. Je pénètre dans la seconde cour ; un grand brûle-parfum de fonte, tout couvert d'écriture, se dresse au milieu.

Je suis en face du pavillon principal. Sur les arêtes du toit, des groupes de petits personnages coloriés se tiennent debout comme s'ils passaient d'un côté à l'autre ou montaient en conversant. Sur le faîte, aux angles, deux poissons roses, dont les longues palpes de cuivre tremblotent, se recourbent, la queue en l'air ; au centre, les deux dragons se disputent le

joyau mystique. J'entends des chants et des batteries
de timbres, et par la porte ouverte je vois évoluer les
bonzes.

La salle est haute et spacieuse, quatre ou cinq
colosses dorés en occupent le fond. Le plus grand est
assis au milieu sur un trône. Ses yeux et sa bouche
sont clos, ses pieds retirés sous lui et sa main qui
pend dans le «geste du témoignage» indique la terre.
Tel, sous l'arbre sacré, se conçut le parfait Bouddha :
échappé à la Roue de la vie, il participe à sa propre
immobilité. D'autres, juchés au-dessus de lui, choient,
des mêmes yeux baissés, leurs abdomens. Assis sur
le lotus, ce sont les Bouddhas célestes, Avalokhita,
Amitabha, le Bouddha de la lumière sans mesure, le
Bouddha du Paradis de l'Ouest. À leurs pieds les
bonzes accomplissent les rites. Ils ont une robe grise,
un grand manteau d'un ton léger de rouille attaché
sur l'épaule comme une toge, des houseaux de toile
blanche, et quelques-uns une sorte de mortier sur la
tête. Les autres exhibent des crânes rasés où des
marques blanches de moxas indiquent le nombre des
vœux. Les uns derrière les autres, en file, ils évoluent,
marmottant. Le dernier qui passe est un garçon de
douze ans. Je gagne, par le côté, la troisième cour, et
voici le troisième temple.

Quatre bonzes, juchés sur des escabeaux, médi-
tent à l'intérieur de la porte. Leurs chaussures sont
restées à terre devant eux, et sans pieds, détachés,
impondérables, ils siègent sur leur propre pensée.
Ils ne font pas un mouvement; leur bouche, leurs
yeux fermés n'apparaissent plus que comme des plis
et des mèches de rides dans la chair macérée de
leurs visages, pareils à la cicatrice de l'ombilic. La
conscience de leur inertie suffit à la digestion de leur

intelligence. Sous une niche, dans le milieu de la salle, je distingue les membres luisants d'un autre Bouddha. Une confuse assistance d'idoles est rangée le long des murs, dans l'obscurité.

Me retournant, je vois le temple central par derrière. Au haut du mur d'accul, un tympan polychrome représente quelque légende parmi les oliviers. Je rentre. Le derrière du reposoir où les colosses sont exposés est une grande sculpture peinte : l'Amitofou monte au ciel au milieu des flammes et des démons. Le soleil latéral, passant par les ouvertures treillissées qu'on a ménagées au haut de la paroi, balaie de ses rayons horizontaux la caisse sombre de la salle.

Les bonzes continuent la cérémonie. Agenouillés maintenant devant les colosses, ils psalmodient un chant dont le coryphée, debout devant une cloche à forme de tonne, mène le train scandé de batteries de tambour et de coups de sonnette ; il choque à chaque verset la jarre, tirant de sa panse d'airain une voix volumineuse. Puis, debout en face l'un de l'autre, sur deux lignes, ils récitent quelque litanie.

Les bâtiments latéraux sont destinés à l'habitation des bonzes. L'un d'eux entre, portant un seau d'eau. Je regarde le réfectoire où les bols à riz sont disposés deux par deux sur les tables vides.

Me voici de nouveau devant la Tour.

De même que la Pagode exprime par son système de cours et d'édifices l'étendue et les dimensions de l'espace, la Tour en est la hauteur. Juxtaposée au ciel, elle lui confère une mesure. Les sept étages octogonaux sont une coupe des sept cieux mystiques. L'architecte en a pincé les cornes et relevé les bords avec art ; chaque étage produit au-dessous de lui son ombre ; à chaque angle de chaque toit il a attaché une sonnette, et le globule du battant pend au-dehors. Syllabe liée, elle est de chaque ciel la voix imperceptible, et le son inentendu y est suspendu comme une goutte.

Je n'ai pas autre chose à dire de la Pagode. Je ne sais comment on la nomme.

[Janvier 1896]

VILLE LA NUIT

Il pleut doucement, la nuit est venue. Le policier prend la tête, et, cessant de parler de l'époque où, marmiton lui-même dans le corps d'occupation, il vit le chef de bataillon installé dans le sanctuaire du Génie de la Longévité, il tourne à gauche. Le chemin que nous suivons est singulier : par une série de venelles, de passages, d'escaliers et de poternes, nous débouchons dans la cour du temple, qui, de ses bâtiments aux faîtes onglés, aux longues cornes angulaires, fait au ciel nocturne un cadre noir.

Un feu sourd émane du portique obscur. Nous pénétrons dans la salle.

L'antre est rempli d'encens, embrasé d'une clarté rouge, on ne voit point le plafond. Une grille de bois sépare l'idole de ses clients et de la table des offrandes où sont déposés des guirlandes de fruits et des bols de nourriture ; on distingue vaguement le visage barbu du géant. Les prêtres, assis autour d'une table ronde, dînent. Contre le mur, un tambour, énorme comme un foudre, un grand gong en forme d'as de pique. Deux cierges rouges, pareils à des pilastres carrés, se perdent dans la fumée et la nuit où flottent vaguement des banderoles.

En marche !

L'étroit boyau des rues où nous sommes engagés au milieu d'une foule obscure n'est éclairé que par les boutiques qui le bordent, ouvertes tout entières comme de profonds hangars. Ce sont des ateliers de menuiserie, de gravure, des échoppes de tailleurs, de cordonniers et de marchands de fourrures ; d'innombrables cuisines, d'où, derrière l'étalage des bols pleins de nouilles ou de bouillon, s'échappe un cri de friture ; des enfoncements noirs où l'on entend un enfant qui pleure ; parmi les empilements de cercueils, un feu de pipe ; une lampe, d'un jet latéral, éclaire d'étranges fouillis. Aux coins des rues, au tournant des massifs petits ponts de pierre, derrière des barreaux de fer dans une niche, on distingue entre deux chandelles rouges des idoles naines. Après un long chemin sous la pluie, dans la nuit, dans la boue, nous nous trouvons soudain dans un cul-de-sac jaune qu'une grosse lanterne éclaire d'un feu brutal. Couleur de sang, couleur de peste, les hauts murs de la fosse où nous sommes sont badigeonnés d'une ocre si rouge qu'ils paraissent dégager eux-mêmes la lumière. Une porte fait sur notre droite un trou rond.

Une cour. Il y a encore là un temple.

C'est une salle ténébreuse d'où s'exhale une odeur de terre. Elle est garnie d'idoles, qui, des trois côtés de la pièce disposées sur deux files, brandissent des épées, des luths, des roses et des branches de corail : on nous dit que ce sont « les Années de la Vie humaine ». Tandis que je cherche à reconnaître la vingt-septième, je suis resté le dernier, et, avant de partir, j'ai l'idée de regarder dans le recoin qui se

trouve de l'autre côté de la porte. Un démon brun à
quatre paires de bras, la face convulsée par la rage, s'y
tient caché comme un assassin.

En marche! Les rues deviennent de plus en plus
misérables, nous longeons de hautes palissades de
bambous, et, enfin, franchissant la porte du Sud,
nous tournons vers l'Est. Le chemin suit la base de
la haute muraille crénelée. À l'autre main se creuse
la profonde tranchée d'un arroyo. Nous voyons, au
fond, les sampans éclairés par le feu des marmites :
un peuple d'ombres y grouille, pareil aux mânes
infernaux.

Et c'est sans doute cette rive lamentable qui for-
mait le terme obscurément proposé à notre explora-
tion, car nous revenons sur nos pas. Cité des lanternes,
nous voici derechef parmi le chaos de tes dix mille
visages.

Si l'on cherche l'explication, la raison qui si com-
plètement distingue de tous souvenirs la ville où nous
cheminons, on est bientôt frappé de ce fait : il n'y a
pas de chevaux dans les rues. La cité est purement
humaine. Les Chinois observent ceci d'analogue à un
principe de ne pas employer un auxiliaire animal et
mécanique à la tâche qui peut faire vivre un homme.
Cela explique l'étroitesse des rues, les escaliers, les
ponts courbes, les maisons sans murs, les chemine-
ments sinueux des venelles et des couloirs. La ville
forme un tout cohérent, un gâteau industrieux com-
muniquant avec lui-même dans toutes ses parties,
foré comme une fourmilière. Quand la nuit vient,
chacun se barricade. Le jour, il n'y a pas de portes, je
veux dire pas de portes qu'on ferme. La porte n'a
point ici de fonction officielle : ce n'est qu'une ouver-
ture façonnée ; pas de mur qui, par quelque fissure,

ne puisse livrer passage à un être leste et mince. Les larges rues nécessaires aux mouvements généraux et sommaires d'une vie simplifiée et automatique ne sauraient se retrouver ici. Ce ne sont que des couloirs collecteurs, des passages ménagés.

Une fumerie d'opium, le marché aux prostituées, les derniers remplissent le cadre de mon souvenir. La fumerie est un vaste vaisseau, vide de toute la hauteur de ses deux étages qui superposent leurs terrasses intérieures. La demeure est remplie d'une fumée bleue, on aspire une odeur de marron brûlé. C'est un parfum profond, puissant, macéré, chargé comme un coup de gong. Fumigation sépulcrale, elle établit entre notre air et le songe une atmosphère moyenne que le client de ces mystères inhale. On voit à travers le brouillard les feux des petites lampes à opium, telles que les âmes des fumeurs, qui vont arriver plus nombreux : maintenant il est trop tôt.

Sur d'étroits escabeaux, la tête casquée de fleurs et de perles, vêtues d'amples blouses de soie et de larges pantalons brodés, immobiles et les mains sur les genoux, les prostituées, telles que des bêtes à la foire, attendent dans la rue, dans le pêle-mêle et la poussée des passants. À côté des mères et vêtues comme elles, aussi immobiles, des petites filles sont assises sur le même banc. Derrière, un brûlot de pétrole éclaire l'ouverture de l'escalier.

Je passe, et j'emporte le souvenir d'une vie touffue, naïve, désordonnée, d'une cité à la fois ouverte et remplie, maison unique d'une famille multipliée. Maintenant, j'ai vu la ville d'autrefois, alors que libre de courants généraux l'homme habitait son essaim dans un désordre naïf. Et c'est, en effet, de tout le passé que j'eus l'éblouissement de sortir, quand, dans le tohu-bohu des brouettes et des chaises à porteur, au milieu des lépreux et des convulsionnaires franchissant la double poterne, je vis éclater les lampes électriques de la Concession.

[Janvier 1896]

JARDINS

Il est trois heures et demie. Deuil blanc : le ciel est comme offusqué d'un linge. L'air est humide et cru.

J'entre dans la cité. Je cherche les jardins.

Je marche dans un jus noir. Le long de la tranchée dont je suis le bord croulant, l'odeur est si forte qu'elle est comme explosive. Cela sent l'huile, l'ail, la graisse, la crasse, l'opium, l'urine, l'excrément et la tripaille. Chaussés d'épais cothurnes ou de sandales de paille, coiffés du long capuce du *foumao* ou de la calotte de feutre, emmanchés de caleçons et de jambières de toile ou de soie, je marche au milieu de gens à l'air hilare et naïf.

Le mur serpente et ondule, et sa crête, avec son arrangement de briques et de tuiles à jour, imite le dos et le corps d'un dragon qui rampe ; une façon, dans un flot de fumée qui boucle, de tête le termine. — C'est ici. Je heurte mystérieusement à une petite porte noire : on ouvre. Sous des toits surplombants, je traverse une suite de vestibules et d'étroits corridors. Me voici dans le lieu étrange.

C'est un jardin de pierres. — Comme les anciens dessinateurs italiens et français, les Chinois ont compris qu'un jardin, du fait de sa clôture, devait se suffire à lui-même, se composer dans toutes ses parties.

Ainsi la nature s'accommode singulièrement à notre esprit, et, par un accord subtil, le maître se sent, où qu'il porte son œil, chez lui. De même qu'un paysage n'est pas constitué par de l'herbe et par la couleur des feuillages, mais par l'accord de ses lignes et le mouvement de ses terrains, les Chinois *construisent* leurs jardins à la lettre, avec des pierres. Ils sculptent au lieu de peindre. Susceptible d'élévations et de profondeurs, de contours et de reliefs, par la variété de ses plans et de ses aspects, la pierre leur a semblé plus docile et plus propre que le végétal, réduit à son rôle naturel de décoration et d'ornement, à créer le site humain. La nature elle-même a préparé les matériaux, suivant que la main du temps, la gelée, la pluie, use, travaille la roche, la fore, l'entaille, la fouille d'un doigt profond. Visages, animaux, ossatures, mains, conques, torses sans tête, pétrifications comme d'un morceau de foule figée, mélangée de feuillages et de poissons, l'art Chinois se saisit de ces objets étranges, les imite, les dispose avec une subtile industrie.

Le lieu ici représente un mont fendu par un précipice et auquel des rampes abruptes donnent accès. Son pied baigne dans un petit lac que recouvre à demi une peau verte et dont un pont en zigzag complète le cadre biais. Assise sur des pilotis de granit rose, la maison-de-thé mire dans le vert-noir du bassin ses doubles toits triomphaux, qui, comme des ailes qui se déploient, paraissent la lever de terre. Là-bas, fichés tout droit dans le sol comme des chandeliers de fer, des arbres dépouillés barrent le ciel, dominent le jardin de leurs statures géantes. Je m'engage parmi les pierres, et par un long labyrinthe dont les lacets et les retours, les montées et les évasions, amplifient, multiplient la scène, imitent autour du lac et de la montagne la circulation de la rêverie, j'atteins le kiosque du sommet. Le jardin paraît creux au-dessous de moi comme une vallée, plein de temples et de pavillons, et au milieu des arbres apparaît le poëme des toits.

Il en est de hauts et de bas, de simples et de multiples, d'allongés comme des frontons, de turgides comme des sonnettes. Ils sont surmontés de frises historiées, décorés de scolopendres et de poissons : la cime arbore à l'intersection ultime de ses arêtes, — cerf, cigogne, autel, vase ou grenade ailée, — emblème. Les toitures dont les coins remontent, comme des bras on relève une robe trop ample, ont des blancheurs grasses de craie, de noirs de suie jaunâtres et mats. L'air est vert, comme lorsqu'on regarde au travers d'une vieille vitre.

L'autre versant nous met face au grand Pavillon, et la descente qui lentement me ramène vers le lac par des marches irrégulières gradue d'autres surprises. À l'issue d'un couloir, je vois les cinq ou six cornes du toit dont le corps m'est dérobé pointer en désordre contre le ciel. Rien ne peint le jet ivre de ces proues fées, la fière élégance de ces pédoncules fleuris qui dirigent obliquement vers la nue chagrine un lys. Pourvue de cette fleur, la forte membrure se relève comme une branche qu'on lâche.

J'ai atteint le bord de l'étang, dont les tiges des lotus morts traversent l'eau immobile. Le silence est profond comme dans un carrefour de forêt l'hiver.

Ce lieu harmonieux fut construit pour le plaisir des membres du «Syndicat du commerce des haricots et du riz», qui, sans doute, par les nuits de printemps, y viennent boire le thé en regardant briller le bord inférieur de la lune.

L'autre jardin est plus singulier.

Il faisait presque nuit, quand, pénétrant dans l'enclos carré, je le vis jusqu'à ses murs rempli par un vaste paysage. Qu'on se figure un charriement de rochers, un chaos, une mêlée de blocs culbutés, entassés là par une mer en débâcle, une vue sur une région de colère, campagne blême telle qu'une cervelle divisée de fissures entrecroisées. Les Chinois font des *écorchés* de paysages. Inexplicable comme la nature, ce petit coin paraissait vaste et complexe comme elle. Du milieu de ces rocailles s'élevait un pin noir et tors ; la minceur de sa tige, la couleur de ses houppes hérissées, la violente dislocation de ses axes, la disproportion de cet arbre unique avec le pays fictif qu'il domine, — tel qu'un dragon qui, fusant de la terre comme une fusée, se bat dans le vent et la nuée, — mettaient ce lieu hors de tout, le constituaient grotesque et fantastique. Des feuillages funéraires, çà et là, ifs, thuyas, de leurs noirs vigoureux, animaient ce bouleversement. Saisi d'étonnement, je considérais ce document de mélancolie. Et du milieu de l'enclos, comme un monstre, un grand rocher se dressait dans la basse ombre du crépuscule comme un thème de rêverie et d'énigme.

[Janvier 1896]

FÊTE DES MORTS
LE SEPTIÈME MOIS

Ces lingots de carton sont la monnaie des Morts. Dans un papier mince on a découpé des personnes, des maisons, des animaux. «Patrons» de la vie, le

défunt se fait suivre de ces légers simulacres, et, brû-
lés, ils l'accompagnent où il va. La flûte guide les
âmes, le coup du gong les rassemble comme des
abeilles. Dans les noires ténèbres, l'éclat de la flamme
les apaise et les rassasie.

Le long de la berge, les barques toutes prêtes atten-
dent que la nuit soit venue. Au bout d'une perche est
fixé un oripeau écarlate, et, soit qu'attaché au ciel
couleur de feuille, le fleuve par ce tournant ait l'air
d'en dériver les eaux, soit que, sous les nues accumu-
lées, il roule obscurément sa masse pullulante, à la
proue le brûlot flamboyant, au mât le feston ballotté
des lanternes, rehausse d'une touche ardente l'air
éteint, comme dans une chambre spacieuse une chan-
delle que l'on tient au poing éclaire le vide solennel
de la nuit. Cependant, le signal est donné ; les flûtes
éclatent, le gong tonne, les pétards pètent, les trois
bateliers s'attellent à la longue godille. La barque
part et vire, laissant dans le large mouvement de son
sillage une file de feux : quelqu'un sème de petites
lampes. Lueurs précaires, sur la vaste coulée des eaux
opaques, cela clignote un instant et périt. Un bras
saisissant le lambeau d'or, la botte de feu qui fond et
flamboie dans la fumée, en touche le tombeau des
eaux : l'éclat illusoire de la lumière, tel que des pois-
sons, fascine les froids noyés. D'autres barques illu-
minées vont et viennent ; on entend au loin des
détonations, et sur les bateaux de guerre deux clairons,
s'enlevant l'un à l'autre la parole, sonnent ensemble
l'extinction des feux.

L'étranger attardé qui, du banc où il demeure,
considère la vaste nuit ouverte devant lui comme un
atlas, entendra revenir la barque religieuse. Les falots

se sont éteints, l'aigre hautbois s'est tu, mais sur un battement précipité de baguettes, étoffé d'un continu roulement de tambour, le métal funèbre continue son tumulte et sa danse. Qui est-ce qui tape ? Cela éclate et tombe, se tait, repart, et tantôt c'est un vacarme comme si des mains impatientes battaient la lame suspendue entre deux mondes, et tantôt avec solennité sous des coups espacés elle répercute à pleine voix le heurt. Le bateau se rapproche, il longe la rive et la flotte des barques amarrées, et, s'engageant dans l'ombre épaisse des pontons à opium, le voici à mes pieds. Je ne vois rien, mais l'orchestre funèbre, qui d'un long intervalle, à la mode de chiens qui hurlent, s'était tu, fait de nouveau explosion dans les ténèbres.

Ce sont les fêtes du septième mois, où la Terre entre dans son repos.

Sur la route, les traîneurs de petites voitures ont fiché en terre, entre leurs pieds, des bâtons d'encens et de petits bouts de chandelles rouges. Il faut rentrer : demain je viendrai m'asseoir à la même place. Tout s'est tu, et tel qu'un mort sans yeux au fond de l'infini des ondes, encore, j'entends le ton du sistre sépulcral, la clameur du tambour de fer dans l'ombre compacte heurté d'un coup terrible.

[Février 1896]

PENSÉE EN MER

Le bateau fait sa route entre les îles ; la mer est si calme qu'on dirait qu'elle n'existe pas. Il est onze heures du matin, et l'on ne sait s'il pleut ou non.

La pensée du voyageur se reporte à l'année précédente. Il revoit sa traversée de l'Océan dans la nuit et la rafale, les ports, les gares, l'arrivée le dimanche gras, le roulement vers la maison, tandis que d'un œil froid il considérait au travers de la glace souillée de boue les fêtes hideuses de la foule. On allait lui remontrer les parents, les amis, les lieux, et puis il faut de nouveau partir. Amère entrevue ! comme s'il était permis à quelqu'un d'étreindre son passé.

C'est ce qui rend le retour plus triste qu'un départ. Le voyageur rentre chez lui comme un hôte ; il est étranger à tout, et tout lui est étrange. Servante, suspends seulement le manteau de voyage et ne l'emporte point. De nouveau, il faudra partir ! À la table de famille le voici qui se rassied, convive suspect et précaire. Mais, parents, non ! Ce passant que vous avez accueilli, les oreilles pleines du fracas des trains et de la clameur de la mer, oscillant, comme un homme qui rêve, du profond mouvement qu'il sent encore sous ses pieds et qui va le remporter, n'est plus le même homme que vous conduisîtes au quai fatal. La séparation a eu lieu, et l'exil où il est entré le suit.

[Mars 1896]

VILLES

De même qu'il y a des livres sur les ruches, sur les cités de nids, sur la constitution des colonies de madrépores, pourquoi n'étudie-t-on pas les villes humaines ?

Paris, capitale du Royaume, dans son développement égal et concentrique, multiplie, en l'élargissant, l'image de l'île où il fut d'abord enfermé. Londres, juxtaposition d'organes, emmagasine et fabrique. New York est une gare terminus, on a bâti des maisons entre les *tracks*, un *pier* de débarquement, une jetée flanquée de *wharfs* et d'entrepôts ; comme la langue qui prend et divise les aliments, comme la luette au fond de la gorge placée entre les deux voies, New York entre ses deux rivières, celle du Nord et celle de l'Est, a, d'un côté, sur Long Island, disposé ses docks et ses soutes ; de l'autre, par Jersey City et les douze lignes de chemins de fer qui alignent leurs dépôts sur l'*embankment* de l'Hudson, elle reçoit et expédie les marchandises de tout le continent et l'Ouest ; la pointe active de la cité, tout entière composée de banques, de bourses et de bureaux, est comme l'extrémité de cette langue qui, pour ne plus continuer que la figure, se porte incessamment d'un point à l'autre. Boston est composé de deux parties : la nouvelle ville, pédantesque, avare, telle qu'un homme qui, exhibant sa richesse et sa vertu, les garde pour lui, comme si les rues, par le froid, se faisaient plus muettes et plus longues pour écouter avec plus de haine les pas du piéton qui les suit, ouvrant de

tous côtés des avenues, grince des dents à la bise ; le
monticule de la vieille ville, telle qu'un colimaçon,
contient tous les replis du trafic, de la débauche et de
l'hypocrisie. Les rues des villes chinoises sont faites
pour un peuple habitué à marcher en file : dans le
rang interminable et qui ne commence pas, chaque
individu prend sa place : entre les maisons, pareilles à
des caisses défoncées d'un côté dont les habitants
dorment pêle-mêle avec les marchandises, on a
ménagé ces interstices.

N'y aurait-il pas des points spéciaux à étudier ? la
géométrie des rues, la mesure des angles, le calcul
des carrefours ? la disposition des axes ? tout ce qui
est mouvement ne leur est-il pas parallèle ? tout ce
qui est repos ou plaisir, perpendiculaire ?

Livre.

[1896]

THÉÂTRE

Le palais de la Corporation Cantonaise a le recoin
de son dieu d'or, sa salle intérieure, où de grands
sièges placés avec solennité au milieu invitent moins
au repos, vacants, qu'ils ne l'indiquent, et, comme
les clubs Européens disposent d'une bibliothèque, on
a, de l'autre côté de la cour qui précède tout l'édifice,
établi avec parade et pompe le théâtre. C'est, en
retrait entre deux bâtiments, une terrasse de pierre :
bloc haut et droit, et constituée de la seule différence
de son niveau, la scène entre les coulisses et la foule
dont elle surpasse la tête établit sa marche vaste et
plate. Une toiture carrée l'obombre et la consacre

comme un dais ; un second portique qui la précède et l'encadre de ses quatre piliers de granit lui confère la solennité et la distance. La comédie y évolue, la légende s'y raconte elle-même, la vision de la chose qui fut s'y révèle dans un roulement de tonnerre.

Le rideau, comparable à ce voile qu'est la division du sommeil, ici n'existe pas. Mais, comme si chacun, y arrachant son lambeau, s'était pris dans l'infranchissable tissu, dont les couleurs et l'éclat illusoire sont comme la livrée de la nuit, chaque personnage dans sa soie ne laisse rien voir de lui-même que cela dessous qui bouge ; sous le plumage de son rôle, la tête coiffée d'or, la face cachée sous le fard et le masque, ce n'est plus qu'un geste et une voix. L'empereur pleure sur son royaume, la princesse injustement accusée fuit chez les monstres et les sauvages, les armées défilent, les combats se livrent, les années et les distances d'un geste s'effacent, les débats s'engagent devant les vieillards, les dieux descendent, le démon surgit d'un pot. Mais jamais, comme engagé dans l'exécution d'un chant ou d'une multiple danse, aucun des personnages, pas plus que de cela qui le vêt, ne sort du rythme et de la mélopée générale qui mesure les distances et règle les évolutions. L'orchestre par derrière, qui tout au long de la pièce mène son tumulte évocatoire, comme si, tels que les essaims d'abeilles qu'on rassemble en heurtant un chaudron, les phantasmes scéniques devaient se dissiper avec le silence, a moins le rôle musical qu'il ne sert de support à tout, jouant, pour ainsi dire, le souffleur, et répondant pour le public. C'est lui qui entraîne ou ralentit le mouvement, qui relève d'un accent plus aigu le discours de l'acteur, ou qui, se soulevant derrière lui, lui en renvoie, aux oreilles, la bouffée et la

rumeur. Il y a des guitares, des morceaux de bois,
que l'on frappe comme des tympans, que l'on heurte
comme des castagnettes, une sorte de violon mono-
corde qui, comme un jet d'eau dans une cour soli-
taire, du filet de sa cantilène plaintive soutient le
développement de l'élégie ; et enfin, dans les mouve-
ments héroïques, la trompette. C'est une sorte de
bugle à pavillon de cuivre, dont le son chargé d'har-
moniques a un éclat incroyable et un mordant terrible.
C'est comme un cri d'âne, comme une vocifération
dans le désert, une fanfare vers le soleil, une clameur
éructée d'un cartilage d'éléphant ! Mais la place prin-
cipale est tenue par les gongs et cymbales dont le
tapage discordant excite et prépare les nerfs, assour-
dit la pensée qui dans une sorte de sommeil ne vit
plus que du spectacle qui lui est présenté. Cepen-
dant, sur le côté de la scène, suspendus dans des
cages de jonc, deux oiseaux, pareils à des tourterelles
(ce sont, paraît-il, des *Pelitze*, ils viennent de Tien-
tsin), rivalisant innocemment avec le vacarme où ils
baignent, filent un chant d'une douceur céleste.

La salle sous le second portique et la cour tout
entière sont emplies exactement d'une tarte de têtes
vivantes, d'où émergent les piliers et les deux lions de
grès à gueules de crapauds que coiffent des enfants
assis. C'est un pavage de crânes et de faces rondes et
jaunes, si dru qu'on ne voit pas les membres et les
corps ; tous adhèrent, les cœurs du tas battant l'un
contre l'autre. Cela oscille et d'un seul mouvement,
tantôt tendant un rang de bras, est projeté contre la
paroi de pierre de la scène, tantôt recule et se dérobe
par les côtés. Aux galeries supérieures, les riches et
les mandarins fument leurs pipes et boivent le thé
dans des tasses à soucoupes de cuivre, envisageant

comme des dieux le spectacle et les spectateurs. Comme les acteurs sont cachés dans leur robe, c'est ainsi, comme s'il se passait dans son sein même, que le drame s'agite sous l'étoffe vivante de la foule.

[1896]

TOMBES. — RUMEURS

L'on monte, l'on descend ; on dépasse le grand banyan, qui, comme un Atlas s'affermissant puissamment sur ses axes tordus, du genou et de l'épaule a l'air d'attendre la charge du ciel ; à son pied un petit édicule où l'on brûle tous les papiers que marque le Mot noir, comme si, au rude dieu de l'Arbre, on offrait un sacrifice d'écriture. L'on tourne, l'on se détourne, et, par un chemin sinueux, — vraiment sans que l'on fût ailleurs, car nos pas depuis le départ en sont accompagnés, — nous entrons dans le pays des tombes. Comme un saint en prière dans la solitude, l'Étoile du soir voit au-dessous d'elle le Soleil disparaître sous les eaux profondes et diaphanes.

La région funèbre que nous envisageons à la blême lumière d'un jour louche est tout entière couverte d'une bourre rude et jaune, telle qu'un pelage de tigre. Du pied au faîte, les collines entre lesquelles s'engage notre chemin, et, du côté opposé de la vallée, d'autres montagnes à perte de vue, sont forées de tombes comme une garenne de terriers.

La mort, en Chine, tient autant de place que la vie. Le défunt, dès qu'il a trépassé, devient une chose importante et suspecte, un protecteur malfaisant, — morose, quelqu'un qui est là et qu'il faut se concilier.

Les liens entre les vivants et les morts se dénouent mal, les rites subsistent et se perpétuent. À chaque instant on va à la tombe de famille, on brûle de l'encens, on tire des pétards, on offre du riz et du porc, sous la forme d'un morceau de papier on dépose sa carte de visite et on la confirme d'un caillou. Les morts dans leur épais cercueil restent longtemps à l'intérieur de la maison, puis on les porte en plein air, ou on les empile dans de bas réduits, jusqu'à ce que le géomancien ait trouvé le site et le lieu. C'est alors qu'on établit à grand soin la résidence funèbre, de peur que l'esprit, s'y trouvant mal, n'aille errer ailleurs. On taille les tombes dans le flanc des montagnes, dans la terre solide et primitive, et tandis que, pénible multitude, les vivants se pressent dans le fond des vallées, dans les plaines basses et marécageuses, les morts, au large, en bon lieu, ouvrent leur demeure au soleil et à l'espace.

Elle affecte la forme d'un Ω appliqué sur la pente de la colline, et dont le demi-cercle de pierre prolongé par des accolades entoure le mort qui, comme un dormeur sous les draps, fait au milieu sa bosse : c'est ainsi que la terre, lui ouvrant, pour ainsi dire, les bras, le fait sien et se le consacre à elle-même. Devant est placée la tablette où sont inscrits les titres et le nom, car les Chinois pensent qu'un certain tiers de l'âme, s'arrêtant à lire son nom, séjourne dessus. Elle forme comme le retable d'un autel de pierre sur lequel on dépose les offrandes symétriques, et, au-devant, la tombe, de l'arrangement cérémonial de ses degrés et de ses balustrades, accueille, initie la famille vivante qui, aux jours solennels, vient y honorer ce qui reste de l'ancêtre défunt : l'hiéroglyphe primordial et testamentaire. En face l'hémicycle réverbère l'invocation.

Toute terre qui s'élève au-dessus de la boue est occupée par les tombes vastes et basses, pareilles à des orifices de puits bouchés. Il en est de petites aussi, de simples et de multiples, de neuves, et d'autres qui paraissent aussi vieilles que les rocs où elles sont accotées. La plus considérable se trouve en haut de la montagne et comme dans le pli de son cou : mille hommes ensemble pourraient s'agenouiller dans son enceinte.

J'habite moi-même ce pays de sépultures, et, par un chemin différent, je regagne le sommet de la colline où est ma maison.

La ville se trouve au bas, de l'autre côté du large Min jaune qui, entre les piles du pont des Dix-Mille-Âges, précipite ses eaux violentes et profondes. Le jour, on voit, tel que la margelle des tombes dont j'ai parlé, se développer le rempart de montagnes ébréchées qui enserre la ville (des pigeons qui volent, la tour au milieu d'une pagode font sentir l'immensité de cet espace), des toits biscornus, deux collines couvertes d'arbres, s'élevant d'entre les maisons, et sur la rivière une confusion de trains de bois et de jonques aux poupes historiées comme des images. Mais maintenant il fait trop sombre : à peine un feu qui au-dessous de moi pique le soir et la brume, et, par le chemin que je connais, m'insinuant sous l'ombrage funèbre des pins, je gagne mon poste habituel, ce grand tombeau triple, noir de mousse et de vieillesse, oxydé comme une armure, qui domine obliquement l'espace de son parapet suspicieux.

Je viens ici pour écouter.

Les villes chinoises n'ont ni usines, ni voitures : le seul bruit qui y soit entendu quand vient le soir et que le fracas des métiers cesse, est celui de la voix humaine. C'est cela que je viens écouter, car quelqu'un, perdant son intérêt dans le sens des paroles que l'on profère devant lui, peut leur prêter une oreille plus subtile. Près d'un million d'habitants vivent là : j'écoute cette multitude parler sous le lac de l'air. C'est une clameur à la fois torrentielle et pétillante, sillonnée de brusques *forte*, tels qu'un papier qu'on déchire. Je crois même distinguer parfois une note et des modulations, de même qu'on accorde un tambour en posant son doigt aux places justes. La ville à divers moments de la journée fait-elle une rumeur différente? Je me propose de le vérifier. — En ce moment, c'est le soir : on fait une immense publication des nouvelles de la journée. Chacun croit qu'il parle seul : il s'agit de rixes, de nourriture, de faits de ménage, de famille, de métier, de commerce, de politique. Mais sa parole ne périt pas : elle porte, de l'innombrable addition de la voix collective où elle participe. Dépouillée de la chose qu'elle signifie, elle ne subsiste plus que par les éléments inintelligibles du son qui la convoie, l'émission, l'intonation, l'accent. Or, comme il y a un mélange entre les sons, se fait-il une communication entre les sens, et quelle est la grammaire de ce discours commun? Hôte des morts, j'écoute longtemps ce murmure, le bruit que fait la vie, de loin.

Cependant il est temps de revenir. Les pins entre les hauts fûts desquels je poursuis ma route accroissent d'ombre la nuit. C'est l'heure où l'on commence à voir les mouches à feu, lares de l'herbe. Comme dans la profondeur de la méditation, si vite que l'esprit n'en peut percevoir que la lueur même, une indication soudaine, c'est ainsi que l'im-

palpable miette de feu brille en même temps et
s'éteint.

[1896]

L'ENTRÉE DE LA TERRE

Plutôt que d'en assaillir le flanc de la pointe ferrée
de mon bâton, j'aime mieux voir, de ce fond plat de
la plaine où je chemine, les montagnes autour de moi
dans la gloire de l'après-midi siéger comme cent
vieillards. Le soleil de la Pentecôte illumine la Terre
nette et parée et profonde comme une église. L'air
est si frais et si clair qu'il me semble que je marche
nu, tout est paix. On entend de toutes parts, comme
un cri de flûte, la note à l'unisson des norias qui mon-
tent l'eau dans les champs (trois par trois, hommes et
femmes, accrochés des bras à leur poutre, riants, la
face couverte de sueur, dansent sur la triple roue),
et devant les pas du promeneur s'ouvre l'étendue
aimable et solennelle.

Je mesure de l'œil le circuit qu'il me faudra suivre.
Par ces étroites chaussées de terre qui encadrent les
rizières (je sais que, du haut de la montagne, la
plaine avec ses champs ressemble à un vieux vitrail
aux verres irréguliers enchâssés dans des mailles de
plomb : les collines et les villages en émergent nette-
ment), j'ai fini par rejoindre le chemin dallé.

Il traverse les rizières et les bois d'orangers, — les
villages gardés à une issue par leur grand banyan (le
Père, à qui tous les enfants du pays sont donnés à
adoption), à l'autre, non loin des puits à eau et à
engrais, par le *fanum* des génies municipaux, qui,

tous deux, armés de pied en cap et l'arc au ventre, peints sur la porte tordent l'un vers l'autre leurs yeux tricolores; et à mesure que j'avance, tournant la tête à droite et à gauche, je goûte la lente modification des heures. Car, perpétuel piéton, juge sagace de la longueur des ombres, je ne perds rien de l'auguste cérémonie de la journée : ivre de voir, je comprends tout. Ce pont encore à franchir dans la paix coite de l'heure du goûter, ces collines à gravir et à descendre, cette vallée à passer, et entre trois pins je vois déjà ce roc ardu où il me faut occuper maintenant mon poste et assister à la consommation de ceci qui fut un jour.

C'est le moment de la solennelle Introduction où le Soleil franchit le seuil de la Terre. Depuis quinze heures il a passé la ligne de la mer incirconscrite, et comme un aigle immobile sur son aile qui examine au loin la campagne, il a gagné la plus haute partie du ciel. Voici maintenant qu'il incline sa course et la Terre s'ouvre pour le recevoir. La gorge qu'il va emboucher, comme dévorée par le feu, disparaît sous les rayons plus courts. La montagne où a éclaté un incendie envoie vers le ciel, comme un cratère, une colonne énorme de fumée, et là-bas, atteinte d'un dard oblique, la ligne d'un torrent forestier fulgure. Derrière s'étend la Terre de la Terre, l'Asie avec l'Europe, l'élévation, au centre, de l'Autel, la plaine immense, et puis, au bout du tout, comme un homme couché à plat ventre sur la mer, la France, et, dans le fort de la France, la Champagne gautière et labourée. L'on ne voit plus que le haut de la bosse d'or et, au moment qu'il disparaît, l'astre traverse tout le ciel d'un rayon noir et vertical. C'est le temps où la mer qui le suit arrive et, se soulevant hors de son lit avec un cri profond, vient heurter la Terre de l'épaule.

Maintenant il faut rentrer. Si haut que je dois lever le menton pour la voir et dégagée par un nuage, la cime du Kuchang est suspendue comme une île dans les étendues bienheureuses, et, ne pensant rien d'autre, je marche la tête isolée de mon corps, comme un homme que l'acidité d'un parfum trop fort rassasie.

[Mai-juin 1896]

RELIGION DU SIGNE

Que d'autres découvrent dans la rangée des Caractères Chinois, ou une tête de mouton, ou des mains, les jambes d'un homme, le soleil qui se lève derrière un arbre. J'y poursuis pour ma part un lacs plus inextricable.

Toute écriture commence par le trait ou ligne, qui, un, dans sa continuité, est le signe pur de l'individu. Ou donc la ligne est horizontale, comme toute chose qui dans le seul parallélisme à son principe trouve une raison d'être suffisante ; ou, verticale comme l'arbre et l'homme, elle indique l'acte et pose l'affirmation ; ou, oblique, elle marque le mouvement et le *sens*.

La Lettre Romaine a eu pour principe la ligne verticale ; le Caractère Chinois paraît avoir l'horizontale comme trait essentiel. La lettre d'un impérieux jambage affirme que la chose est telle ; le caractère *est* la chose tout entière qu'il signifie.

L'une et l'autre sont également des signes ; qu'on prenne, par exemple, les chiffres, l'une et l'autre en sont également les images abstraites. Mais la lettre est par essence analytique : tout mot qu'elle constitue est une énonciation successive d'affirmations que l'œil et la voix épellent ; à l'unité elle ajoute sur une même ligne l'unité, et le vocable précaire dans une continuelle variation se fait et se modifie. Le Signe Chinois développe, pour ainsi dire, le chiffre ; et, l'appliquant à la série des êtres, il en différencie indéfiniment le *caractère*. Le mot existe par la succession des lettres, le caractère par la proportion des traits. Et ne peut-on rêver que dans celui-ci la ligne horizontale indique, par exemple, l'espèce, la verticale, l'individu les obliques dans leurs mouvements divers l'ensemble des propriétés et des énergies qui donnent au tout son *sens*, le point, suspendu dans le blanc, quelque rapport qu'il ne convient que de sous-entendre ? On peut donc voir dans le Caractère Chinois un être schématique, une personne scripturale, ayant, comme un être qui vit, sa nature et ses modalités, son action propre et sa vertu intime, sa structure et sa physionomie.

Par là s'explique cette piété des Chinois à l'écriture ; on incinère avec respect le plus humble papier que marque le mystérieux vestige. Le signe est un être, et, de ce fait qu'il est général, il devient sacré. La représentation de l'idée en est ici, en quelque sorte, l'idole. Telle est la base de cette religion scripturale qui est particulière à la Chine. Hier j'ai visité un temple Confucianiste.

Il se trouve dans un quartier solitaire où tout sent la désertion et la chute. Dans le silence et les solennelles ardeurs du soleil de trois heures, nous suivons la rue sinueuse. Notre entrée ne sera point par la grande porte dont les vantaux ont pourri dans leur fermeture : que la haute stèle marquée de l'officielle inscription bilingue garde le seuil âgé ! Une femme courte, râblée comme un cochon, nous ouvre des passages latéraux et d'un pied qui sonne nous pénétrons dans l'enclos désert.

Par les proportions de sa cour et des péristyles qui l'encadrent, par les larges entrecolonnements et les lignes horizontales de sa façade, par la répétition de ses deux énormes toits, qui d'un mouvement en relèvent ensemble leur noire et puissante volute, par la disposition symétrique des deux petits pavillons qui le précèdent et qui au sévère ensemble ajoutent l'agrément grotesque de leurs chapeaux octogones, l'édifice, appliquant les seules lois essentielles de l'architecture, a l'aspect savant de l'évidence, la beauté, pour tout dire, classique, due à une observation exquise de la règle.

Le temple se compose de deux parties. Je suppose que les allées hypæthrales avec la rangée des tablettes, chacune précédée de l'étroit et long autel de pierre, qui en occupent la paroi, offrent à une révérence rapide la série extérieure des préceptes. Mais levant le pied pour franchir le seuil barré ou pas, nous pénétrons dans l'ombre du sanctuaire.

La salle vaste et haute a l'air, comme du fait d'une présence occulte, plus vide, et le silence, avec le voile de l'obscurité, l'occupe. Point d'ornements, point de statues. De chaque côté de la halle, nous distinguons, entre leurs rideaux, de grandes inscriptions, et, au-devant, des autels. Mais au milieu du temple, précédée de cinq monumentales pièces de pierre, trois vases et deux chandeliers, sous un édifice d'or, baldaquin ou tabernacle, qui l'encadre de ses ouvertures successives, sur une stèle verticale sont inscrits quatre caractères.

L'écriture a ceci de mystérieux qu'elle parle. Nul moment n'en marque la durée, ici nulle position, le commencement du signe sans âge : il n'est bouche qui le profère. Il existe, et l'assistant face à face considère le nom lisible.

Énonciation avec profondeur dans le reculement des ors assombris du baldaquin, le signe entre les deux colonnes que revêt l'enroulement mystique du dragon, signifie son propre silence. L'immense salle rouge imite la couleur de l'obscurité, et ses piliers sont revêtus d'une laque écarlate. Seuls, au milieu du temple, devant le sacré mot, deux fûts de granit blanc semblent des témoins, et la nudité même, religieuse et abstraite, du lieu.

[1896]

LE BANYAN

Le banyan tire.

Ce géant ici, comme son frère de l'Inde, ne va pas ressaisir la terre avec ses mains, mais, se dressant d'un tour d'épaule, il emporte au ciel ses racines comme des paquets de chaînes. À peine le tronc s'est-il élevé de quelques pieds au-dessus du sol qu'il écarte laborieusement ses membres, comme un bras qui tire avant le faisceau de cordes qu'il a empoigné. D'un lent allongement le monstre qui hale se tend et travaille dans toutes les attitudes de l'effort, si dur que la rude écorce éclate et que les muscles lui sortent de la peau. Ce sont des poussées droites, des flexions et des arcs-boutements, des torsions de reins

et d'épaules, des détentes de jarret, des jeux de cric et
de levier, des bras qui, en se dressant et en s'abais-
sant, semblent enlever le corps de ses jointures élas-
tiques. C'est un nœud de pythons, c'est une hydre
qui de la terre tenace s'arrache avec acharnement.
On dirait que le banyan lève un poids de la profon-
deur et le maintient de la machine de ses membres
tendus.

Honoré de l'humble tribu, il est, à la porte des vil-
lages, le patriarche revêtu d'un feuillage ténébreux.
On a, à son pied, installé un fourneau à offrandes, et
dans son cœur même et l'écartement de ses branches,
un autel, une poupée de pierre. Lui, témoin de tout
le lieu, possesseur du sol qu'il enserre du peuple
de ses racines, demeure, et, où que son ombre se
tourne, soit qu'il reste seul avec les enfants, soit qu'à
l'heure où tout le village se réunit sous l'avancement
tortueux de ses bois les rayons roses de la lune pas-
sant au travers des ouvertures de sa voûte illuminent
d'un dos d'or le conciliabule, le colosse, selon la
seconde à ses siècles ajoutée, persévère dans l'effort
imperceptible.

Quelque part la mythologie honora les héros qui
ont distribué l'eau à la région, et, arrachant un grand
roc, délivré la bouche obstruée de la fontaine. Je vois
debout dans le Banyan un Hercule végétal, immo-
bile dans le monument de son labeur avec majesté.
Ne serait-ce pas lui, le monstre enchaîné, qui vainc
l'avare résistance de la terre, par qui la source sourd
et déborde, et l'herbe pousse au loin, et l'eau est
maintenue à son niveau dans la rizière ? Il tire.

[Juin 1896]

VERS LA MONTAGNE

Sortant pieds nus sous la vérandah, je regarde vers la gauche : au front du mont, parmi les nues bouleversées, une touche de phosphore indique l'aube. Le mouvement des lampes par la maison, le manger dans l'ensommeillé et gourd, les paquets que l'on arrime : en route. Par la côte roide nous plongeons dans le faubourg indigène.

C'est l'heure indécise où les villes se réveillent. Déjà les cuisiniers de plein vent allument le feu sous les poêles : déjà au fond de quelques boutiques un vacillant lumignon éclaire des membres nus. Malgré les planches garnies de pointes qu'on a posées à plat sur les devantures, en suspens sur les corniches, rapetassés dans les encoignures, à toutes les places libres, des gens gisent et dorment. L'un, à demi réveillé, se grattant le côté du ventre, nous regarde d'un œil vide et bée d'un air de délice ; l'autre dort si serré qu'on dirait qu'il colle à la pierre. Quelqu'un, la jambe de son pantalon retroussée jusqu'à la hanche et montrant le vésicatoire qu'il porte fixé par une feuille sur le plat de la fesse, pisse contre son mur près de sa porte ouverte ; une vieille qui a l'air vêtue de ces peaux qui se forment sur les eaux croupies peigne à deux mains son crâne galeux. Et enfin je me rappellerai ce mendiant à la tête de cannibale, la touffe sauvage de la chevelure hérissée comme un buisson noir, qui, dressant droit un genou sec, gisait à plat sous le petit jour.

Rien de plus étrange qu'une ville à cette heure que l'on dort. Ces rues semblent des allées de nécropoles, ces demeures aussi abritent le sommeil, et tout, du fait de sa fermeture, me paraît solennel et monumental. Cette singulière modification qui paraît sur le visage des morts, chacun la subit dans le sommeil où il est enseveli. Comme un petit enfant aux yeux sans prunelles qui gémit et pétrit d'une faible main la gorge de sa nourrice, l'homme qui dort avec un grand soupir remord à la terre profonde. Tout est silencieux, car c'est l'heure où la terre donne à boire et nul de ses enfants en vain ne s'est repris à son sein libéral; le pauvre et le riche, l'enfant et le vieillard, le juste et le coupable, et le juge avec le prisonnier, et l'homme comme les animaux, tous ensemble, comme de petits frères, ils boivent! Tout est mystère, car voici l'heure où l'homme communique avec sa mère. Le dormeur dort et ne peut se réveiller, il tient au pis et ne lâche point prise, cette gorgée encore est à lui.

La rue sent toujours son odeur de crasse et de cheveu.

Cependant les maisons deviennent plus rares. L'on rencontre des groupes de banyans, et dans l'étang qu'ils ombragent un gros buffle dont on ne voit que l'échine et la tête coiffée du croissant démesuré des cornes dirige sur nous ses yeux avec stupeur. Nous longeons les files de femmes qui vont aux champs; quand l'une rit, son rire se propage en s'affaiblissant sur les quatre faces qui la suivent et s'efface à la cinquième. À l'heure où le premier trait du soleil traverse l'air virginal, nous gagnons l'étendue vaste et vide, et laissant derrière nous un chemin tortueux, nous nous dirigeons vers la montagne à travers les champs de riz, de tabac, de haricots, de citrouilles, de concombres et de cannes à sucre.

[Juin 1896]

LA MER SUPÉRIEURE

Ayant monté un jour, j'atteins le niveau, et, dans son bassin de montagnes où de noires îles émergent, je vois au loin la Mer Supérieure.

Certes, par un chemin hasardeux, il m'est loisible d'en gagner les bords, mais que j'en suive le contour ou qu'il me plaise d'embarquer, cette surface demeure impénétrable à la vue.

Ou, donc, je jouerai de la flûte : je battrai le tam-tam, et la batelière qui, debout sur une jambe comme une cigogne, tandis que de l'autre genou elle tient son enfant attaché à sa mamelle, conduit son sampan à travers les eaux plates, croira que les dieux derrière le rideau tiré de la nue se jouent dans la cour de leur temple.

Ou, délaçant mon soulier, je le lancerai au travers du lac. Où il tombe, le passant se prosterne, et l'ayant recueilli, avec superstition il l'honore de quatre bâtons d'encens.

Ou, renversant mes mains autour de ma bouche, je crie des noms : le mot d'abord meurt, puis le son ; et, le sens seul ayant atteint les oreilles de quelqu'un, il se tourne de côté et d'autre, comme celui qui s'entend appeler en rêve s'efforce de rompre le lien.

[Juin 1896]

LE TEMPLE
DE LA CONSCIENCE

Au flanc vertical où il est ménagé du roc noir, je n'ai pas mis un jour seul à le découvrir, et ce n'est que par cette finissante après-midi que je me sais engagé dans le sentier certain.

De la hauteur vertigineuse où je chemine, la vaste rizière apparaît dessinée comme une carte, et le bord que je suis est si strict que mon pied droit, quand je le lève, a l'air, comme sur un tapis, de se poser sur la jaune étendue des champs semés de villages.

Silence. Par un antique escalier recouvert d'un lichen chenu, je descends dans l'ombre amère des lauriers, et, le sentier à ce tournant soudain barré par un mur, j'arrive devant une porte fermée.

J'écoute. Rien ne parle, ni voix, ni tambour. C'est en vain que rudement je secoue à deux mains la poignée de bois et heurte.

Durant que pas un oiseau ne crie, j'opère l'escalade.

Ce lieu, après tout, est habité, et tandis qu'assis sur la balustrade où sèchent les linges domestiques j'enfonce la dent et les doigts dans l'écorce épaisse d'une pamplemousse dérobée aux offrandes, le vieux moine à l'intérieur me prépare une tasse de thé.

Ni l'inscription au-dessus de la porte, ni les idoles dilapidées qu'au fond de cette humble caverne honore la fumée d'un mince encens ne me paraissent constituer la religion du lieu, ni ce fruit acide où je mords. Mais là, sur cette basse estrade qu'entoure une mousseline, ce paillasson circulaire où le *Bhiku* viendra tout à l'heure s'accroupir pour méditer ou dormir est tout.

Ne comparerai-je pas ce vaste paysage qui s'ouvre devant moi jusqu'à la double enceinte des monts et des nuages à une fleur dont ce siège est le cœur mystique ? N'est-il pas le point géométrique où le lieu, se composant dans son harmonie, prend, pour ainsi dire, existence et comme conscience de lui-même, et dont l'occupant unit dans la contemplation de son esprit une ligne et l'autre ?

Le soleil se couche. Je gravis les marches de velours blanc que jonchent les pommes de pin ouvertes, telles que des roses.

[Octobre 1896]

OCTOBRE

C'est en vain que je vois les arbres toujours verts.

Qu'une funèbre brume l'ensevelisse, ou que la longue sérénité du ciel l'efface, l'an n'est pas d'un jour moins près du fatal solstice. Ni ce soleil ne me déçoit, ni l'opulence au loin de la contrée ; voici je ne sais quoi de trop calme, un repos tel que le réveil est exclu. Le grillon à peine a commencé son cri qu'il s'arrête ; de peur d'excéder parmi la plénitude qui est seul manque du droit de parler, et l'on dirait que seulement dans la solennelle sécurité de ces campagnes d'or il soit licite de pénétrer d'un pied nu. Non, ceci qui est derrière moi sur l'immense moisson ne jette plus la même lumière, et selon que le chemin m'emmène par la paille, soit qu'ici je tourne le coin d'une mare, soit que je découvre un village, m'éloignant du soleil, je tourne mon visage vers cette lune large et pâle qu'on voit pendant le jour.

Ce fut au moment de sortir des graves oliviers, où je vis s'ouvrir devant moi la plaine radieuse jusqu'aux barrières de la montagne, que le mot d'introduction me fut communiqué. Ô derniers fruits d'une saison condamnée! dans cet achèvement du jour, maturité suprême de l'année irrévocable. *C'en est fait.*

Les mains impatientes de l'hiver ne viendront point dépouiller la terre avec barbarie. Point de vents qui arrachent, point de coupantes gelées, point d'eaux qui noient. Mais plus tendrement qu'en mai, ou lorsque l'insatiable juin adhère à la source de la vie dans la possession de la douzième heure, le Ciel sourit à la Terre avec un ineffable amour. Voici, comme un cœur qui cède à un conseil continuel, le consentement; le grain se sépare de l'épi, le fruit quitte l'arbre, la Terre fait petit à petit délaissement à l'invincible solliciteur de tout, la mort desserre une main trop pleine! Cette parole qu'elle entend maintenant est plus sainte que celle du jour de ses noces, plus profonde, plus tendre, plus riche : *C'en est fait!* L'oiseau dort, l'arbre s'endort dans l'ombre qui l'atteint, le soleil au niveau du sol le couvre d'un rayon égal, le jour est fini, l'année est consommée. À la céleste interrogation cette réponse amoureusement *C'en est fait* est répondue.

[Octobre 1896]

NOVEMBRE

Le soleil se couche sur une journée de paix et de labeur. Et les hommes, les femmes et les enfants, la tignasse pleine de poussière et de fétus, la face et les jambes maculées de terre, travaillent encore. Ici l'on coupe le riz; là on ramasse les javelles, et comme sur un papier peint est reproduite à l'infini la même scène, de tous les côtés se multiplie la grande cuve de bois quadrangulaire avec les gens qui face à face battent les épis à poignées contre ses parois; et déjà la charrue commence à retourner le limon. Voici l'odeur du grain, voici le parfum de la moisson. Au bout de la plaine occupée par les travaux agricoles on voit un grand fleuve, et là-bas, au milieu de la campagne, un arc de triomphe, coloré par le couchant d'un feu vermeil, complète le paisible tableau. Un homme qui passe auprès de moi tient à la main une poule couleur de flamme, un autre porte aux extrémités de son bambou, devant lui, une grosse théière d'étain, derrière un paquet formé d'une botte verte d'appétits, d'un morceau de viande, et d'une liasse de ces taëls de papier d'argent que l'on brûle pour les morts, un poisson pend au-dessous par une paille. La blouse bleue, la culotte violette éclatent sur l'or verni de l'éteule.

— Que nul ne raille ces mains oisives!

L'ouragan même et le poids de la mer qui charge n'ébranlent pas la lourde pierre. Mais le bois s'en va sur l'eau, la feuille cède à l'air. Pour moi, plus léger encore, mes pieds ne se fixent point au sol, et la lumière, quand elle se retire, m'entraîne. Par les rues sombres des villages, à travers les pins et les tombes, et par la libre étendue de la campagne, je suis le soleil qui descend. Ni l'heureuse plaine, ni l'harmonie de ces monts, ni sur la moisson vermeille l'aimable couleur de la verdure, ne satisfont l'œil qui demande la lumière elle-même. Là-bas, dans cette fosse carrée que la montagne enclôt d'un mur sauvage, l'air et l'eau brûlent d'un feu mystérieux : je vois un or si beau que la nature tout entière me semble une masse morte, et, au prix de la lumière même, la clarté qu'elle répand une nuit profonde. Désirable élixir ! par quelle route mystique, où ? me sera-t-il donné de participer à ton flot avare.

Ce soir le soleil me laisse auprès d'un grand olivier que la famille qu'il nourrit est en train de dépouiller. Une échelle est appliquée à l'arbre, j'entends parler dans le feuillage. Dans la clarté éteinte et neutre de l'heure, je vois éclater des fruits d'or sur la sombre verdure. M'étant approché, je vois chaque vergette se dessiner finement sur le sinople du soir, je considère les petites oranges rouges, je respire l'arôme amer et fort. Ô moisson merveilleuse, à un seul, à un seul promise ! fruit montré à je ne sais quoi en nous qui triomphe !

Avant que je n'atteigne les pins, voici la nuit et déjà la froide lune m'éclaire. Ceci me semble être une différence, que le soleil nous regarde et que nous regardons la lune ; son visage est tourné vers ailleurs et, comme un feu qui illumine le fond de la mer, par elle les ténèbres deviennent, seulement, visibles. — Au sein de cet antique tombeau, dans l'herbe épaisse de ce temple ruiné, sous la forme de belles dames ou de sages vieillards, vêtus de blanc, ne vais-je point rencontrer une compagnie de renards ? Déjà ils me proposent des vers et des énigmes ; ils me font boire de leur vin, et ma route est oubliée. Mais ces hôtes civils veulent me donner un divertissement ; ils montent debout l'un sur l'autre, — et mon pied désabusé s'engage dans le sentier étroit et blanc qui me ramène vers ma demeure.

Mais déjà au fond de la vallée je vois brûler un feu humain.

[1896]

PEINTURE

Que l'on me fixe par les quatre coins cette pièce de soie, et je n'y mettrai point de ciel ; la mer et ses rivages, ni la forêt, ni les monts, n'y tenteront mon art. Mais du haut en bas et d'un bord jusqu'à l'autre, comme entre de nouveaux horizons, d'une main rustique j'y peindrai la terre. Les limites des communes, les divisions des champs y seront exactement dessinées, ceux qui sont déjà en labour, ceux où demeure debout le bataillon des gerbes encore. Aucun arbre ne manquera au compte, la plus petite maison y sera représentée avec une naïve industrie. Regardant bien, on distinguera les gens, celui-ci qui, un parasol à la main, franchit un ponceau de pierre, celle-là qui lave ses baquets à la mare, cette petite chaise qui chemine sur les épaules de ses deux porteurs et ce patient laboureur qui, le long du sillon, conduit un autre sillon. Un long chemin bordé d'une double rangée de pinasses traverse d'un coin à l'autre le tableau, et dans l'une de ces douves circulaires on voit, avec un morceau d'azur au lieu d'eau, les trois quarts d'une lune à peine jaune.

[Novembre 1896]

LE CONTEMPLATEUR

Ai-je jamais habité ailleurs que ce gouffre rond creusé au cœur de la pierre ? Un corbeau, sans doute, à trois heures, ne manquera pas de m'apporter le pain qui m'est nécessaire, à moins que le bruit perpétuel de l'eau qui se précipite ne me repaisse assez. Car là-haut, à cent pieds, comme si elle jaillissait de ce ciel radieux lui-même avec violence, entre les bambous qui le fourrent, franchissant le bord inopiné, le torrent s'engloutit et d'une colonne verticale, moitié obscure et moitié lumineuse, frappe, assenant un coup, le parquet de la caverne qui tonne. Nul œil humain ne saurait me découvrir où je suis ; dans ces ombres que midi seul dissipe, la grève de ce petit lac qu'agite le bond éternel de la cascade est ma résidence. Là-haut, à cet échancrement qu'elle dépasse d'un flot intarissable, cette goulée d'eau rayonnante et de lait est tout cela qui, par un chemin direct, m'arrive du ciel munificent. Le ruisseau fuit par ce détour, et parfois, avec les cris des oiseaux dans la forêt, j'entends, parmi la voix de ce jaillissement où j'assiste, derrière moi le bruit volubile et perdu des eaux qui descendent vers la terre.

[1896]

DÉCEMBRE

Balayant la contrée et ce vallon feuillu, ta main, gagnant les terres couleur de pourpre et de tan que tes yeux là-bas découvrent, s'arrête avec eux sur ce riche brocart. Tout est coi et enveloppé ; nul vert blessant, rien de jeune et rien de neuf ne forfait à la construction et au chant de ces tons pleins et sourds. Une sombre nuée occupe tout le ciel, dont, remplissant de vapeur les crans irréguliers de la montagne, on dirait qu'il s'attache à l'horizon comme par des mortaises. De la paume caresse ces larges ornements que brochent les touffes de pins noirs sur l'hyacinthe des plaines, des doigts vérifie ces détails enfoncés dans la trame et la brume de ce jour hivernal, un rang d'arbres, un village. L'heure est certainement arrêtée ; comme un théâtre vide qu'emplit la mélancolie, le paysage clos semble prêter attention à une voix si grêle que je ne la saurais ouïr.

Ces après-midi de décembre sont douces.

Rien encore n'y parle du tourmentant avenir. Et le passé n'est pas si peu mort qu'il souffre que rien lui survive. De tant d'herbe et d'une si grande moisson, nulle chose ne demeure que de la paille parsemée et une bourre flétrie ; une eau froide mortifie la terre retournée. Tout est fini. Entre une année et l'autre, c'est ici la pause et la suspension. La pensée, délivrée de son travail, se recueille dans une taciturne allégresse, et, méditant de nouvelles entreprises, elle goûte, comme la terre, son sabbat.

[1896]

TEMPÊTE

Au matin, laissant une terre couleur de rose et
de miel, notre navire entre dans la haute mer et les
fumées de vapeurs basses et molles. Quand — m'étant
éveillé de ce sombre songe — je cherche le soleil, je
vois derrière nous qu'il se couche : mais au-devant de
nous, limitant l'espace noir et mort de la mer, un
long mont, tel qu'un talus de neige, barre, d'un bout
à l'autre du ciel, le Nord ; rien ne manque à l'Alpe, ni
l'hiver, ni la rigidité. Seul au milieu de la solitude,
comme un combattant qui s'avance dans l'énorme
arène, notre navire vers l'obstacle blanc qui grandit
fend les eaux mélancoliques. Et tout à coup la nuée,
comme une capote de voiture que l'on tire, nous
dérobe le ciel : dans cette fente de jour qu'elle laisse
à l'horizon postérieur, d'un regard je veux voir
encore l'apparence du soleil, des îles éclairées comme
d'un feu de lampe, trois jonques debout sur l'arête
extrême de la mer. Nous fonçons maintenant au tra-
vers du cirque ravagé des nuages. La plaine oscille,
et, selon le propre mouvement de l'abîme où parti-
cipe notre planche, la proue, solennellement comme
si elle saluait, ou comme un coq qui mesure l'adver-
saire, se lève et plonge. Voici la nuit ; du Nord avec
âpreté sort un souffle plein d'horreur. D'une part,
une lune rouge en marche par la nue désordon-
née la fend d'un tranchant lenticulaire ; de l'autre,
Fanal, la lampe au visage convexe de verre ridé est
hissée à notre misaine. Cependant tout est calme
encore ; la gerbe d'eau jaillit toujours devant nous
avec égalité, et, traversé d'un feu obscur, comme un

corps fait de larmes, se roule en ruisselant sur notre taillemer.

[Décembre 1896]

LE PORC

Je peindrai ici l'image du Porc.

C'est une bête solide et tout d'une pièce ; sans jointure et sans cou, ça fonce en avant comme un soc. Cahotant sur ses quatre jambons trapus, c'est une trompe en marche qui quête, et toute odeur qu'il sent, y appliquant son corps de pompe, il l'ingurgite. Que s'il a trouvé le trou qu'il faut, il s'y vautre avec énormité. Ce n'est point le frétillement du canard qui entre à l'eau, ce n'est point l'allégresse sociable du chien ; c'est une jouissance profonde, solitaire, consciente, intégrale. Il renifle, il sirote, il déguste, et l'on ne sait s'il boit ou s'il mange ; tout rond, avec un petit tressaillement, il s'avance et s'enfonce au gras sein de la boue fraîche ; il grogne, il jouit jusque dans le recès de sa triperie, il cligne de l'œil. Amateur profond, bien que l'appareil toujours en action de son odorat ne laisse rien perdre, ses goûts ne vont point aux parfums passagers des fleurs ou de fruits frivoles ; en tout il cherche la nourriture : il l'aime riche, puissante, mûrie, et son instinct l'attache à ces deux choses, fondamental : la terre, l'ordure.

Gourmand, paillard ! si je vous présente ce modèle, avouez-le : quelque chose manque à votre satisfaction. Ni le corps ne se suffit à lui-même, ni la doctrine qu'il nous enseigne n'est vaine. «N'applique point à la vérité l'œil seul, mais tout cela sans réserve qui est toi-même. » Le bonheur est notre devoir et notre patrimoine. Une certaine possession parfaite est *donnée*.

— Mais telle que celle qui fournit à Énée des présages, la rencontre d'une truie me paraît toujours augurale, un emblème politique. Son flanc est plus obscur que les collines qu'on voit au travers de la pluie, et quand elle se couche, donnant à boire au bataillon de marcassins qui lui marche entre les jambes, elle me paraît l'image même de ces monts qui traient les grappes de villages attachées à leurs torrents, non moins massive et non moins difforme.

Je n'omets pas que le sang de cochon sert à fixer l'or.

[1896]

LA DÉRIVATION

Que d'autres fleuves emportent vers la mer des branches de chêne et la rouge infusion des terres ferrugineuses ; ou des roses avec des écorces de platane, ou de la paille épandue, ou des dalles de glace ; que la Seine, par l'humide matinée de décembre, alors que la demie de neuf heures sonne au clocher de la ville, sous le bras roide des grues démarre des barges d'ordures et des gabarres pleines de tonneaux ; que la rivière Haha à la crête fumante de ses rapides dresse tout à coup, comme une pique sauvage, le tronc d'un sapin de cent pieds, et que les fleuves équatoriaux entraînent dans leur flot turbide des mondes confus d'arbres et d'herbes : à plat ventre, amarré à contre-courant, la largeur de celui-ci ne suffit pas à mes bras et son immensité à mon engloutissement.

Les promesses de l'Occident ne sont pas mensongères ! Apprenez-le, cet or ne fait pas vainement appel à nos ténèbres, il n'est pas dépourvu de délices. J'ai trouvé qu'il est insuffisant de voir, inexpédient d'être debout ; l'examen de la jouissance est de cela que je possède sous moi. Puisque d'un pied étonné descendant la berge ardue j'ai découvert la dérivation ! Les richesses de l'Ouest ne me sont pas étrangères. Tout entier vers moi, versé par la pente de la Terre, il coule.

Ni la soie que la main ou le pied nu pétrit, ni la profonde laine d'un tapis de sacre ne sont comparables à la résistance de cette épaisseur liquide où mon poids propre me soutient, ni le nom du lait, ni la couleur de la rose à cette merveille dont je reçois sur moi la descente. Certes je bois, certes je suis plongé dans le vin ! Que les ports s'ouvrent pour recevoir les cargaisons de bois et de grains qui s'en viennent du pays haut, que les pêcheurs tendent leurs filets pour arrêter les épaves et les poissons, que les chercheurs d'or filtrent l'eau et fouillent le sable : le fleuve ne m'apporte pas une richesse moindre. Ne dites point que je vois, car l'œil ne suffit point à ceci qui demande un tact plus subtil. Jouir, c'est comprendre, et comprendre, c'est compter.

À l'heure où la sacrée lumière provoque à toute sa réponse l'ombre qu'elle décompose, la surface de ces eaux à mon immobile navigation ouvre le jardin sans fleurs. Entre ces gras replis violets, voici l'eau peinte comme du reflet des cierges, voici l'ambre, voici le vert le plus doux, voici la couleur de l'or. Mais taisons-nous : cela que je sais est à moi, et alors que cette eau deviendra noire, je posséderai la nuit tout entière avec le nombre intégral des étoiles visibles et invisibles.

[Mars 1897]

PORTES

Toute porte carrée ouvre moins que ne clôt le vantail qui l'implique.

Plusieurs, d'un pas occulte, ont gagné le solitaire Yamen et cette cour qu'emplit un grand silence; mais si, ayant gravi les degrés, au moment que leur main suspend un coup sur le tambour offert au visiteur, ayant perçu comme une voix assombrie par la distance leur nom (car l'épouse ou le fils de toutes ses forces crie dans l'oreille gauche du mort), ils vainquent une fatale langueur jusqu'à s'éloigner d'un et deux pas des battants que disjoint la désirable fissure, l'âme retrouve son corps; mais nulle mélodie d'un nom ne ramènera celui qui au travers du seuil sourd a fait le pas irréparable. Et tel est sans doute le lieu que j'habite, alors que, posé sur la dalle plate où cette sombre mare me contient dans son cadre baroque, je goûte l'oubli et le secret du taciturne jardin.

Un ancien souvenir n'a pas plus de détours et de plus étranges passages que le chemin qui, par une suite de cours, de grottes et de corridors, m'a emmené où je suis. L'art de ce lieu restreint est de me dérober, en m'égarant, ses limites. Des murs onduleux qui montent et qui descendent le divisent en compartiments, et, tandis que des cimes d'arbres et des toits de pavillons qu'ils laissent voir ils semblent inviter l'hôte à pénétrer leur secret, renouvelant sous ses pas la surprise avec la déception, ils l'amènent plus loin. Qu'un sage nain, avec son crâne pareil à une panse de gourde ou qu'un couple de cigognes en surmonte le sommet ouvragé, le calice du toit n'ombrage point une salle si déserte qu'un bâton d'encens à demi consumé n'y fume ou qu'une fleur oubliée ne s'y décolore. La Princesse, le Vieillard, vient à peine de se lever de ce siège, et l'air vert cèle encore le froissement de l'illustre soie.

Fabuleuse, certes, est mon habitation ! Je vois dans ces murs, dont les faîtes ajourés semblent se dissiper, des bancs de nuages, et ces fantasques fenêtres sont des feuillages confusément aperçus par des échappées ; le vent, laissant de chaque côté des languettes dont le bout se recourbe, tailla dans la brume ces brèches irrégulières. Que je ne cueille point la fleur de l'après-midi à un autre jardin qu'où m'introduit une porte qui a la forme d'un vase, ou d'une feuille, ou d'une gueule par la fumée, ou du soleil qui se couche alors que son disque atteint la ligne de l'eau, et de la lune qui se lève.

[Avril 1897]

LE FLEUVE

Du fleuve vaste et jaune mes yeux se reportent sur le sondeur accroché au flanc du bateau, qui, d'un mouvement régulier faisant tourner la ligne à son poing, envoie le plomb à plein vol au travers de ce flot tourbeux.

Comme s'allient les éléments du parallélogramme, l'eau exprime la force d'un pays résumé dans ses lignes géométriques. Chaque goutte est le calcul fugace, l'expression à raison toujours croissante de la pente circonférencielle, et, d'une aire donnée ayant trouvé le point le plus bas, un courant se forme, qui

d'un poids plus lourd fuit vers le centre plus profond
d'un cercle plus élargi. Celui-ci est immense par la
force et par la masse. C'est la sortie d'un monde, c'est
l'Asie en marche qui débouche. Puissant comme la
mer, cela va quelque part et tient à quelque chose.
Point de branches ni d'affluents, la coulée est unique ;
nous aurons beau remonter des jours, je n'atteins point
la fourche, et toujours devant nous, d'une poussée
volumineuse ouvrant largement la terre par le milieu,
le fleuve interrompt d'une égale coupure l'horizon
d'ouest.

Toute eau nous est désirable ; et, certes, plus que la
mer vierge et bleue, celle-ci fait appel à ce qu'il y a en
nous entre la chair et l'âme, notre eau humaine char-
gée de vertu et d'esprit, le brûlant sang obscur. Voici
l'une des grandes veines ouvrières du monde, l'un
des troncs de distribution de la vie, je sens marcher
sous moi le plasma qui travaille et qui détruit, qui
charrie et qui façonne. Et, tandis que nous remon-
tons cela d'énorme qui fond sur nous du ciel gris et
qu'engloutit notre route, c'est la terre tout entière
que nous accueillons, la Terre de la Terre, l'Asie,
mère de tous les hommes, centrale, solide, primor-
diale : ô abondance du sein ! Certes, je le vois, et c'est
en vain que l'herbe partout le dissimule, j'ai pénétré
ce mystère : comme une eau par sa pourpre atteste la
blessure irrécusable, la Terre a imprégné celle-ci de
sa substance : il n'est de rien matière que l'or seul.

Le ciel est bas, les nuées filent vers le Nord ; à ma
droite et à ma gauche, je vois une sombre Mésopota-
mie. Point de villages ni de cultures ; à peine, çà et là,
entre les arbres dépouillés, quatre, cinq huttes pré-
caires, quelques engins de pêche sur la berge, une
barque ruineuse qui vogue, vaisseau de misère arbo-

rant pour voile une loque. L'extermination a passé
sur ce pays, et ce fleuve qui roule à pleins bords la vie
et la nourriture n'arrose pas une région moins déserte
que n'en virent ces eaux issues du Paradis, alors
que l'homme, ayant perforé une corne de bœuf, fit
entendre pour la première fois ce cri rude et amer
dans des campagnes sans écho.

[Mars 1897]

LA PLUIE

Par les deux fenêtres qui sont en face de moi, les
deux fenêtres qui sont à ma gauche et les deux
fenêtres qui sont à ma droite, je vois, j'entends d'une
oreille et de l'autre tomber immensément la pluie. Je
pense qu'il est un quart d'heure après midi : autour
de moi, tout est lumière et eau. Je porte ma plume à
l'encrier, et, jouissant de la sécurité de mon empri-
sonnement, intérieur, aquatique, tel qu'un insecte
dans le milieu d'une bulle d'air, j'écris ce poëme.
   Ce n'est point de la bruine qui tombe, ce n'est
point une pluie languissante et douteuse. La nue
attrape de près la terre et descend sur elle serré et
bourru, d'une attaque puissante et profonde. Qu'il
fait frais, grenouilles, à oublier, dans l'épaisseur de
l'herbe mouillée, la mare ! Il n'est point à craindre
que la pluie cesse ; cela est copieux, cela est satisfai-
sant. Altéré, mes frères, à qui cette très merveilleuse
rasade ne suffirait pas. La terre a disparu, la maison
baigne, les arbres submergés ruissellent, le fleuve
lui-même qui termine mon horizon comme une mer
paraît noyé. Le temps ne me dure pas, et, tendant

l'ouïe, non pas au déclenchement d'aucune heure, je médite le ton innombrable et neutre du psaume.

Cependant la pluie vers la fin du jour s'interrompt, et tandis que la nue accumulée prépare un plus sombre assaut, telle qu'Iris du sommet du ciel fondait tout droit au cœur des batailles, une noire araignée s'arrête, la tête en bas et suspendue par le derrière au milieu de la fenêtre que j'ai ouverte sur les feuillages et le Nord couleur de brou. Il ne fait plus clair, voici qu'il faut allumer. Je fais aux tempêtes la libation de cette goutte d'encre.

[1897]

LA NUIT À LA VÉRANDAH

Certains Peaux-Rouges croient que l'âme des enfants mort-nés habite la coque des clovisses. J'entends cette nuit le chœur ininterrompu des rainettes, pareil à une élocution puérile, à une plaintive récitation de petites filles, à une ébullition de voyelles.

— J'ai longuement étudié les mœurs des étoiles. Il en est qui vont seules, d'autres montent par pelotons. J'ai reconnu les Portes et les Trivoies. À l'endroit le plus découvert gagnant le point le plus haut, Jupiter pur et vert marche comme un veau d'or. La position des astres n'est point livrée au hasard ; le jeu de leurs distances me donne les proportions de l'abîme, leur branle participe à notre équilibre, vital plutôt que mécanique. Je les tâte du pied.

— L'arcane, arrivant à la dernière de ces dix fenêtres, est de surprendre à l'autre fenêtre au travers de la chambre ténébreuse et inhabitée un autre fragment de la carte sidérale.

— Rien d'intrus ne dérangera tes songes, tels célestes regards n'inquiéteront point ton repos au travers de la muraille, si, avant de te coucher, tu prends soin de disposer ce grand miroir devant la nuit. La Terre ne présente pas aux astres une mer si large sans offrir plus de prise à leur impulsion et son profond *bain,* pareil au révélateur photographique.

— La nuit est si calme qu'elle me paraît salée.

[1897]

SPLENDEUR DE LA LUNE

À cette clef qui me débarrasse, ouvre à mon aveuglement la porte de laine, à ce départ incoercible, à cette mystérieuse aménité qui m'anime, à cette réunion, fœtal, avec mon cœur à l'explosion muette de ces réponses inexplicables, je comprends que je dors, et je m'éveille.

J'avais laissé à mes quatre fenêtres une nuit opaque et sombre, et maintenant, voici que, sortant sous la vérandah, je vois toute la capacité de l'espace emplie de ta lumière, Soleil des songes! Bien loin de l'inquiéter, ce feu qui se lève du fond des ténèbres consomme le sommeil, accable d'un coup plus lourd. Mais ce n'est pas en vain que, tel qu'un prêtre éveillé pour les mystères, je suis sorti de ma couche pour envisager ce miroir occulte. La lumière du soleil est un agent de vie et de création, et notre vision participe à son énergie. Mais la splendeur de la lune est pareille à la considération de la pensée. Dépouillée de ton et de chaleur, c'est elle seule qui m'est proposée et la création tout entière se peint en noir dans son éclatante étendue. Solennelles orgies! Antérieur au matin, je contemple l'image du monde. Et déjà ce grand arbre a fleuri : droit et seul, pareil à un immense lilas blanc, épouse nocturne, il frissonne, tout dégouttant de lumière.

Ô soleil de l'après-minuit! ni la polaire au sommet du ciel vertigineux, ni le feu rouge du Taureau, ni au cœur de cet arbre profond cette planète que cette feuille en se soulevant découvre, claire topaze! n'est la reine qui m'est élue; mais là-haut l'étoile la plus lointaine et la plus écartée et perdue dans tant de lumière, que mon œil battant d'accord avec mon cœur ce coup, ne la reconnaît qu'en l'y voyant disparaître.

[1897]

RÊVES

La nuit quand tu vas entendre de la musique, prends soin de commander la lanterne pour le retour : n'aie garde, chaussé de blanc, de perdre de vue chacun de tes souliers : de peur qu'ayant une fois confié ta semelle à un invisible marchepied, par l'air, par la brume, une route insolite ne te ménage un irrémédiable égarement, et que l'aube ne te retrouve empêtré dans la hune d'un mât de tribunal, ou à la corne d'un mur de temple, agriffé comme une chauve-souris à la tête d'une chimère.

— Voyant ce pan de mur blanc éclairé par le feu violent de la lune, le prêtre, par le moyen du gouvernail, ne douta pas d'y précipiter son embarcation ; et jusqu'au matin une mer nue et illuminée ne trahit point l'immersion occulte de la rame.

— Le pêcheur, ayant digéré ce long jour de silence et de mélancolie, le ciel, la campagne, les trois arbres et l'eau, n'a point prolongé si vainement son attente que rien ne se soit pris à son amorce ; dans le fond de ses intestins il sent avec le croc de l'hameçon la traction douce du fil rigide, qui, traversant la surface immobile, l'emporte vers le plafond noir : une feuille tombant à rebours n'ébranle point le verre de l'étang.

— Qui sait *où* tu ne serais pas exposé, un jour, à rencontrer le vestige de ta main et le sceau de ton pouce, si, chaque nuit, avant de t'endormir, tu prenais soin d'enduire tes doigts d'une encre grasse et noire ?

— Amarré à l'orifice extérieur de ma cheminée, le canot, presque vertical, m'attend. Ayant fini mon travail, je suis invité à prendre le thé dans l'une de ces îles qui traversent le ciel dans la direction Est-Sud-Ouest. Avec l'entassement de ses constructions, les tons chauds de ses murs de marbre, la localité ressemble à une ville d'Afrique ou d'Italie. Le système des égouts est parfait, et de la terrasse où nous sommes assis on jouit d'un air salubre et de la vue la plus étendue. Des ouvrages inachevés, quais en ruines, amorces de ponts qui croulent, entourent de toutes parts la Cyclade.

— Depuis que la jetée de boue jaune où nous vivons est enchâssée dans ce plateau de nacre, de l'inondation dont, chaque soir, je vais aux remparts surveiller le progrès, montent vers moi l'Illusion et le Prestige. C'est en vain que, de l'autre côté de la lagune, des barques viennent sans cesse nous apporter de la terre pour consolider notre talus qui s'émie. Quel fond aurais-je pu faire sur ces campagnes vertes et traversées de chemins, à qui l'agriculteur ne doutait pas de confier sa semence et son labeur, alors qu'un jour étant remonté au mur je les vis remplacées par ces eaux couleur d'aurore ? un village seul, çà et là, émerge, un arbre noyé jusqu'aux branches, et à cet endroit où piochait une jaune équipe, je vois des barques pareilles à des cils. Mais je lis des menaces encore dans le soir trop beau ! Pas plus qu'un antique précepte contre la volupté, ce mur ruineux, d'où les misérables soldats qui en gardent les portes dénoncent la nuit en soufflant dans des trompettes de quatre coudées, ne défendra contre le soir et contre la propagation irrésistible de ces eaux couleur de roses et d'azur nos noires usines et les magasins gorgés de peaux de vaches et de suifs. Comme la vague qui arrive me déleste de mon poids et m'emporte en m'enlevant par les aisselles...

— Et je me revois à la plus haute fourche du vieil arbre dans le vent, enfant balancé parmi les pommes. De là comme un dieu sur sa tige, spectateur du théâtre du monde, dans une profonde considération, j'étudie le relief et la conformation de la terre, la disposition des pentes et des plans ; l'œil fixe comme un corbeau, je dévisage la campagne déployée sous mon perchoir, je suis du regard cette route qui, paraissant deux fois successivement à la crête des collines, se perd enfin dans la forêt. Rien n'est perdu pour moi, la direction des fumées, la qualité de l'ombre et de la lumière, l'avancement des travaux agricoles, cette voiture qui bouge sur le chemin, les coups de feu des chasseurs. Point n'est besoin de journal où je ne lis que le passé ; je n'ai qu'à monter à cette branche, et, dépassant le mur, je vois devant moi tout le présent. La lune se lève ; je tourne la face vers elle, baigné dans cette maison de fruits. Je demeure immobile, et de temps en temps une pomme de l'arbre choit comme une pensée lourde et mûre.

[1897]

ARDEUR

La journée est plus dure que l'enfer.

Au dehors, un soleil qui assomme, et dévorant toute ombre une splendeur aveuglante, si fixe qu'elle paraît solide. Je perçois dans ce qui m'entoure moins d'immobilité que de stupeur, l'arrêt dans le coup. Car la Terre durant ces quatre lunes a parachevé sa génération ; il est temps que l'Époux la tue, et, dévoilant les feux dont il brûle, la condamne d'un inexorable baiser.

Pour moi, que dirai-je ? Ah ! si ces flammes sont effroyables à ma faiblesse, si mon œil se détourne, si ma chair sue, si je plie sur la triple jointure de mes jambes, j'accuserai cette matière inerte, mais l'esprit viril sort de lui-même dans un transport héroïque ! Je le sens ! mon âme hésite, mais rien que de suprême ne peut satisfaire à cette jalousie délicieuse et horrible. Que d'autres fuient sous la terre, obstruent avec soin la fissure de leur demeure ; mais un cœur sublime, serré de la dure pointe de l'amour, embrasse le feu et la torture. Soleil, redouble tes flammes, ce n'est point assez que de brûler, consume : ma douleur serait de ne point souffrir assez. Que rien d'impur ne soit soustrait à la fournaise et d'aveugle au supplice de la lumière !

[Juillet 1897]

CONSIDÉRATION DE LA CITÉ

À l'heure où, pressé d'un haut pressentiment, l'homme sans femme et sans fils atteint avec la crête du mont le niveau du soleil qui descend, au-dessus de la terre et des peuples, dans le ciel la disposition solennelle d'une représentation de cité historie le suspens énorme.

C'est une cité de temples.

On voit dans les villes modernes les rues et les quartiers se presser et se composer autour des bourses et des halles, et des écoles, et des bâtiments municipaux dont les hauts faîtes et les masses coordonnées se détachent au-dessus des toits uniformes. Mais monument par le soir selon la forme d'une triple montagne, l'image ici posée de la cité éternelle ne trahit aucun détail profane et ne montre rien dans l'aménagement infini de ses constructions et l'ordre de son architecture qui ne se rapporte à un service si sublime, qu'il n'est pas à qui ne soit postérieure la préparation de ses degrés.

Et comme le citoyen du Royaume, que le chemin met en présence de la capitale, cherche à en reconnaître l'immense ouvrage, c'est ainsi que le contemplateur, au pied de qui tient mal un vil soulier, envisageant Jérusalem s'étudie à surprendre la loi et les conditions de ce séjour. Ni ces nefs, ni le système et les répliques des coupoles et des pylônes ne sont soustraits aux exigences d'un culte, ni le mouvement et le détail des rampes et des terrasses n'est indifférent au développement de la cérémonie. Les douves des tours, la superposition des murailles, les basiliques et les cirques, et les réservoirs, et les cimes d'arbres dans les jardins carrés, sont faits de la même neige, et cette nuance violacée qui les assombrit, peut-être, n'est que le deuil qu'une distance irréparable y ajoute.

Telle, un instant, dans le soir, m'apparut une cité solitaire.

[1897]

LA DESCENTE

Ah! que ces gens continuent à dormir! que le bateau n'arrive pas présentement à l'escale! que ce malheur soit conjuré d'entendre ou de l'avoir proférée, une parole!

Sortant du sommeil de la nuit, je me suis réveillé dans les flammes.

Tant de beauté me force à rire! Quel luxe! quel éclat! quelle vigueur de la couleur inextinguible!

C'est l'Aurore. Ô Dieu, que ce bleu a donc pour moi de la nouveauté! que ce vert est tendre! qu'il est frais! et, regardant vers le ciel ultérieur, quelle paix de le voir si noir encore que les étoiles y clignent. Mais que tu sais bien, ami, de quel côté te tourner, et ce qui t'est réservé, si, levant les yeux, tu ne rougis point d'envisager les clartés célestes. Oh! que ce soit précisément cette couleur qu'il me soit donné de considérer! Ce n'est point du rouge, et ce n'est point la couleur du soleil; c'est la fusion du sang dans l'or! c'est la vie consommée dans la victoire, c'est, dans l'éternité, la ressource de la jeunesse! La pensée que c'est le jour qui se lève ne diminue point mon exultation. Mais ce qui me trouble comme un amant, ce qui me fait frémir dans ma chair, c'est l'*intention* de gloire de ceci, c'est mon *admission*, c'est l'avancement à ma rencontre de cette joie!

Bois, ô mon cœur, à ces délices inépuisables!

Que crains-tu? ne vois-tu pas de quel côté le courant, accélérant la poussée de notre bateau, nous entraîne? Pourquoi douter que nous n'arrivions, et qu'un immense jour ne réponde à l'éclat d'une telle promesse? Je prévois que le soleil se lèvera et qu'il faut me préparer à en soutenir la force. Oh lumière! noie toutes les choses transitoires au sein de ton abîme. Vienne midi, et il me sera donné de considérer ton règne, Été, et de consommer, consolidé dans ma joie, le jour, — assis parmi la paix de toute la terre, dans la solitude céréale.

[Juillet 1897]

LA CLOCHE

L'air jouissant d'une parfaite immobilité, à l'heure où le soleil consomme le mystère de Midi, la grande cloche, par l'étendue sonore et concave suspendue au point mélodique, sous le coup du bélier de cèdre retentit avec la Terre ; et depuis lors avec ses retraits et ses avancements, au travers de la montagne et de la plaine, une muraille, dont on voit au lointain horizon les constructions des portes cyclopéennes marquer les intervalles symétriques, circonscrit le volume du tonnerre intérieur et dessine la frontière de son bruit. Une ville est bâtie dans une corne de l'enceinte ; le reste du lieu est occupé par des champs, des bois, des tombes, et ici et là sous l'ombre des sycomores la vibration du bronze au fond d'une pagode réfléchit l'écho du monstre qui s'est tu.

J'ai vu, près de l'Observatoire où Kang-chi vint étudier l'étoile de la vieillesse, l'édicule où, sous la garde d'un vieux bonze, la cloche réside, honorée d'offrandes et d'inscriptions. L'envergure d'un homme moyen est la mesure de son évasement. Frappant du doigt la paroi qui chante au moindre choc dans les quinze pouces de son épaisseur, longtemps je prête l'oreille. Et je me souviens de l'histoire du fondeur.

Que la corde de soie ou de boyau résonnât sous l'ongle ou l'archet, que le bois, jadis instruit par les vents, se prêtât à la musique, l'ouvrier ne mettait point là sa curiosité. Mais se prendre à l'élément même, arracher la gamme au sol primitif, lui semblait le moyen de faire proprement retentir l'homme et d'éveiller tout entier son vase. Et son art fut de fondre des cloches.

La première qu'il coula fut ravie au ciel dans un orage. La seconde, comme on l'avait chargée sur un bateau, tomba dans le milieu du Kiang profond et limoneux. Et l'homme résolut, avant de mourir, de fabriquer la troisième.

Et il voulut, cette fois, dans la poche d'un profond vaisseau, recueillir l'âme et le bruit entier de la Terre nourricière et productrice, et ramasser dans un seul coup de tonnerre la plénitude de tout son. Tel fut le dessein qu'il conçut ; et le jour qu'il en commença l'entreprise, une fille lui naquit.

Quinze ans il travailla à son œuvre. Mais c'est en vain qu'ayant conçu sa cloche il en fixa avec un art subtil les dimensions et le galbe et le calibre ; ou que des plus secrets métaux dégageant tout ce qui écoute et frémit, il sut faire des lames si sensibles qu'elles s'émussent à la seule approche de la main ; ou qu'en un seul organe sonore il s'étudia à en fondre les propriétés et les accords ; du moule de sable avait beau sortir un morceau net et sans faute, le flanc d'airain à son interrogation ne faisait jamais la réponse attendue ; et le battement de la double vibration avait beau s'équilibrer en de justes intervalles, son angoisse était de ne point sentir là la vie et ce je ne sais quoi de moelleux et d'humide conféré par la salive aux mots que forme la bouche humaine.

Cependant, la fille grandissait avec le désespoir de son père. Et déjà elle voyait le vieillard, rongé par sa manie, ne plus chercher des alliages nouveaux, mais il jetait dans le creuset des épis de blé, et de la sève d'aloès, et du lait, et le sang de ses propres veines. Alors une grande pitié naquit dans le cœur de la

vierge, pour laquelle aujourd'hui les femmes vien-
nent, près de la cloche, vénérer sa face de bois peint.
Ayant fait sa prière au dieu souterrain, elle vêtit le
costume de noces, et, comme une victime dévouée,
s'étant noué un brin de paille autour du cou, elle se
précipita dans le métal en fusion.

C'est ainsi qu'à la cloche fut donnée une âme et
que le retentissement des forces élémentaires conquit
ce port femelle et virginal et la liquidité ineffable d'un
lien.

Et le vieillard, ayant baisé le bronze encore tiède,
le frappa puissamment de son maillet, et si vive fut
l'invasion de la joie au son bienheureux qu'il enten-
dit et la victoire de la majesté, que son cœur languit
en lui-même et que, pliant sur ses genoux, il ne sut
s'empêcher de mourir.

Depuis lors et le jour qu'une ville naquit de l'am-
plitude de sa rumeur, le métal, fêlé, ne rend plus
qu'un son éteint. Mais le Sage au cœur vigilant sait
encore entendre (au lever du jour, alors qu'un vent
faible et froid arrive des cieux couleur d'abricot et de
fleur de houblon) la première cloche dans les
espaces célestes, et, au sombre coucher du soleil, la
seconde cloche dans les abîmes du Kiang immense
et limoneux.

[Septembre 1897]

LA TOMBE

Au fronton du portail funèbre je lis l'intimation
de mettre pied à terre ; à ma droite quelques débris
sculptés dans les roseaux, et l'inscription sur un for-

midable quartier de granit noir avec inanité détaille
la législation de la sépulture ; une menace interrom-
pue par la mousse interdit de rompre les vases, de
pousser des cris, de ruiner les citernes lustrales.

Il est certainement plus de deux heures, car au
tiers déjà du ciel blafard j'aperçois le soleil terne et
rond. Je puis jusqu'au mont droit embrasser la dis-
position de la nécropole, et, préparant mon cœur,
par la route des funérailles, je me mets en marche au
travers de ce lieu réservé à la mort, lui-même défunt.

Ce sont d'abord, l'une après l'autre, deux mon-
tagnes carrées de briques. L'évidement central
s'ouvre par quatre arches sur les quatre points car-
dinaux. La première de ces salles est vide ; dans la
seconde une tortue de marbre géante, si haute que
de la main je puis à peine atteindre à sa tête mousta-
chue, supporte la stèle panégyrique. «Voici le porche
et l'apprentissage de la terre ; c'est ici», dis-je, «que
la mort faisait halte sur un double seuil et que le
maître du monde, entre les quatre horizons et le ciel,
recevait un suprême hommage.»

Mais à peine suis-je sorti par la porte septentrio-
nale (ce n'est pas en vain que je franchis ce ruis-
seau), je vois devant moi s'ouvrir le pays des Mânes.

Car, formant une allée de leurs couples alternatifs,
à mes yeux s'offrent de monstrueux animaux. Face à
face, répétant, successivement agenouillés et debout,
leurs paires, béliers, chevaux unicornes, chameaux,
éléphants, jusqu'à ce tournant où se dérobe la suite
de la procession, les blocs énormes et difformes se
détachent sur le triste herbage. Plus loin sont rangés
les mandarins militaires et civils. Aux funérailles du
Pasteur les animaux et les hommes ont député ces
pierres. Et comme nous avons franchi le seuil de la

vie, plus de véracité ne saurait convenir à ces simu-
lacres.

Ici, ce large tumulus qui cache, dit-on, les trésors
et les os d'une dynastie plus antique, cessant de bar-
rer le passage, la voie se retourne vers l'est. Je marche
maintenant au milieu des soldats et des ministres.
Les uns sont entiers et debout ; d'autres gisent sur la
face ; un guerrier sans tête serre encore du poing le
pommeau de son sabre. Et sur un triple pont la voie
franchit le second canal.

Maintenant, par une série d'escaliers dont le ban-
deau médian divulgue encore le reptile impérial, je
traverse le cadre ravagé des terrasses et des cours.
C'est ici l'esplanade du souvenir, le vestige plat dont
le pied humain en le quittant a enrichi le sol perpé-
tuel, le palier du sacrifice, l'enceinte avec solennité
où la chose abolie atteste, parmi ce qui est encore,
qu'elle fut. Au centre, le trône supporte, le balda-
quin encore abrite l'inscription dynastique. Alentour
les temples et les xénodochies ne forment plus qu'un
décombre confus dans les ronces.

Et voici devant moi la tombe.

Entre les avancements massifs des bastions carrés
qui le flanquent, et derrière la tranchée profonde et
définitive du troisième ru, un mur ne laisse point
douter que ce soit ici le terme de la route. Un mur et
rien qu'un mur, haut de cent pieds et large de deux
cents. Meurtrie par l'usure des siècles, l'inexorable
barrière montre une face aveugle et maçonnée. Seul
dans le milieu de la base un trou rond, gueule de four
ou soupirail de cachot. Ce mur est la paroi antérieure
d'une sorte de socle trapézoédrique détaché du mont
qui le surplombe. Au bas une moulure rentrante sous
une corniche en porte-à-faux le dégage comme une

console. Nul cadavre n'est si suspect que d'exiger sur lui l'asseoiement d'une pareille masse. C'est le trône de la Mort même, l'exhaussement régalien du sépulcre.

Un couloir droit remontant en plan incliné traverse de part en part le tertre. Au bout il n'y a plus rien que le mont même dont le flanc abrupt en lui recèle profondément le vieux Ming.

Et je comprends que c'est ici la sépulture de l'Athée. Le temps a dissipé les vains temples et couché les idoles dans la poudre. Et seule du lieu la disposition demeure avec l'idée. Les pompeux catafalques du seuil n'ont point retenu le mort, le cortège défunt de sa gloire ne le retarde pas ; il franchit les trois fleuves, il traverse le parvis multiple et l'encens. Ni ce monument qu'on lui a préparé ne suffit à le conserver ; il le troue et entre au corps même et aux œuvres de la terre primitive. C'est l'enfouissement simple, la jonction de la chair crue au limon inerte et compact ; l'homme et le roi pour toujours est consolidé dans la mort sans rêve et sans résurrection.

Mais l'ombre du soir s'étend sur le site farouche. Ô ruines ! la tombe vous a survécu, et à la mort même le signe parfait dans le brutal établissement de ce bloc.

Comme je m'en retourne parmi les colosses de pierre, je vois dans l'herbe flétrie un cadavre de cheval écorché qu'un chien dépèce. La bête me regarde en léchant le sang qui lui découle des babines, puis, appliquant de nouveau ses pattes sur l'échine rouge, il arrache un long lambeau de chair. Un tas d'intestins est répandu à côté.

[Septembre 1897]

TRISTESSE DE L'EAU

Il est une conception dans la joie, je le veux, il est une vision dans le rire. Mais ce mélange de béatitude et d'amertume que comporte l'acte de la création, pour que tu le comprennes, ami, à cette heure où s'ouvre une sombre saison, je t'expliquerai la tristesse de l'eau.

Du ciel choit ou de la paupière déborde une larme identique.

Ne pense point de ta mélancolie accuser la nuée, ni ce voile de l'averse obscure. Ferme les yeux, écoute! la pluie tombe.

Ni la monotonie de ce bruit assidu ne suffit à l'explication.

C'est l'ennui d'un deuil qui porte en lui-même sa cause, c'est l'embesognement de l'amour, c'est la peine dans le travail. Les cieux pleurent sur la terre qu'ils fécondent. Et ce n'est point surtout l'automne et la chute future du fruit dont elles nourrissent la graine qui tire ces larmes de la nue hivernale. La douleur est l'été et dans la fleur de la vie l'épanouissement de la mort.

Au moment que s'achève cette heure qui précède Midi, comme je descends dans ce vallon qu'emplit la rumeur de fontaines diverses, je m'arrête ravi par le chagrin. Que ces eaux sont copieuses! et si les larmes comme le sang ont en nous une source perpétuelle, l'oreille à ce chœur liquide de voix abondantes ou grêles, qu'il est rafraîchissant d'y assortir toutes les nuances de sa peine! Il n'est passion qui ne puisse vous emprunter ses larmes, fontaines! et bien qu'à la

mienne suffise l'éclat de cette goutte unique qui de
très haut dans la vasque s'abat sur l'image de la lune,
je n'aurai pas en vain pour maints après-midi appris à
connaître ta retraite, val chagrin.

Me voici dans la plaine. Au seuil de cette cabane
où, dans l'obscurité intérieure, luit le cierge allumé
pour quelque fête rustique, un homme assis tient dans
sa main une cymbale poussiéreuse. Il pleut immen-
sément ; et j'entends seul, au milieu de la solitude
mouillée, un cri d'oie.

[Janvier 1898]

LA NAVIGATION NOCTURNE

J'ai oublié la raison de ce voyage que j'entrepris,
pareil à Confucius quand il vint porter la doctrine au
prince de Ou, et quelle fut la matière de ma négocia-
tion. Assis tout le jour dans le fond de ma chambre
vernie, ma hâte sur les eaux calmes ne devançait pas
le progrès cycnéen de l'embarcation. Parfois seule-
ment, au soir, je venais avec sagesse considérer l'as-
pect de la contrée.

Notre hiver n'a point de sévérité. Saison chère au
philosophe, ces arbres nus, l'herbe jaune, marquent
assez la suspension du temps sans qu'un froid atroce
et des violences meurtrières l'attestent, superflus,
définitive. À ce douzième mois encore, cimetière et
potager, la campagne, avec les tertres partout des
tombes, s'étend productive et funèbre. Les bosquets
de bambous bleus, les pins sombres au-dessus des
sépultures, les roseaux glauques, arrêtent avec art le
regard en le satisfaisant, et les fleurs jaunes du Chan-

delier-de-l'An-Neuf, avec les baies de l'arbre-à-suif,
confèrent au grave tableau une parure honnête. Je
vogue en paix au travers de la région modérée.

Maintenant il fait nuit. J'attendrais en vain, à
l'avant de la jonque où je suis posté, que l'appât de
notre ancre de bois attirât sur l'eau béate l'image de
cette lune endommagée que le seul Minuit nous
réserve. Tout est sombre ; mais, sous l'impulsion de
la godille où que vire notre proue, il n'est pas à pen-
ser que route faille à notre navigation. Ces canaux
comportent des ramifications sans nombre. Poursui-
vons avec tranquillité le voyage, l'œil à cette étoile
solitaire.

[Janvier 1898]

HALTE SUR LE CANAL

Mais, dépassant le point où, de leur lointain village
chassés par le désir de manger, le Vieux et la Vieille,
sur le radeau que fait la porte de la maison guidés par
le canard familier, connurent, à l'aspect de ces eaux
où il semblait que l'on eût lavé du riz, qu'ils péné-
traient dans une région d'opulence ; poussant au
travers de ce canal large et rectiligne, que limite la
muraille rude et haute par où la cité est enclose avec
son peuple, à ce lieu où l'arche exagérée d'un pont
encadre avec le soir sur le profond paysage la tour
crénelée de la porte, nous assujettissons notre barque
par le dépôt dans l'herbe des tombes d'une pierre
carrée, comparable à l'apport obscur de l'épitaphe.

Et notre perquisition commence avec le jour, nous
nous engageons au couloir infini de la rue Chinoise,

tranchée obscure et mouillée dans une odeur d'intestin au milieu d'un peuple mélangé avec sa demeure comme l'abeille avec sa cire et son miel.

Et longtemps nous suivons l'étroit sentier dans un tohu-bohu de foirail. Je revois cette petite fille dévidant un écheveau de soie verte, ce barbier qui cure l'oreille de son client avec une pince fine comme des antennes de langouste, cet ânon qui tourne sa meule au milieu d'un magasin d'huiles, la paix sombre de cette pharmacie avec, au fond, dans le cadre d'or d'une porte en forme de lune, deux cierges rouges flambant devant le nom de l'apothicaire. Nous traversons maintes cours, cent ponts ; cheminant par d'étroites venelles bordées de murailles couleur de sépia, nous voici dans le quartier des riches. Ces portes closes nous ouvriraient des vestibules dallés de granit, la salle de réception avec son large lit-table et un petit pêcher en fleur dans un pot, des couloirs fumeux aux solives décorées de jambons et de bottes. Embusqué derrière ce mur, dans une petite cour, nous découvrons le monstre d'une glycine extravagante ; ses cent lianes se lacent, s'entremêlent, se nouent, se nattent en une sorte de câble difforme et tortu, qui, lançant de tous côtés le long serpent de ses bois, s'épanouit sur la treille qui recouvre sa fosse en un ciel épais de grappes mauves. Traversons la ruine de ce long faubourg où des gens nus tissent la soie dans les décombres : nous gagnons cet espace désert qui occupe le midi de l'enceinte.

Là, dit-on, se trouvait jadis la résidence Impériale. Et en effet, le triple guichet et le quadruple jambage de portes consécutives barrent de leur charpente de granit la voie large et dallée où notre pied s'engage. Mais l'enclos où nous sommes ne contient rien qu'une herbe grossière; et au lieu où se rejoignent les quatre Voies qui sous des arches triomphales s'écartent vers les Quatre points cardinaux, prescription, inscription comme une carte préposée à tout le royaume, la Stèle impériale, raturée par la fêlure de son marbre, penche sur la tortue décapitée qu'elle chevauche.

La Chine montre partout l'image du vide constitutionnel dont elle entretient l'économie. «Honorons», dit le *Tao teh king*, «la vacuité qui confère à la roue son usage, au luth son harmonie.» Ces décombres et ces jachères que l'on trouve dans une même enceinte juxtaposés aux multitudes les plus denses, à côté de minutieuses cultures ces monts stériles et l'étendue infinie des cimetières, n'insinuent pas dans l'esprit une idée vaine. Car dans l'épaisseur et la masse de ce peuple cohérent, l'administration, la justice, le culte, la monarchie, ne découvrent pas par des contrastes moins étranges une moins béante lacune, de vains simulacres et leurs ruines. La Chine ne s'est pas, comme l'Europe, élaborée en compartiments; nulles frontières, nuls organismes particuliers n'opposaient dans l'immensité de son aire de résistance à la propagation des ondes humaines. Et c'est pourquoi, impuissante comme la mer à prévoir ses agitations, cette nation, qui ne se sauve de la destruction que par sa plasticité, montre partout, — comme la nature, — un caractère antique et provisoire, délabré, hasardeux, lacunaire. Le présent comporte toujours la réserve du futur et du passé. L'homme n'a point fait du sol une conquête suivie, un aménagement définitif et raisonné; la multitude broute par l'herbe.

Et soudain un cri lugubre nous atterre! Car le gardien de l'enclos, au pied d'une de ces portes qui

encadrent la campagne du dessin d'une lettre redressée, sonne de la longue trompette chinoise, et l'on
voit le tuyau de cuivre mince frémir sous l'effort du
souffle qui l'emplit. Rauque et sourd s'il incline le
pavillon vers la terre, et strident s'il le lève, sans
inflexion et sans cadence, le bruit avec un morne
éclat finit dans le battement d'une quarte affreuse :
do-fa ! do-fa ! L'appel brusque d'un paon n'accroît
pas moins l'abandon du jardin assoupi. C'est la corne
du pasteur, et non pas le clairon qui articule et qui
commande ; ce n'est point le cuivre qui mène en
chantant les armées, c'est l'élévation de la voix bestiale, et la horde ou le troupeau s'assemblent confusément à son bruit. Mais nous sommes seuls ; et ce
n'est pour rien de vivant que le Mongol corne à l'intersection solennelle de ces routes.

Quand nous regagnons notre bateau, c'est presque
la nuit, au couchant tout l'horizon des nuages a l'air
d'être teint en bleu, et sur la terre obscure les champs
de colzas éclatent comme des coups de lumière.

[Avril 1898]

LE PIN

L'arbre seul, dans la nature, pour une raison typifique, est vertical, avec l'homme.

Mais un homme se tient debout dans son propre
équilibre, et les deux bras qui pendent, dociles, au
long de son corps, sont extérieurs à son unité. L'arbre
s'exhausse par un effort, et cependant qu'il s'attache
à la terre par la prise collective de ses racines, les
membres multiples et divergents, atténués jusqu'au

tissu fragile et sensible des feuilles, par où il va chercher dans l'air même et la lumière son point d'appui, constituent non seulement son geste, mais son acte essentiel et la condition de sa stature.

La famille des conifères accuse un caractère propre. J'y aperçois non pas une ramification du tronc dans ses branches, mais leur articulation sur une tige qui demeure unique et distincte, et s'exténue en s'effilant. De quoi le sapin s'offre pour un type avec l'intersection symétrique de ses bois, et dont le schéma essentiel serait une droite coupée de perpendiculaires échelonnées.

Ce type comporte, suivant les différentes régions de l'univers, des variations multiples. La plus intéressante est celle de ces pins que j'ai étudiés au Japon.

Plutôt que la rigidité propre du bois, le tronc fait paraître une élasticité charnue. Sous l'effort du gras cylindre de fibres qu'elle enserre, la gaine éclate, et l'écorce rude, divisée en écailles pentagonales par de profondes fissures d'où suinte abondamment la résine, s'exfolie en fortes couches. Et si, par la souplesse d'un corps comme désossé, la tige cède aux actions extérieures qui, violentes, l'assaillent, ou, ambiantes, la sollicitent, elle résiste par une énergie propre, et le drame inscrit au dessin tourmenté de ces axes est celui du combat pathétique de l'Arbre.

Tels, le long de la vieille route tragique du Tokkaido, j'ai vu les pins soutenir leur lutte contre les Puissances de l'air. En vain le vent de l'Océan les couche : agriffé de toutes ses racines au sol pierreux, l'arbre invincible se tord, se retourne sur lui-même, et comme un homme arc-bouté sur le système contrarié de sa quadruple articulation, il fait tête, et des membres que de tous côtés il allonge et replie, il semble s'accrocher à l'antagoniste, se rétablir, se redresser sous l'assaut polymorphe du monstre qui l'accable. Au long de cette plage solennelle, j'ai, ce sombre soir, passé en revue la rangée héroïque et inspecté toutes les péripéties de la bataille. L'un s'abat à la renverse et tend vers le ciel la panoplie monstrueuse de hallebardes et d'écus qu'il brandit à ses poings d'hécatonchire ; un autre, plein de plaies, mutilé comme à coups de poutre, et qui hérisse de tous côtés des échardes et des moignons, lutte encore et agite quelques faibles rameaux ; un autre, qui semble du dos se maintenir contre la poussée, se rassoit sur le puissant contrefort de sa cuisse roidie ; et enfin j'ai vu les géants et les princes, qui, massifs, cambrés sur leurs reins musculeux, de l'effort géminé de leurs bras herculéens maintiennent d'un côté et de l'autre l'ennemi tumultueux qui les bat.

Il me reste à parler du feuillage.

Si, considérant les espèces qui se plaisent aux terres meubles, aux sols riches et gras, je les compare au pin, je découvre ces quatre caractères en elles : que la proportion de la feuille au bois est plus forte, que cette feuille est caduque, que, plate, elle offre un envers et un endroit, et enfin que la frondaison, disposée sur les rameaux qui s'écartent en un point commun de la verticale, se compose en un bouquet unique. Le pin pousse dans des sols pierreux et secs ; par suite, l'absorption des éléments dont il se nourrit est moins immédiate et nécessite de sa part une élaboration plus forte et plus complète, une activité fonctionnelle plus grande, et, si je puis dire, plus personnelle. Obligé de prendre l'eau par mesure, il ne s'élargit point comme un calice. Celui-ci, que je vois, divise sa frondaison, écarte de tous côtés ses manipules; au lieu de feuilles qui recueillent la pluie, ce sont des houppes de petits tubes qui plongent dans l'humidité ambiante et l'absorbent. Et c'est pourquoi, indépendant des saisons, sensible à des influences plus continues et plus subtiles, le pin montre un feuillage pérennel.

J'ai du coup expliqué son caractère aérien, suspendu, fragmentaire. Comme le pin prête aux lignes d'une contrée harmonieuse l'encadrement capricieux de ses bois pour mieux rehausser le charmant éclat de la nature il porte sur tout la tache de ses touffes singulières : sur la gloire et puissance de l'Océan bleu dans le soleil, sur les moissons, et, interrompant le dessin des constellations ou l'aube, sur le ciel. Il incline ses terrasses au-dessous des buissons d'azalées en flammes jusqu'à la surface des lacs bleu de gentiane, ou, par-dessus les murailles abruptes de la cité impériale, jusqu'à l'argent verdi d'herbe des canaux : et ce soir où je vis le Fuji comme un colosse et comme une vierge trôner dans les clartés de l'Infini, la houppe obscure d'un pin se juxtapose à la montagne couleur de tourterelle.

[Juin 1898]

L'ARCHE D'OR
DANS LA FORÊT

Quand je quittai Yeddo, le grand soleil flamboyait dans l'air net; à la fin de l'après-midi, arrivant à la jonction d'Utsonomiya, je vois que la nue offusque tout le couchant. Faite de grands cumulus amalgamés, elle présente cet aspect volumineux et chao-

tique qu'arrange parfois le soir, alors qu'un éclairage
bas, comme un feu voilé de rampe, porte les ombres
sur le champ nébuleux et accuse à rebours les reliefs.
Sur le quai à cette minute assoupie et longtemps dans
le train qui m'emporte vers l'Ouest, je suis le specta-
teur de la diminution du jour conjointe à l'épaississe-
ment graduel de la nue. J'ai d'un coup d'œil embrassé
la disposition de la contrée. Au fond profondément
d'obscures forêts et le repli de lourdes montagnes;
au-devant des banquettes détachées qui l'une der-
rière l'autre barrent la route comme des écrans espa-
cés et parallèles. La terre, telle que les tranchées que
nous suivons en montrent les couches, est d'abord un
mince humus noir comme du charbon, puis du sable
jaune, et enfin l'argile, rouge de soufre ou de cinabre.
L'Averne devant nous s'ouvre et se déploie. Ce sol
brûlé, ce ciel bas, cette amère clôture de volcans et de
sapins, ne correspondent-ils pas à ce fond noir et nul
sur lequel se lèvent les visions des songes? Ainsi, avec
une sagesse royale, l'antique shogun Ieyasu choisit
ce lieu pour en superposer à l'ombre qu'il réintègre
les ombrages, et, par la dissolution de son silence
dans leur opacité, opérer la métamorphose du mort
dans un dieu, selon l'association d'un temple à la
sépulture.

La forêt des cryptomères est, au vrai, ce temple.

Hier, déjà, par ce sombre crépuscule, j'avais plu-
sieurs fois coupé la double avenue de ces géants qui
à vingt lieues de distance va chercher, conduire jus-
qu'au pont rouge, l'ambassadeur annuel qui porte
les présents Impériaux à l'ancêtre. Mais ce matin, à
l'heure où les premiers traits du soleil font paraître
roses, dans le vent d'or qui les balaie, au-dessus de
moi les bancs de sombre verdure, je pénètre dans la

nef colossale qu'emplit délicieusement avec le froid
de la nuit l'odeur pleine de la résine.

Le cryptomère ressort à la famille des pins, et les
Japonais le nomment *sengui*. C'est un arbre très haut
dont le fût, pur de toute inflexion et de tout nœud,
garde une inviolable rectitude. On ne lui voit point de
rameaux, mais çà et là ses feuillages, qui, selon le
mode des pins, s'indiquent non par la masse et le
relief, mais par la tache et le contour, flottent comme
des lambeaux de noire vapeur autour du pilier mys-
tique, et à une même hauteur, la forêt de ces troncs
rectilignes se perd dans la voûte confuse et les
ténèbres d'une inextricable frondaison. Le lieu est à
la fois illimité et clos, préparé et vacant.

Les Maisons merveilleuses sont éparses par la futaie.

Je ne décrirai point tout le système de la Cité
ombragée, telle que le plan en est sur mon éventail
consigné d'un trait minutieux. Au milieu de la forêt
monumentale, j'ai suivi les voies énormes que barre
un *torii* écarlate ; à la cuve de bronze, sous un toit
rapporté de la lune, j'ai empli ma bouche de la gor-
gée lustrale ; j'ai gravi les escaliers ; j'ai, mêlé aux
pèlerins, franchi je ne sais quoi d'opulent et d'ou-
vert, porte au milieu de la clôture comme d'un rêve
formée d'un pêle-mêle de fleurs et d'oiseaux ; j'ai,
pieds nus, pénétré au cœur de l'or intérieur ; j'ai vu
les prêtres au visage altier, coiffés du cimier de crin
et revêtus de l'ample pantalon de soie verte, offrir le
sacrifice du matin aux sons de la flûte et de l'orgue à
bouche. Et la *kagura* sacrée sur son estrade, le visage
encadré de la coiffe blanche, tenant dévotieusement
entre ses mains la touffe d'or, le rameau glandifère,
a pour moi exécuté la danse qui consiste à revenir
toujours, à s'en aller, à revenir encore.

Au lieu que l'architecture chinoise a pour élément premier le baldaquin, les pans relevés sur des pieux de la tente pastorale : au Japon, le toit, de tuiles ou celui, si puissant et si léger, d'écorce comme un épais feutre, ne fait voir qu'une courbure faible à ses angles ; il n'est, dans son élégante puissance, que le couvercle, et toute la construction ici évolue de l'idée de boîte. Depuis le temps où Jingô Tennô sur sa flotte conquit les îles du Soleil-Levant, le Japonais partout conserve la trace de la mer. Cette habitude de se trousser jusqu'aux reins, ces basses cabines qui sont sa demeure sur un sol mal sûr, l'habile multitude des petits objets et leur soigneux arrimage, l'absence de meubles, tout encore ne décèle-t-il pas la vie étroite du matelot sur sa planche précaire ? Et ces maisons de bois que voici, elles-mêmes, ne sont que l'habitacle agrandi de la galère et la caisse du palanquin. Les prolongements entrecroisés de la charpente, les brancards obliques dont les têtes ouvragées saillent aux quatre angles, encore, rappellent le caractère portatif. Parmi les colonnes du Temple, ce sont des arches déposées.

Maisons, oui ; le sanctuaire proprement est ici une maison. Plus haut sur le talus de la montagne on a relégué les ossements enfermés dans un cylindre de bronze. Mais, dans cette chambre, l'âme du mort, assise sur le nom inaltérable, continue dans l'obscurité de la splendeur close une habitation spectrale.

Inverse à l'autre procédé qui emploie et met en valeur, sans l'apport d'aucun élément étranger, la pierre et le bois, selon leurs vertus propres, l'artifice a été d'anéantir, ici, la matière. Ces cloisons, les parois de ces caisses, les parquets et les plafonds ne sont plus faits de poutres et de planches, mais d'une certaine conjuration d'images avec opacité. La couleur habille et pare le bois, la laque le noie sous d'impénétrables eaux, la peinture le voile sous ses prestiges, la sculpture profondément l'affouille et le transfigure. Les têtes d'ais, les moindres clous, dès qu'ils atteignent la surface magique, se couvrent d'arabesques et de guillochures. Mais comme sur les paravents on voit les arbres en fleur et les monts tremper dans une brume radieuse, ces palais émergent, tout entiers, de l'or. Aux toits, aux façades que frappe le plein jour, il avive seulement les arêtes d'éclairs épars, mais dans les constructions latérales il éclate par l'ombre en vastes pans ; et au-dedans les six parois de la boîte sont peintes également de la splendeur du trésor occulte, flambeau absent décelé par d'invariables miroirs.

Ainsi le magnifique Shogun n'habite point une maison de bois ; mais son séjour est au centre de la forêt l'abaissement de la gloire vespérale, et la vapeur ambrosienne fait résidence sous le rameau horizontal.

Par l'immense creux de la région, rempli comme le sommeil d'un dieu d'une mer d'arbres, la cascade éblouissante çà et là jaillit du feuillage confondu à sa rumeur nombreuse.

[Juin 1898]

LE PROMENEUR

En juin, la main armée d'un bâton tortueux, tel que le dieu Bishamon, je suis ce passant inexplicable que croise le groupe naïf de paysannes rougeaudes, et le soir, à six heures, alors que la nue d'orage dans le ciel indéfiniment continue l'escalade monstrueuse de la montagne, sur la route abîmée cet homme seul. Je ne suis allé nulle part, mes démarches sont sans but et sans profit ; l'itinéraire du soldat et du marchand, la piété de la femme stérile qui dans un espoir humilié fait sept fois le tour du saint Pic, n'a point de rapport avec mon circuit. La piste tracée par le pas ordinaire ne séduit le mien qu'assez loin pour m'égarer, et bientôt, gêné par la confidence qu'il y a pour faire à la mousse, au cœur de ces bois, une noire feuille de camélia par la chute d'un pleur inentendu, soudain, maladroit chevreuil, je fuis, et par la solitude végétale, je guette, suspendu sur un pied, l'écho. Que le chant de ce petit oiseau me paraît frais et risible ! et que le cri là-bas de ces grolles m'agrée ! Chaque arbre a sa personnalité, chaque bestiole son rôle, chaque voix sa place dans la symphonie ; comme on dit que l'on *comprend* la musique, je comprends la nature, comme un récit bien détaillé qui ne serait fait que de noms propres ; au fur de la marche et du jour, je m'avance parmi le développement de la doctrine. Jadis, j'ai découvert avec délice que toutes les choses existent dans un certain accord, et maintenant cette secrète parenté par qui la noirceur de ce pin épouse là-bas la claire verdure de ces érables, c'est mon regard seul qui l'avère, et, restituant le dessein antérieur, ma visite, je la nomme une révision. Je suis l'Inspecteur de la Création, le Vérificateur de la chose présente ; la solidité de ce monde est la matière de ma béatitude ! Aux heures vulgaires nous nous servons des choses pour un usage, oubliant ceci de pur, qu'elles soient ; mais quand, après un long travail, au travers des branches et des ronces, à Midi, pénétrant historiquement au sein de la clairière, je pose ma

main sur la croupe brûlante du lourd rocher, l'entrée
d'Alexandre à Jérusalem est comparable à l'énormité
de ma constatation.

Et je marche, je marche, je marche! Chacun ren-
ferme en soi le principe autonome de son déplace-
ment par quoi l'homme se rend vers sa nourriture et
son travail. Pour moi, le mouvement égal de mes
jambes me sert à mesurer la force de plus subtils
appels. L'attrait de toutes choses, je le ressens dans
le silence de mon âme.

Je comprends l'harmonie du monde; quand en
surprendrai-je la mélodie?

[Juin 1898]

ÇÀ ET LÀ

Dans la rue de Nihonbashi, à côté des marchands
de livres et de lanternes, de broderies et de bronzes,
on vend des sites au détail, et je marchande dans
mon esprit, studieux badaud du fantastique étalage,
des fragments de monde. Ces lois délicieuses par où
les traits d'un paysage se composent comme ceux
d'une physionomie, l'artiste s'en est rendu subtile-
ment le maître; au lieu de copier la nature, il l'imite,
et des éléments mêmes qu'il lui emprunte, comme
une règle est décelée par l'exemple, il construit ses
contrefaçons, exactes comme la vision et réduites
comme l'image. Tous les modèles, par exemple, de
pins sont offerts à mon choix, et selon leur position
dans le pot ils expriment l'étendue du territoire que
leur taille mesure, proportionnelle. Voici la rizière au
printemps; au loin la colline frangée d'arbres (ce

sont des mousses). Voici la mer avec ses archipels et ses caps; par l'artifice de deux pierres, l'une noire, l'autre rouge et comme usée et poreuse, on a représenté deux îles accouplées par le point de vue, et dont le seul soleil couchant, par la différence des colorations, accuse les distances diverses; même les chatoiements de la couche versicolore sont joués par ce lit de cailloux bigarrés que recouvre le contenu de deux carafes.

— Or, pour que j'insiste sur ma pensée.

L'artiste européen *copie* la nature selon le sentiment qu'il en a, le Japonais l'*imite* selon les moyens qu'il lui emprunte; l'un s'exprime et l'autre l'exprime; l'un ouvrage, l'autre mime; l'un peint, l'autre compose; l'un est un étudiant, l'autre, dans un sens, un *maître;* l'un reproduit dans son détail le spectacle qu'il envisage d'un œil probe et subtil; l'autre dégage d'un clignement d'œil la loi, et, dans la liberté de sa fantaisie, l'applique, avec une concision scripturale.

L'inspirateur premier de l'artiste est, ici, la matière sur laquelle il exerce sa main. Il en consulte avec bonne humeur les vertus intrinsèques, la teinte et, s'appropriant l'âme de la chose brute, il s'en institue l'interprète. De tout le conte qu'il lui fait dire, il n'exprime que les traits essentiels et significatifs, et laisse au seul papier à peine accentué çà et là par des indications furtives, le soin de taire toute l'infinie complexité qu'une touche vigoureuse et charmante implique encore plus qu'elle ne sous-entend. C'est le jeu dans la certitude, c'est le caprice dans la nécessité, et l'idée captive tout entière dans l'argument s'impose à nous avec une insidieuse évidence.

Et pour parler tout d'abord des couleurs : nous

voyons que l'artiste japonais a réduit sa palette à un petit nombre de tons déterminés et généraux. Il a compris que la beauté d'une couleur réside moins dans sa qualité intrinsèque que dans l'accord implicite qu'elle nourrit avec les tons congénères, et, du fait que le rapport de deux valeurs, accrues de quantités égales, n'est point modifié, il répare l'omission de tout le neutre et le divers par la vivacité qu'il donne à la conjonction des notes essentielles ; indiquant sobrement une réplique ou deux. Il connaît que la valeur d'un ton résulte, plus que de son intensité, de sa position, et, maître des clefs, il transpose comme il lui plaît. Et comme la couleur n'est autre que le témoignage particulier que tout le visible rend à la lumière universelle, par elle, et selon le thème que l'artiste institue, toute chose prend sa place dans le cadre.

Mais l'œil qui clignait maintenant se fixe, et au lieu de contempler, il interroge. La couleur est une passion de la matière, elle singularise la participation de chaque objet à la source commune de la gloire : le dessin exprime l'énergie propre de chaque être, son action, son rythme aussi et sa danse. L'une manifeste sa place dans l'étendue, l'autre fixe son mouvement dans la durée. L'une donne la forme, et l'autre donne le *sens*. Et comme le Japonais, insoucieux du relief, ne peint que par le contour et la tache, l'élément de son dessin est un trait schématique. Tandis que les tons se juxtaposent, les lignes s'épousent ; et comme la peinture est une harmonie, le dessin est une notion. Et si l'intelligence qu'on a de quoi que ce soit n'en est qu'une aperception immédiate, entière et simultanée, le dessin, aussi bien qu'un mot fait de lettres, donne une signification abstraite et efficace, et l'idée toute pure. Chaque forme, chaque mouvement, chaque ensemble fournit son hiéroglyphe.

Et c'est ce que je comprends alors que je me vautre parmi les liasses d'estampes japonaises, et à Shidzuoka parmi les ex-voto du temple, je vis maints exemples admirables de cet art. Un guerrier noir jaillit de la planche vermoulue comme une interjection frénétique. Ceci qui se cabre ou rue n'est plus l'image d'un cheval, mais le chiffre dans la pensée de son bond ; une sorte de 6 retourné accru d'une crinière et d'une queue représente son repos dans l'herbage. Des étreintes, des batailles, des paysages, des multitudes, enserrés dans un petit espace, ressemblent à des sceaux. Cet homme éclate de rire, et, tombant, l'on ne sait s'il est homme encore, ou, écriture déjà, son propre caractère.

— Le Français ou l'Anglais horrible, crûment, n'importe où, sans pitié pour la Terre qu'il *défigure*, soucieux seulement d'étendre, à défaut de ses mains cupides, son regard au plus loin, construit sa baraque avec barbarie. Il exploite le point de vue comme une chute d'eau. L'Oriental, lui, sait fuir les vastes paysages dont les aspects multiples et les lignes divergentes ne se prêtent pas à ce pacte exquis entre l'œil et le spectacle qui seul rend nécessaire le séjour. Sa demeure ne s'ouvre pas sur tous les vents ; au recoin de quelque paisible vallée, son souci est de concerter une retraite parfaite et que son regard soit si indispensable à l'harmonie du tableau qu'il envisage, qu'elle forclose la possibilité de s'en disjoindre. Ses yeux lui fournissent tout l'élément de son bien-être, et il remplace l'ameublement par sa fenêtre qu'il ouvre. À l'intérieur l'art du peintre calquant ingénieusement sa vision sur la transparence fictive de son châssis a multiplié une ouverture imaginaire. Dans cet ancien palais impérial, que j'ai visité, emporté tout le magnifique et léger trésor, on n'a laissé que la décoration picturale, vision familière de l'habitant auguste fixée comme dans une chambre noire. L'appartement de papier est composé de compartiments successifs que divisent des cloisons glissant sur des rainures. Pour chaque série de pièces un thème unique de décoration a été choisi et, introduit par le jeu des écrans pareils à des portants de théâtre, je puis à mon gré étendre ou restreindre ma contemplation ; je suis moins le spectateur de la peinture que son hôte. Et chaque thème est exprimé par le choix, en harmonie avec le ton propre du papier, d'un extrême uniforme de couleur marquant l'autre terme de la gamme. C'est ainsi qu'à Gosho le motif indigo et crème suffit pour que l'appartement « Fraîcheur-et-Pureté » semble tout empli par le ciel et par l'eau. Mais à Nijo l'habitation impériale n'est plus que l'or tout seul. Émergeant du plancher qui les coupe, lui-même caché sous des nattes, peintes en grandeur naturelle, des cimes de pins déploient leurs bois monstrueux sur les parois solaires. Devant lui, à sa droite, à sa gauche, le Prince en son assise ne voyait que ces grandes bandes de feu fauve, et son sentiment était de flotter sur le soir et d'en tenir sous lui la solennelle fournaise.

— À Shidzuoka, au temple de Rinzaiji, j'ai vu un paysage fait de poussières colorées ; on l'a mis, de peur qu'un souffle ne l'emporte, sous verre.

— Le temps est mesuré, là-haut devant le Bouddha d'or dans les feuilles par la combustion d'une petite chandelle, et au fond de ce ravin par le débit d'une triple fontaine.

— Emporté, culbuté dans le croulement et le tohu-bohu de la Mer incompréhensible, perdu dans le clapotement de l'Abîme, l'homme mortel de tout son corps cherche quoi que ce soit de solide où se prendre. Et c'est pourquoi, ajoutant à la permanence du bois, ou du métal, ou de la pierre, la figure humaine, il en fait l'objet de son culte et de sa prière. Aux forces de la Nature, à côté du nom commun, il impose un nom propre, et par le moyen de l'image concrète qui les signifie comme un vocable, dans son abaissement encore obscurément instruit de l'autorité supérieure de la Parole, il les interpelle dans ses nécessités. Assez bien, d'ailleurs, comme un enfant qui de tout compose l'histoire de sa poupée, l'humanité dans sa mémoire alliée à son rêve trouva de quoi alimenter le roman mythologique. Et voici à côté de moi cette pauvre petite vieille femme qui, frappant studieusement dans ses mains, accomplit sa salutation devant ce colosse femelle au sein de qui un ancien Prince, averti par le mal de dents et un songe d'honorer son crâne antérieur, après qu'il l'eut trouvé pris par les mâchoires dans les racines d'un saule, inséra la bulle usée. À ma droite et à ma gauche, sur toute la longueur de l'obscur hangar, les trois mille Kwannon d'or, chacune identique à l'autre dans la garniture de bras qui l'encadre, s'alignent en gradins par files de cent sur quinze rangs de profondeur ; un rayon de soleil fait grouiller ce déversoir de dieux. Et, si je veux savoir la raison de cette uniformité dans la multitude, ou de quel oignon jaillissent toutes ces tiges identiques, je trouve que l'adorateur ici, sans doute, cherche plus de surface à la réverbération de sa prière, et s'imagine, avec l'objet, en multiplier l'efficacité.

Mais les sages longtemps n'arrêtèrent point leurs yeux aux yeux de ces simulacres bruts, et, s'étant aperçus de la cohérence de toutes choses, ils y trouvèrent l'assiette de leur philosophie. Car si chacune individuellement était transitoire et précaire, la richesse du fond commun demeurait inépuisable. Point n'était besoin que l'homme appliquât à l'arbre sa hache et au roc son ciseau : dans le grain de mil et l'œuf, dans les convulsions pareillement et l'immobilité du sol et de la mer, ils retrouvaient le même principe d'énergie plastique, et la Terre suffisait à la fabrication de ses propres idoles. Et, admettant que le tout est formé de parties homogènes, si, pour la mieux poursuivre, ils reportaient sur eux-mêmes leur analyse, ils découvraient que la chose fugace en eux, improuvable, injustifiable, était le fait de leur présence sur la place, et l'élément affranchi de l'espace et de la durée, la conception même qu'ils avaient de ce caractère contingent.

Et si la fraude diabolique ne les eût à ce moment égarés, ils eussent reconnu dans ce rapport d'un principe d'existence indépendant selon sa notion propre de tout et de son expression précaire, une pratique analogue à celle de la parole ; qui implique, restitution intelligible du souffle, l'aveu. Puisque chaque créature née de l'impression de l'unité divine sur la matière indéterminée *est* l'aveu même qu'elle *fait* à son créateur, et l'*expression* du Néant d'où il l'a tirée. Tel est le rythme respiratoire et vital de ce monde, dont l'homme doué de conscience et de parole a été institué le prêtre pour en faire la dédicace et l'offrande, et de son néant propre uni à la grâce essentielle, par le don filial de soi-même, par une préférence amoureuse et conjugale.

Mais ces yeux aveuglés se refusèrent à reconnaître l'être inconditionnel, et à celui qu'on nomme le Bouddha il fut donné de parfaire le blasphème païen. Pour reprendre cette même comparaison de la parole, du moment qu'il ignorait l'objet du discours, l'ordre et la suite lui en échappèrent ensemble, et il n'y trouva que la loquacité du délire. Mais l'homme porte en lui l'horreur de ce qui n'est pas l'Absolu, et pour rompre le cercle affreux de la Vanité, tu n'hésitas point, Bouddha, à embrasser le Néant. Car, comme au lieu d'expliquer toute chose par sa fin extérieure il en cherchait en elle-même le principe intrinsèque, il ne trouva que le Néant, et sa doctrine enseigna la communion monstrueuse. La méthode est que le Sage, ayant fait évanouir successivement de son esprit l'idée de la forme, et de l'espace pur, et l'idée même de l'idée, arrive enfin au Néant, et, *ensuite*, entre dans le Nirvana. Et les gens se sont étonnés de ce mot. Pour moi j'y trouve à l'idée de Néant ajoutée celle de *jouissance*. Et c'est là le mystère dernier et Satanique, le silence de la créature retranchée dans son refus intégral, la quiétude incestueuse de l'âme assise sur sa différence essentielle.

[Juin 1898]

LE SÉDENTAIRE

J'habite le plus haut étage et le coin de la demeure spacieuse et carrée. J'ai encastré mon lit dans l'ouverture de la fenêtre, et, quand le soir vient, tel que l'épouse d'un dieu qui monte avec taciturnité sur la couche, tout de mon long et nu, je m'étends, le visage contre la Nuit. À quelque moment soulevant une paupière alourdie par la ressemblance de la mort, j'ai mélangé mon regard à une certaine couleur de rose. Mais à cette heure, avec un gémissement émergeant de nouveau de ce sommeil pareil à celui du premier homme, je m'éveille dans la vision de l'Or. Le tissu léger de la moustiquaire ondule sous l'ineffable haleine. Voici la lumière, dépouillée de chaleur, même, et me tordant lentement dans le froid délectable, si je sors mon bras nu, il m'est loisible de l'avancer jusqu'à l'épaule dans la consistance de la Gloire, de l'enfoncer en fouillant de la main dans le jaillissement de l'Éternité, pareil au frissonnement de la source. Je vois, avec une puissance irrésistible, de bas en haut déboucher l'estuaire de magnificence dans le ciel tel qu'un bassin concave et limpide, couleur de feuille de mûre. Seule la face du soleil et ses feux insupportables me chasseront de mon lit, seule la force mortelle de ses dards. Je prévois qu'il me faudra passer la journée dans le jeûne et la séparation. Quelle eau sera assez pure pour me désaltérer ? de quel fruit, pour en assouvir mon cœur, détacherai-je avec un couteau d'or la chair ?

Mais après que le soleil, suivi comme un berger par la mer et par le peuple des hommes mortels qui se lèvent en rangs successifs, a achevé de monter, il est midi, et tout ce qui occupe une dimension dans l'espace est enveloppé par l'âme du Feu, plus blanche que la foudre. Le monde est effacé, et les sceaux de la fournaise rompus, toutes choses, au sein de ce nouveau déluge, se sont évanouies. J'ai fermé toutes les fenêtres. Prisonnier de la lumière, je tiens le journal de ma captivité. Et tantôt, la main sur le papier, j'écris, par une fonction en rien différente du ver à soie qui fait son fil de la feuille qu'il dévore ; tantôt j'erre par les chambres ténébreuses, de la salle à manger, par le salon, où un moment je suspends ma main sur le couvercle de l'orgue, à cette pièce nue, au centre de qui redoutablement se tient seule la table du travail. Et intérieur à ces lignes blanches qui marquent les fissures de ma prison hermétique, je mûris la pensée de l'holocauste ; ah, s'il est enviable de se dissoudre dans l'étreinte flamboyante, enlevé dans le tourbillon du souffle véhément, combien plus beau le supplice d'un esprit dévoré par la lumière !

Et quand l'après-midi s'imprègne de cette brûlante douceur par qui le soir est précédé, semblable au sentiment de l'amour paternel, ayant purifié mon corps et mon esprit je remonte à la chambre la plus haute. Et, me saisissant d'un livre inépuisable, j'y poursuis l'étude de l'Être, la distinction de la personne et de la substance, des qualités et des prédicaments. Entre les deux rangées de maisons, la vision d'un fleuve termine ma rue ; l'énorme coulée d'argent fume, et les grands navires aux voiles blanches avec une grâce molle et superbe traversent la splendide coupure. Et je vois devant moi ce «Fleuve» même «de la Vie», dont jadis, enfant, j'empruntais l'image aux discours de la Morale. Mais je ne nourris plus la pensée aujourd'hui, nageur opiniâtre, d'atterrir parmi les roseaux, le ventre dans la vase de l'autre rive : sous la salutation des palmes, dans le silence interrompu par le cri du perroquet, que la cascade grêle derrière le feuillage charnu du magnolia claquant sur le gravier m'invite, que le rameau fabuleux descende sous le poids des myrobolans et des pommes-grenades, je ne considérerai plus, arrachant mon regard à la science angélique, quel jardin est offert à mon goûter et à ma récréation.

[Juin 1898]

LA TERRE VUE DE LA MER

Arrivant de l'horizon, notre navire est confronté par le Quai du Monde, et la planète émergée déploie devant nous son immense architecture. Au matin décoré d'une grosse étoile, montant à la passerelle, à mes yeux l'apparition toute bleue de la Terre. Pour défendre le Soleil contre la poursuite de l'Océan ébranlé, le Continent établit le profond ouvrage de ses fortifications ; les brèches s'ouvrent sur l'heureuse campagne. Et longtemps, dans le plein jour, nous longeons la frontière de l'autre monde. Animé par le souffle alizé, notre navire file et bondit sur l'abîme élastique où il appuie de toute sa lourdeur. Je suis pris à l'Azur, j'y suis collé comme un tonneau. Captif de l'infini, pendu à l'intersection du Ciel, je vois au-dessous de moi toute la Terre sombre se développer comme une carte, le Monde énorme et humble. La séparation est irrémédiable ; toutes choses me sont lointaines, et seule la vision m'y rattache. Il ne me sera point accordé de fixer mon pied sur le sol inébranlable, de construire de mes mains une demeure de pierre et de bois, de manger en paix les aliments cuits sur le foyer domestique. Bientôt nous retournerons notre proue vers cela qu'aucune rive ne barre, et sous le formidable appareil de la voilure, notre avan-

cement au milieu de l'éternité monstrueuse n'est plus
marqué que par nos *feux de position*.

[Septembre 1898]

SALUTATION

Et je salue de nouveau cette terre pareille à celles
de Gessen et de Chanaan. Cette nuit, notre navire à
l'entrée du fleuve ballotté dans le clair-de-lune cou-
leur de froment, quel signe bien bas au-delà de la
mer m'a fait le feu des «Chiens», veilleur d'or au
pied du pan d'astres, splendeur lampante à l'horizon
du Globe ? Mais, des eaux faciles nous ayant intro-
duits au sein de la région, je débarque, et sur ma
route je vois au-dessous de moi se répéter au cœur
des champs l'image du rond soleil, rubiconde dans
le riz vert.

Il ne fait ni froid, ni trop chaud : toute la nature a la
chaleur de mon corps. Que le faible cri des cigales
sous l'herbe me touche ! à cette fin de la saison, dans
l'instant testamentaire, l'union du ciel et de la terre,
amoureuse aujourd'hui moins qu'elle n'est sacramen-
telle, consomme la solennité matrimoniale. Ô sort
bien dur ! n'est-il de repos que hors de moi ? n'est-il
point de paix pour le cœur de l'homme ? Ah ! un
esprit né pour la seule jouissance ne pardonne aucun
délai. La possession même un jour ne tarira point
mes larmes ; nulle joie de moi n'aura raison assez
pour que l'amertume de la réparation s'y perde.

Et je saluerai cette terre, non point avec un jet fri-
vole de paroles inventées, mais en moi que la décou-
verte soudain d'un immense discours cerne le pied

des monts comme une mer d'épis traversée d'un triple
fleuve. Je remplis, comme une plaine et ses chemins,
le compartiment des montagnes. Tous les yeux levés
vers les montagnes éternelles, je salue populeuse-
ment le corps vénérable de la Terre. Je ne vois plus
le vêtement seul, mais le flanc même à travers l'air,
l'assemblement gigantesque des membres. Ô bords
autour de moi de la coupe ! c'est de vous que nous
recevons les eaux du ciel, et vous êtes le récipient de
l'Offrande ! Ce matin moite, au tournant de la route
dépassant le tombeau et l'arbre, j'ai vu la sombre côte
avec énormité, barrée au bas par le trait fulgurant
du fleuve, se dresser toute ruisselante de lait dans le
clair-de-midi.

Et comme un corps qui, au travers de l'eau, des-
cend par la force de son poids, durant les quatre
heures immobiles, je me suis avancé, au sein, sen-
tant une résistance divine, de la lumière. Je me tiens
debout parmi l'air parfaitement blanc. Je célèbre
avec un corps sans ombre l'orgie de la maturité. Ce
n'est plus l'affamé soleil sous la force de qui tout à
coup éclate, fleurit avec violence la terre suante et
déchirée. Instant lustral ! Un souffle continuel vient
sur nous d'entre l'Orient et le Nord. L'opulence de
la moisson, les arbres surchargés de leur récolte,
remuent intarissablement repoussés sous l'haleine
puissante et faible. Les fruits de la terre immensé-
ment sont agités dans la clarté purificatoire. Le ciel
n'est plus bien loin au-dessus de nous ; abaissé tout
entier, il nous immerge et nous mouille. Moi, nou-
vel Hylas, comme celui qui considérait au-dessus de
lui les poissons horizontaux suspendus dans l'espace
vitreux, je vois de ce lait, de cet argent où je suis
noyé jaillir un éblouissant oiseau blanc à gorge rose

et de nouveau s'y perdre de ce côté dont l'œil ne peut soutenir la candeur.

Et la journée tout entière n'épuisera point ma salutation. À l'heure sombre où, par la forêt d'orangers, le cortège nuptial armé de torches flamboyantes conduit la chaise de l'époux, au-dessus du cercle farouche des montagnes fumantes de tout mon être vers le Signe rouge que je vois s'élève l'applaudissement et l'acclamation. Je salue le seuil, l'évidence brutale de l'Espoir, la récompense de l'homme incompromis ; je lève les mains vers l'ostension de la couleur virile ! Triomphateur automnal, le feuillage au-dessus de ma tête est mélangé de petites oranges. Mais il me faut, une fois encore, ramener chez les hommes ce visage dès l'enfance levé, comme du chanteur qui, les lèvres ouvertes, le cœur anéanti dans la mesure, l'œil fixé sur son papier, attend le moment de prendre sa partie, vers la Mort.

[Octobre 1898]

LA MAISON SUSPENDUE

Par un escalier souterrain je descends dans la maison suspendue. De même que l'hirondelle entre l'ais et le chevron maçonne l'abri de sa patience et que la mouette colle au roc son nid comme un panier, par un système de crampons et de tirants et de poutres enfoncées dans la pierre, la caisse de bois que j'habite est solidement attachée à la voûte d'un porche énorme creusé à même la montagne. Une trappe ménagée dans le plancher de la pièce inférieure m'offre des commodités : par là, tous les deux jours, laissant filer mon corbillon au bout d'une corde, je le ramène garni d'un peu de riz, de pistaches grillées et de légumes confits dans la saumure. Dans un coin de la formidable margelle, comme un trophée fait du scalp de la Parque, est suspendue une fontaine dont le gouffre ravit le pleur intarissable; je recueille, par le moyen d'une corde nouée entre les claires mèches, l'eau qui m'est nécessaire, et la fumée de ma cuisine se mêle au ruissellement de la cascade. Le torrent se perd parmi les palmiers, et je vois au-dessous de moi les cimes de ces grands arbres d'où l'on retire les parfums sacerdotaux. Et comme un bris de cristal suffit à ébranler la nuit, tout le clavier de la terre éveillé par le tintement neutre et creux de la pluie perpétuelle sur le profond caillou, je vois dans le monstrueux infondibule où je niche l'ouïe même de la montagne massive, telle qu'une oreille creusée dans le rocher temporal; et, mon attention recueillie sur la jointure de tous mes os, j'essaie de ressentir cela sur quoi sans doute, au-dessous des rumeurs de feuillages et d'oiseaux, s'ouvre l'énorme et secret pavillon : l'oscillation des eaux universelles, le plissement des couches terraquées, le gémissement du globe volant sous l'effort contrarié de la gravitation. Une fois par année, la lune, se levant à ma gauche au-dessus de cet épaulement, coupe à la hauteur de ma ceinture l'ombre d'un niveau si exact qu'il m'est possible, avec beaucoup de délicatesse et de précaution, d'y faire flotter un plat de cuivre. Mais j'aime surtout la dernière marche de cet escalier qui descend dans le vide. Que de fois ne m'y suis-je pas réveillé de la méditation, tout baigné, comme un rosier, des pleurs de la nuit, ou par le confortable après-midi n'y ai-je point paru, pour

jeter avec bénignité aux singes au-dessous de moi
juchés sur les branches extrêmes des poignées de let-
chis secs tels que des grelots rouges !

[Octobre 1898]

LA SOURCE

Le corbeau, comme l'horloger sur sa montre ajus-
tant sur moi un seul œil, me verrait, minime person-
nage précis, une canne semblable à un dard entre les
doigts, m'avancer par l'étroit sentier en remuant net-
tement les jambes. La campagne entre les monts qui
l'enserrent est plate comme le fond d'une poêle. À
ma droite et à ma gauche, c'est immensément le tra-
vail de la moisson ; on tond la terre comme une bre-
bis. Je dispute la largeur de la sente et de mon pied à
la file ininterrompue des travailleurs, ceux qui s'en
vont, la sape à la ceinture, à leur champ, ceux qui
s'en reviennent, ployant comme des balances sous le
faix d'une double corbeille dont la forme à la fois
ronde et carrée allie les symboles de la terre et du fir-
mament. Je marche longtemps, l'étendue est close
comme une chambre, l'air est sombre, et de longues
fumées stagnantes surnagent, telles que le résidu de
quelque bûcher barbare. Je quitte la rizière rase et les
moissons de la boue, et je m'engage peu à peu dans la
gorge qui se resserre. Aux champs de cannes à sucre
succèdent les roseaux vains, et, les souliers à la main,
je traverse à trois reprises les eaux rapides rassem-
blées dans le corps d'une rivière. À cet endroit où elle
naît du cœur d'une quintuple vallée, j'entreprends de
trouver la tête d'un des rus qui l'alimentent. L'ascen-

sion devient plus rude à mesure que le filet des cas-
cades s'exténue. Je laisse sous moi les derniers champs
de patates. Et tout à coup je suis entré dans un bois
pareil à celui qui sur le Parnasse sert aux assemblées
des Muses ! Des arbres à thé élèvent autour de moi
leurs sarments contournés et, si haut que la main
tendue ne peut y pénétrer, leur feuillage sombre et
net. Retraite charmante ! ombrage bizarre et docte
émaillé d'une floraison pérennelle ! un parfum délié
qui semble, plutôt qu'émaner, survivre, flatte la narine
en récréant l'esprit. Et je découvre dans un creux la
source. Comme le grain hors du furieux blutoir, l'eau
de dessous la terre éclate à saut et à bouillons. La cor-
ruption absorbe ; ce qui est pur seul, l'original et l'im-
médiat jaillit. Née de la rosée du ciel, recueillie dans
quelque profonde matrice, l'eau vierge de vive force
s'ouvre issue comme un cri. Heureux de qui une
parole nouvelle jaillit avec violence ! que ma bouche
soit pareille à celle de cette source toujours pleine,
qui naît là d'une naissance perpétuelle toute seule,
insoucieuse de servir aux travaux des hommes et de
ces bas lieux, où, nappe épandue, mélangée comme
une salive à la boue, elle nourrira la vaste moisson
stagnante.

[Novembre 1898]

LA MARÉE DE MIDI

Au temps qu'il ne peut plus naviguer, le marin fait
son lit près de la mer : et quand elle crie, comme une
nourrice qui entend le petit enfant se plaindre, dans
le milieu de la nuit il se lèvera pour voir, n'endurant

plus de dormir. Moi de même, et comme une ville par ses secrets égouts, mon esprit, par la vertu vivante de ce liquide dont je suis compénétré, communique au mouvement des eaux. Durant que je parle, ou que j'écris, ou repose, ou mange, je participe à la mer qui m'abandonne ou qui monte. Et souvent à midi, citoyen momentané de cette berge commerciale, je viens voir ce que nous apporte le flot, la libration de l'Océan, résolue dans ce méat fluvial en un large courant d'eau jaune. Et j'assiste à la montée vers moi de tout le peuple de la Mer, la procession des navires remorqués par la marée comme sur une chaîne de toue ; les jonques ventrues tendant au vent de guingois quatre voiles raides comme des pelles, celles de Foutchéou qui portent ficelé à chaque flanc un énorme fagot de poutres, puis, parmi l'éparpillement des sampans tricolores, les Géants d'Europe, les voiliers Américains pleins de pétrole, et tous les chameaux de Madian, les *cargos* de Hambourg et de Londres, les colporteurs de la côte et des Îles. Tout est clair ; j'entre dans une clarté si pure que ni l'intime conscience, semble-t-il, ni mon corps n'y offrent résistance. Il fait délicieusement froid ; la bouche fermée, je respire le soleil, les narines posées sur l'air exhilarant. Cependant, midi sonne à la tour de la Douane, la boule du sémaphore tombe, tous les bateaux piquent l'heure, le canon tonne, l'Angélus tinte quelque part, le sifflet des manufactures longtemps se mêle au vacarme des sirènes. Toute l'humanité se recueille pour manger. Le sampanier à l'arrière de sa nacelle, soulevant le couvercle de bois, surveille d'un œil bien content la maturité de son fricot ; les grands coulis déchargeurs empaquetés d'épaisses loques, la palanche sur l'épaule comme une pique,

assiègent les cuisines en plein vent, et ceux qui sont
déjà servis, assis sur le rebord de la brouette à roue
centrale, tout riants, la boule de riz fumante entre les
deux mains, en éprouvent, du bout gourmand de la
langue, la chaleur. Le niveau régulateur s'exhausse ;
toutes les bondes de la Terre comblées, les fleuves
suspendent leur cours, et mélangeant son sel à leurs
sables, la mer à leur rencontre s'en vient boire tout
entière à leurs bouches. C'est l'heure de la plénitude.
Maintenant les canaux tortueux qui traversent la ville
sont un long serpent de barques amalgamées qui
s'avance dans les vociférations, et la dilatation des
eaux irrésistibles détache de la boue, allège comme
des bouchons les pontons et les corps-morts.

[Décembre 1898]

LE RISQUE DE LA MER

Comme on ne peut manger, je remonte à la dunette,
un morceau de pain dans la poche, et je joins, titu-
bant, assourdi, souffleté, de violentes ténèbres et le
bruit sans lieu de la confusion. Séparant mes lèvres
dans la nullité, j'y conduis une bouchée aveugle, mais
bientôt, partant de la lueur de l'habitacle, mes yeux
peu à peu habitués reconnaissent la forme du navire,
et au-delà, jusqu'aux limites de l'horizon rétréci,
l'Élément en proie au Souffle. Je vois dans le cirque
noir errer les pâles cavaleries de l'écume. Il n'y a
point autour de moi de solidité, je suis situé dans le
chaos, je suis perdu dans l'intérieur de la Mort. Mon
cœur est serré par le chagrin de la dernière heure. Ce
n'est point une menace vers moi brandie ; mais sim-

plement je suis intrus dans l'inhabitable; j'ai perdu ma proportion, je voyage au travers de l'Indifférent. Je suis à la merci des élations de la profondeur et du Vent, la force du Vide; avec le bouleversement qui m'entoure aucun pacte, et la poignée d'âmes humaines que contient cet étroit vaisseau, comme un panier de son se dissiperait dans la matière liquide. Sur le sein de l'Abîme, qui, prêt à m'engloutir, me circonvient avec la complicité de ce poids que je constitue, je suis maintenu par une fragile équation. Mais je descends, pressé d'échapper à la vision de tristesse, dans ma cabine, et me couche. Cap au vent, le bateau se lève à la lame, et parfois l'énorme machine, avec ses cuirasses et ses chaudières, et son artillerie, et ses soutes gorgées de charbon et de projectiles, se rassied tout entière sur la vague comme l'écuyère qui, prête à bondir, se ramasse sur les jarrets. Puis vient un petit calme, et j'entends bien loin au-dessous de mon oreille l'hélice continuer son bruit faible et domestique.

Mais le jour qui suit, avant qu'il ne finisse, voit entrer notre navire à ce port retiré que la montagne enclôt comme un réservoir. Voici, de nouveau, la Vie! Touché d'une joie rustique, je me reprends au spectacle interrompu de cette exploitation fervente et drue qu'elle est, naïvement originale du fonds commun, cette opération assidue, multiple, entremêlée, par laquelle toutes choses existent ensemble. Dans le moment que nous affourchons nos ancres, le Soleil par les échancrures de la montagne qui l'occulte dirige sur la terre quatre jets d'un feu si dense qu'ils semblent une émission de sa substance même. Avant qu'il ne les relève verticalement vers le ciel illimité, le Roi, debout sur la crête ultime, l'Œil de

nos yeux, dans le miséricordieux éploiement de la
Vision visible, à l'heure suprême avec majesté fait
ostension de la distance et de la source. J'ai pour
bienvenue cet adieu plus riche qu'une promesse ! La
montagne a revêtu sa robe d'hyacinthe, le violet,
hymen de l'or et de la nuit. Je suis saisi d'une allé-
gresse basse et forte. J'élève vers Dieu le remer-
ciement de n'être point mort, et mes entrailles se
dilatent dans la constatation de mon sursis.

Je ne boirai point, cette fois encore, l'Eau amère.

[Janvier 1899]

PROPOSITION
SUR LA LUMIÈRE

Je ne puis penser, tout, au fond de moi, repousse
la croyance que les couleurs constituent l'élément
premier et que la lumière ne soit que la synthèse de
leur septénaire. Je ne vois point que la lumière soit
blanche, et, pas plus qu'aucune couleur n'en inté-
resse la vertu propre, leur accord ne la détermine.
Point de couleur sans un support extrinsèque : d'où
l'on connaîtra qu'elle est, elle-même, extérieure, le
témoignage divers que la matière rend à la source
simple d'une splendeur indivisible. Ne prétendez pas
décomposer la lumière : quand c'est elle qui décom-
pose l'obscurité, produisant, selon l'intensité de son
travail, sept notes. Un vase plein d'eau ou le prisme,
par l'interposition d'un milieu transparent et dense
et le jeu contrarié des facettes nous permettent de
prendre sur le fait cette action : le rayon libre et direct
demeure invarié ; la couleur apparaît dès qu'il y a une

répercussion captive, dès que la matière assume une fonction propre ; le prisme, dans l'écartement calculé de ses trois angles et le concert de son triple miroir diédrique, enclôt tout le jeu possible de la réflexion et restitue à la lumière son *équivalent coloré*. Je compare la lumière à une pièce qu'on tisse, dont le rayon constitue la chaîne, et l'onde (impliquant toujours une répercussion), la trame ; la couleur n'intéresse que celle-ci.

Si j'examine l'arc-en-ciel ou le spect e projeté sur une muraille, je vois une gradation, aussi bien que dans la nature des teintes, dans leur intensité relative. Le jaune occupe le centre de l'iris et le pénètre jusqu'à ces frontières latérales qui, seules, l'excluent au fur qu'elles s'obscurcissent. Nous pouvons appréhender en lui le voile le plus immédiat de la lumière, tandis que le rouge et le bleu en font, réciproques, l'image, la métaphore aux deux termes équilibrés. Il joue le rôle de médiateur ; il prépare en s'associant aux bandes voisines les tons mixtes et par ceux-ci provoque les complémentaires ; en lui et par lui, l'extrême rouge, combiné avec le vert, de même que le bleu combiné avec l'inverse orange, disparaissent dans l'unité du blanc.

La couleur est donc un phénomène particulier de réflexion, où le corps réfléchissant, pénétré par la lumière, se l'approprie et la restitue en l'altérant, le résultat de l'analyse et de l'examen de tout par le rayon irrécusable. Et l'intensité des tons varie, suivant une gamme dont le jaune forme la tonique, selon la mesure plus ou moins complète où la matière répond aux sollicitations de la lumière. Qui ne serait choqué de cette affirmation de la théorie classique que la teinte d'un objet résulte de son absorption en lui de tous les rayons colorés à l'exception de celui dont il fait paraître la livrée? Je veux penser, au contraire, que cela qui constitue l'individualité visible de chaque chose en est une qualité originale et authentique, et que la couleur de la rose n'en est pas moins la propriété que son parfum.

— Ce que l'on a mesuré n'est point la vitesse de la lumière, mais la résistance seulement que tel milieu lui oppose, en la transformant.

— Et la visibilité même n'est qu'une des propriétés de la lumière : diverses suivant les sujets différents.

[1899]

HEURES DANS LE JARDIN

Il est des gens dont les yeux tout seuls sont sensibles à la lumière ; et même qu'est, pour la plupart, le soleil, qu'une lanterne gratuite à la clarté de quoi commodément chacun exécute les œuvres de son état, l'écrivain conduisant sa plume et l'agriculteur son bœuf. Mais moi, j'absorbe la lumière par les yeux et par les oreilles, par la bouche et par le nez, et par tous les pores de la peau. Comme un poisson, j'y trempe et je l'ingurgite. De même que les feux du matin et de l'après-midi mûrissent, dit-on, comme des grappes de raisin encore, le vin dans sa bouteille qu'on leur expose, le soleil pénètre mon sang et désopile ma cervelle. Jouissons de cette heure tranquille et cuisante. Je suis comme l'algue dans le courant que son pied seul amarre, sa densité égalant l'eau, et comme ce palmier d'Australie, touffe là-haut sur un long mât juchée de grandes ailes battantes, qui, toute traversée de l'or du soir, ploie, roule, rebondit dessus de l'envergure et du balan de ses vastes frondes élastiques.

— D'une dent, sans doute égarée, d'entre celles dont Cadmus ensemença le labour Thébain, naquit le formidable aloès. Le soleil tira d'un sol féroce ce hoplite. C'est un cœur de glaives, un épanouissement de courroies glauques. Sentinelle de la solitude, couleur de mer et d'armure, il croise de toutes parts l'artichaut de ses scies énormes. Et longtemps ainsi il montera rang sur rang sa herse, jusqu'à ce qu'ayant fleuri il meure, jusqu'à ce que de son cœur jaillisse le membre floral comme un poteau, et comme un candélabre, et comme l'étendard enraciné aux entrailles du dernier carré !

— On a fermé par mon ordre la porte avec la barre et le verrou. Le portier dort dans sa niche, la tête avalée sur la poitrine ; tous les serviteurs dorment. Une vitre seule me sépare du jardin, et le silence est si fin que tout jusqu'aux parois de l'enceinte, les souris entre deux planchers, les poux sous le ventre des pigeons, la bulle de pissenlit dans ses racines fragiles, doit ressentir le bruit central de la porte que j'ouvre. La sphère céleste m'apparaît avec le soleil à la place que j'imaginais, dans la splendeur de l'après-midi. Un milan très haut plane en larges cercles dans l'azur ; du sommet du pin choit une fiente. Je suis bien où je suis. Mes démarches dans ce lieu clos sont empreintes de précaution et d'une vigilance taciturne et coite, tel que le pêcheur qui craint d'effaroucher l'eau et le poisson, s'il pense. Rien ici d'une campagne ouverte et libre qui distrait l'esprit en emmenant le corps ailleurs. Les arbres et les fleurs conspirent à ma captivité, et le repli cochléaire de l'allée toujours me ramène vers je ne sais quel point focal qu'indique, tel qu'au jeu de l'Oie, retiré au plus secret, le Puits ; ménagé à travers toute l'épaisseur de la colline, par le moyen de la corde qui fait l'axe du long goulot, j'agite le seau invisible. Tel qu'un fruit comme un poëte en train de composer son sucre, je contouche dans l'immobilité cela au-dedans de quoi la vie nous est mesurée par la circulation du soleil, par le pouls de nos quatre membres et par la croissance de nos cheveux. En vain la tourterelle au loin fait-elle entendre son appel pur et triste. Je ne bougerai point pour ce jour. En vain du fleuve grossi m'arrive la rumeur grave.

— À minuit, revenant de ce bal, où pendant plusieurs heures je considérai des corps humains, les uns revêtus de fourreaux noirs, les autres de bizarres drapeaux, qui tournaient par couples (chaque figure exprimant une satisfaction incompréhensible), aux modulations gymnastiques d'un piano, au moment que les porteurs, m'ayant monté jusqu'au haut du perron, relèvent le rideau de ma chaise, j'aperçois dans le feu de ma lanterne, sous la pluie torrentielle, le magnolia tout pavoisé de ses gros lampions d'ivoire. Ô fraîche apparition ! ô confirmation dans la nuit du trésor indéfectible !

— Le thème de la Terre est exprimé par les détonations de ce distant tambour, ainsi que dans le cellier caverneux on entend le tonnelier percuter à coups espacés les foudres. La magnificence du monde est telle qu'on s'attend à tout moment à avoir le silence fracassé par l'explosion effroyable d'un cri, le *taraba* de la trompette, l'exultation délirante, l'enivrante explication du cuivre! La nouvelle se propage que les fleuves ont renversé leurs cours, et, chargeant la veine dilatée de l'infiltration qui gagne, toute la batellerie de la mer descend dans le continent intérieur pour y négocier les produits de l'horizon. Le travail des champs bénéficie de la vicissitude ; les noriahs fonctionnent et confabulent, et jusqu'à ce que la moisson inondée mire mêlé à sa sombre prairie (une touffe quelque part passée dans l'anneau de la lune), le soir couleur de goyave, toute l'étendue est remplie de la rumeur hydraulique. (Autre part, à l'heure la plus éclatante, quatre amours liés à une canne à sucre, trépignant sur les rouettes d'or, font monter dans le champ trop vert un lait bleu et blanc pareil à de l'eau de mer.) Et à l'instant dans l'azur se fait place cette jeune face bachique tout enflammée de colère et d'une gaieté surhumaines, l'œil étincelant et cynique, la lèvre tordue par le quolibet et l'invective! Mais le coup sourd du hachoir dans la viande m'indique assez où je suis, et ces deux bras de femme qui, rouges jusqu'aux coudes d'un sang pareil à du jus de tabac, extraient des paquets d'entrailles du fond de cette grande carcasse nacrée. Un bassin de fer que l'on retourne fulgure. Dans la lumière rose et dorée de l'automne, je vois toute la berge de ce canal dérobé à ma vue garnie de poulies qui retirent des cubes de glace, des pannerées de cochons, de pesants bouquets de bananes, de ruisselants poudingues d'huîtres, et les cylindres de ces poissons comestibles, aussi grands que des requins et luisants comme des porcelaines.

J'ai la force encore de noter cette balance alors qu'un pied posé sur le plateau, un poing cramponné à la chaîne de bronze vont basculer le tas monstrueux des pastèques et des potirons et des bottes de cannes à sucre ficelées de lianes d'où jaillissent des fusées de fleurs couleur de bouche. Et relevant soudain le menton, je me retrouve assis sur une marche du perron, la main dans la fourrure de mon chat.

[Mars 1899]

SUR LA CERVELLE

La cervelle est un organe. L'étudiant acquiert un principe solide s'il étreint fortement cette pensée que l'appareil nerveux est homogène dans son foyer et dans ses ramifications, et que la fonction en est telle, simplement, que la détermine son efficacité mécanique. Rien ne justifie l'excès qu'on impute à la matière blanche ou grise, accessoirement au rôle sensitif et moteur, de «sécréter» ainsi que bruit une apparence de paroles, l'intelligence et la volonté, comme le foie fait de la bile. La cervelle est un organe, au même titre que l'estomac et le cœur; et, de même que les appareils digestif ou circulatoire ont leurs fonctions précises, le système nerveux a la sienne, qui est la production de la sensation et du mouvement.

J'ai employé le mot «production» à dessein. Il serait inexact de voir dans les nerfs de simples fils, agents par eux-mêmes inertes d'une double transmission, *afférente*, comme ils disent, ici, là *efférente*; prêts indifféremment à télégraphier un bruit, un choc, ou l'ordre de l'esprit intérieur. L'appareil assure l'épanouissement, l'expansion à tout le corps de l'onde cérébrale, constante comme le pouls. La sensation n'est point un phénomène passif ; c'est un état spécial d'activité. Je le compare à une corde en vibration sur laquelle la note est formée par la juste position du doigt. Par la sensation, je constate le fait, et je contrôle, par le mouvement, l'acte. Mais la vibration est constante.

Et cette vue nous permet d'avancer plus loin notre investigation. Toute vibration implique un foyer, comme tout cercle un centre. La source de la vibration nerveuse réside dans la cervelle, qui remplit, séparée de tous les autres organes, la cavité entière du crâne hermétique. La règle d'analogie indiquée à la première ligne défend d'y voir autre chose que l'agent de réception, de transformation et comme de digestion de la commotion initiale. On peut imaginer que ce rôle est spécialement dévolu à la matière périphérique, que le substrat blanc forme comme un agent d'amplification et de composition, et enfin que les organes compliqués de la base sont autant d'ateliers de mise en œuvre, le tableau de distribution, les claviers et les compteurs, les appareils de commutation et de réglage.

Nous devons maintenant considérer la vibration elle-même. J'entends par là ce mouvement double et un par lequel un corps part d'un point pour y revenir. Et c'est là l'« élément » même, le symbole radical qui constitue essentiellement toute vie. La vibration de notre cervelle est le bouillonnement de la source de la vie, l'émotion de la matière au contact de l'unité divine dont l'emprise constitue notre personnalité typifique. Tel est l'ombilic de notre dépendance. Les nerfs, et la touche qu'ils nous donnent sur le monde extérieur, ne sont que l'instrument de notre connaissance, et c'est en ce sens seulement qu'ils en sont la condition. Comme on fait l'apprentissage d'un outil, c'est ainsi que nous faisons l'éducation de nos sens. Nous apprenons le monde au contact de notre identité intime.

La cervelle, donc, n'est rien d'autre qu'un organe : celui de la connaissance animale, sensible seulement chez les bêtes, intelligible chez l'homme. Mais si elle n'est qu'un organe particulier, elle ne saurait être le support de l'intelligence, ou de l'âme. On ne saurait faire à aucune partie de notre corps, *image* vivante et active de tout Dieu, ce détriment. L'âme humaine est cela par quoi le corps humain est ce qu'il est, son acte, sa semence continuellement opérante, et, selon que prononce l'École, sa *forme*.

[1899]

LA TERRE QUITTÉE

C'est la mer qui est venue nous rechercher. Elle tire sur notre amarre, elle décolle de l'appontement le flanc de notre bateau. Lui, dans un grand tressaillement, agrandit peu à peu l'intervalle qui le sépare du quai encombré et de l'escale humaine. Et nous suivons dans son lacet paresseux le fleuve tranquille et gras. C'est ici l'une de ces bouches par où la terre dégorge, et, crevant dans une poussée de pâte, vient ruminer la mer mélangée à son herbage. De ce sol que nous habitâmes, il ne reste plus que la couleur, l'âme verte prête à se liquéfier. Et déjà, devant nous, là-bas un feu dans l'air limpide indique la ligne et le désert.

Cependant que l'on mange, je ressens que l'on s'est arrêté, et dans tout le corps du bateau et le mien la respiration de l'eau libre. On débarque le pilote. Sous le feu de la lampe électrique, de son canot qui danse, il salue de la main notre navire affranchi ; on largue l'échelle, nous partons. Nous partons dans le clair-de-lune !

Et je vois au-dessus de moi la ligne courbe de l'horizon, telle que la frontière d'un sommeil démesuré. Tout mon cœur désespérément, comme l'opaque sanglot avec lequel on se rendort, fuit le rivage derrière nous qui s'éteint. Ah ! mer, c'est toi ! Je rentre. Il n'est pas de sein si bon que l'éternité, et de sécurité comparable à l'espace incirconscrit. Nos nouvelles du monde désormais, celles que chaque soir se levant à notre gauche nous apporte la face de la Lune. Je suis libéré du changement et de la diversité. Point de vicissitudes que celles du jour et de la nuit, de proposition que le Ciel à nos yeux et de demeure que ce sein des grandes Eaux qui le réfléchissent. Pureté purifiante ! Voici avec moi pour nous absoudre l'Absolu. Que m'importe maintenant la fermentation des peuples, l'intrigue des mariages et des guerres, l'opération de l'or et des forces économiques, et toute la confuse partie là-bas engagée ? Tout se réduit au fait et à la passion multiforme des hommes et de la chose. Or, ici, je possède dans sa pureté le rythme principal, la montrance alternative du soleil et son occultation, et le fait simple, l'apparition sur l'horizon des figures sidérales à l'heure calculée. Et tout le jour j'étudie la mer comme on lit les yeux d'une femme qui comprend, sa réflexion avec l'attention de quelqu'un qui

écoute. Au prix du pur miroir, qu'est-ce pour moi
que la transmutation grossière de vos tragédies et de
vos parades?

[Octobre 1899]

1900-1905

LA LAMPE ET LA CLOCHE

De cette attente de tout l'univers (et de mon malheur d'être vivant), l'une est le signe et l'autre l'expression, l'une, la durée même, et l'autre, tout à coup sonore, un moment. L'une mesure le silence, et l'autre approfondit l'obscurité ; l'une me sollicite et l'autre me fascine. Ô guet ! ô amère patience ! Double vigilance, l'une enflammée et l'autre computatrice !

La nuit nous ôte notre preuve, nous ne savons plus où nous sommes. Lignes et teintes, cet arrangement, à nous personnel, du monde tout autour de nous, dont nous portons avec nous le foyer selon l'angle dont notre œil est à tout moment rapporteur, n'est plus là pour avérer notre position. Nous sommes réduits à nous-mêmes. Notre vision n'a plus le visible pour limite, mais l'invisible pour cachot, homogène, immédiat, indifférent, compact. Au sein de cet obscurcissement, la lampe est, quelque part, quelque chose. Elle apparaît toute vivante ! Elle contient son huile ; par la vertu propre de sa flamme, elle se boit elle-même. Elle atteste cela dont tout l'abîme est l'absence. Comme elle a pris au soir antérieur, elle durera jusqu'à ce feu rose au ciel ! jusqu'à cette suspension de vapeurs pareilles à l'écume du vin nou-

veau! Elle a sa provision d'or jusqu'à l'aube. Et moi,
que je ne périsse point dans la nuit! que je dure jus-
qu'au jour! Que je ne m'éteigne que dans la lumière!

Mais si la nuit occlut notre œil, c'est afin que nous
écoutions plus, non point avec les oreilles seule-
ment, mais par les *ouïes* de notre âme respirante à la
manière des poissons. Quelque chose s'accumule,
mûrit dans le nul et vaste son nombre qu'un coup
décharge. J'entends la cloche, pareille à la nécessité
de parler, à la résolution de notre silence intestin, la
parole intérieure au mot. Pendant le jour nous ne
cessons pas d'entendre la phrase avec une activité
acharnée ou par tourbillons, que tissent sur la portée
continue tous les êtres reliés par l'obligation du
chœur. La nuit l'éteint, et seule la *mesure* persiste. (Je
vis, je prête l'oreille.) De quel tout est-elle la divi-
sion? Quel est le *mouvement*, qu'elle bat? Quel, le
temps? Voici pour le trahir l'artifice du sablier et de
la clepsydre; le piège de l'horloge contraint l'heure à
éclater. Moi, je vis. Je suis reporté sur la durée; je
suis *réglé* à telle marche et à tant d'heures. J'ai mon
échappement. Je contiens le pouls créateur. Hors de
moi, le coup qui soudain résonne atteste à tout le
travail obscur de mon cœur, moteur et ouvrier de ce
corps.

De même que le navigateur qui côtoie un conti-
nent relève tous les feux l'un après l'autre, de même,
au centre des horizons, l'astronome, debout sur la
Terre en marche comme un marin sur sa passerelle,
calcule, les yeux sur le cadran le plus complet, l'heure
totale. Machination du signe énorme! L'innom-
brable univers réduit à l'établissement de ses propor-
tions, à l'élaboration de ses distances! Aucune période
dans le branle des astres qui ne soit combinée à notre

assentiment, ni dessein noué par le concert des mondes auquel nous ne soyons intéressés ! Aucune étoile dénoncée par le microscope sur la glace photographique à laquelle je ne sois *négatif*. L'heure sonne, de par l'action de l'immense ciel illuminé ! De la pendule enfouie au cœur d'une chambre de malade au grand Ange flamboyant qui dans le Ciel successivement gagne tous les points prescrits à son vol circulaire, il y a une exacte réponse. Je ne sers pas à computer une autre heure. Je ne l'accuse pas avec une moindre décision.

[1902]

LA DÉLIVRANCE D'AMATERASU

Nul homme mortel ne saurait sans incongruité honorer par un culte public la Lune, comptable et fabricatrice de nos mois, filandière d'un fil avarement mesuré. À la bonne lumière du jour, nous nous réjouissons de voir toutes choses ensemble, avec beauté, comme une ample étoffe multicolore ; mais dès que le soir vient, ou que la nuit, déjà, est venue, je retrouve la fatale Navette tout enfoncée au travers de la trame du ciel. Que ton œil seul, amie, doré par sa lumière maléfique, l'avoue, et ces cinq ongles qui brillent au manche de ton luth !

Mais le soleil toujours pur et jeune, toujours semblable à lui-même, très radieux, très blanc, manque-t-il donc rien chaque jour à l'épanouissement de sa gloire, à la générosité de sa face ? et qui la regardera sans être forcé de rire aussitôt ? D'un rire donc aussi

libre que l'on accueille un beau petit enfant, don-
nons notre cœur au bon soleil! Quoi! dans la plus
mince flaque, dans la plus étroite ornière laissée au
tournant de la route publique, il trouvera de quoi
mirer son visage vermeil, et seule l'âme secrète de
l'homme lui demeurera-t-elle si close qu'elle lui refuse
sa ressemblance et du fond de ses ténèbres un peu
d'or?

À peine la race rogneuse des Fils de la Boue
eut-elle commencé à barboter sur le sein de la terre
nourrissante que, pressés de la fureur de manger, ils
oublièrent la Chose splendide, l'éternelle Épiphanie
dans laquelle ils avaient été admis à être vivants.
Comme le graveur bien appliqué à tailler sa planche
suivant le fil du bois s'occupe peu de la lampe au-des-
sus de sa tête qui l'éclaire, de même l'agriculteur,
toutes choses pour lui réduites à ses deux mains et au
cul noir de son buffle, avait soin seulement de mener
droit son sillon, oublieux du cœur lumineux de l'Uni-
vers. Alors Amaterasu s'indigna dans le soleil. Elle
est l'âme du soleil par quoi il brille et ce qu'est le
souffle de la trompette sonnante. «*La bête*», dit-elle,
«*quand elle a repu son ventre m'aime, elle jouit avec sim-
plicité de mes caresses; elle dort dans la chaleur de ma face
toute remplie du choc régulier de son sang à la surface de
son corps, le battement intérieur de la vie rouge. Mais
l'homme brutal et impie n'est jamais rassasié de manger.
La fleur, tout au long du jour, m'adore, et nourrit de la
vertu de mon visage son cœur dévot. L'homme seul est
mal recueilli sur sa tige; il me dérobe ce sacré miroir en lui
fait pour me réfléchir. Fuyons donc. Cachons cette beauté
sans honneur!*» Aussitôt comme une colombe qui se
glisse au trou d'une muraille, elle occupe, à l'embou-
chure du fleuve Yokigawa, cette caverne profonde et

d'un quartier de roc énorme en bouche hermétiquement l'ouverture.

Tout soudain s'éteignit et d'un seul coup le ciel qu'il y a pendant le jour apparut avec toutes ses étoiles. Ce n'était point la nuit, mais ces ténèbres mêmes qui avant le monde étaient là, les ténèbres positives. La nuit atroce et crue touchait la terre vivante. Il y avait une grande absence dans le Ciel : l'Espace était vidé de son centre ; la personne du Soleil s'était retirée comme quelqu'un qui s'en va pour ne pas vous voir, comme un juge qui sort. Alors ces ingrats connurent la beauté d'Amaterasu. Qu'ils la cherchent maintenant dans l'air mort ! Un grand gémissement se propagea à travers les Îles, l'agonie de la pénitence, l'abomination de la peur. Comme le soir les moustiques par myriades remplissent l'air malfaisant, la terre fut livrée au brigandage des démons et des morts que l'on reconnaît d'avec les vivants à ce signe qu'ils n'ont pas de nombril. Comme un pilote pour mieux percer la distance fait étouffer les lumières prochaines, par la suppression de la lampe centrale l'Espace s'était agrandi autour d'eux. Et d'un côté inopiné de l'horizon, ils voyaient une étrange blancheur outre-ciel, telle que la frontière d'un monde voisin, le reflet d'un soleil postérieur.

Alors tous les dieux et déesses, les génies officieux et domestiques, qui assistent l'homme et sont ses assidus tels que les chevaux et les bœufs, s'émurent aux cris misérables de la créature qui n'a point de poils sur le corps, pareils au jappement de petits chiens. Et à l'embouchure du fleuve Yokigawa, ils s'assemblèrent tous, ceux de la mer et de l'air, tels que des troupeaux de buffles, tels que des bancs de sardines, tels que des vols d'étourneaux, à l'embou-

chure du torrent Yokigawa, là où la vierge Amate-
rasu s'était cachée dans un trou de la terre, comme
un rayon de miel dans le creux d'un arbre, comme
un trésor dans un pot.

*« La lampe ne s'éteint que dans une lumière plus vive.
Amaterasu »*, disent-ils, *« est là. Nous ne la voyons point,
cependant nous savons qu'elle ne nous a point quittés. Sa
gloire n'a point souffert de diminution. Elle s'est cachée
dans la terre comme une cigale, comme un ascète dans
l'intérieur de sa propre pensée. Comment la ferons-nous
sortir ? Quel appât lui présenterons-nous ? et que lui offrir
qui soit aussi beau qu'elle-même ? »*

Aussitôt d'une pierre tombée du ciel ils firent un
miroir très pur, parfaitement rond. Ils arrachèrent un
pin, et comme une poupée ils l'emmaillotèrent de
vêtements d'or et d'écarlate. Ils le parèrent comme
une femme et ils lui mirent le miroir pour visage. Et
ils le plantèrent tout droit, le sacré *gohei*, en face de
la caverne, pleine, de la poche qui contenait l'âme
indignée de la lumière.

Quelle voix choisirent-ils assez puissante pour per-
cer la terre, pour dire : Amaterasu, je suis là ? *« Je suis
là et nous savons que tu es là aussi. Sois présente, ô vision
de mes yeux ! Sors de la sépulture, ô vie ! »* La voix fami-
lière, la première voix qu'elle entend dès qu'elle
dépasse l'horizon humain, au premier dard rouge le
coq partant de tous les côtés dans les fermes ! Il est
l'éclat du cri, la trompette que nulle obscurité ne fait
mourir. La nuit, le jour, indifférent à la présence
visible de son dieu ou à son éloignement, il pousse
infatigablement sa fanfare, il articule avec précision la
foi. Au devant d'Amaterasu dans la terre, ils amènent
le grand oiseau blanc. Et aussitôt il chanta. Et ayant
chanté, il chante encore.

Aussitôt, comme s'il ne pouvait manquer à son ban, se réveilla tout le bruit de la vie, le murmure de la journée, l'active phrase interminable, l'occupation de tout le temps par la masse en marche du mot fourmillant dont le bronze, au fond de son temple, scande le cours avec son maillet de bois : ils bruirent à la fois, tous les dieux, mal différents du nom qui les contient. Cela était très timide, très bas. Cependant Amaterasu dans la terre les entendit et s'étonna.

Et ici il faudrait coller l'image d'Uzumé, telle justement que dans les petits livres populaires elle interrompt la pluie noire des lettres. C'est elle qui avait tout inventé, la bonne déesse ! C'est elle qui combina le grand stratagème. La voici qui danse intrépidement sur la peau tendue de son tambour, frénétique comme l'espérance ! Et tout ce qu'elle trouve, pour délivrer le soleil, c'est une pauvre chanson comme en inventent les petits enfants : *Hito futa miyo...*

> *Hito futa miyo*
> *Itsu muyu nana*
> *Yokokono tari*
> *Momochi yorodzu*

ce qui veut dire : *Un, deux, trois, quatre, cinq, six, sept, huit, neuf, dix, cent, mille, dix mille,* — et ce qui veut dire aussi : *Vous tous, regardez la porte !* — *Sa Majesté apparaît, hourra !* — *Nos cœurs sont très satisfaits.* — *Regardez mon ventre et mes cuisses.*

Car, dans la fureur de la danse, elle dénoue, elle jette impatiemment sa ceinture, et, la robe tout ouverte, riante, criante, elle trépigne et bondit sur la peau élastique et tonnante qu'elle travaille de ses talons durs. Et quand ils virent son corps robuste et replet comme celui d'une petite fille, l'aise entra dans le cœur de tous et ils se mirent à rire. Le soleil n'est plus dans le ciel et cependant ce ne sont point des lamentations, ils rient ! Amaterasu les entendit et elle fut mortifiée dans son cœur, et ne pouvant surmonter sa curiosité, tout doucement elle entrouvrit la porte de sa caverne : « *Pourquoi riez-vous ?* »

Un grand rayon fulgurant traversa les dieux assemblés, il franchit le bord de la terre, il alluma la lune dans le ciel vide ; soudain l'étoile de l'aurore flamboya dans le ciel inanimé. Comme crève un fruit trop gros, comme la mère s'ouvre sous l'enfant qui fait force de la tête, voyez ! la terre aveugle ne peut plus contenir l'Œil jaloux, la cuisante curiosité du Feu placé dans le centre, la femme qui est le Soleil ! « *Pourquoi riez-vous ? — Ô Amaterasu !* » dit Uzumé.

(Et tous les dieux en même temps dirent : « *Ô Amaterasu !* », consommèrent la prosternation.)

« *Ô Amaterasu, tu n'étais point avec nous, tu croyais nous avoir laissés sans ta face ? Mais regarde, voici celle qui est plus belle que toi. Regarde !* » dit-elle, montrant le *gohei*, montrant le miroir sacré qui, concentrant la flamme, produisait un or insoutenable. « *Regarde !* »

Elle vit, et, jalouse, ravie, étonnée, fascinée, elle fit un pas hors de la caverne et aussitôt la nuit ne fut pas. Tous les grands mondes qui tournent autour du soleil comme un aigle qui couvre sa proie s'étonnèrent de voir éclater le jour dans ce point inaccoutumé, et la petite terre toute mangée de gloire, telle qu'un chandelier qui disparaît dans sa lumière.

Elle fit un pas hors de la caverne, et aussitôt le plus fort de tous les dieux se précipitant en referma la porte derrière elle. Et tout debout devant son image, entourée de sept arcs-en-ciel, adorable aorasie, feu

vivant d'où n'émergeaient avec le divin visage que
deux mains et deux pieds roses et les anneaux de la
chevelure, la jeune, la formidable! se tenait l'âme
essentielle et fulminante! Et comme l'alouette qui
au-dessus de la mire scintillante s'élève en cercles
toujours plus larges, Amaterasu, reconquise par son
image, remonta vers le trône céleste. Et ce fut un
nouveau temps, le premier jour.

— Au portail des temples Shinto, de par une
corde de paille, la Terre, telle que cette épouse qui
montrait ses seins à l'époux révolté, fait encore au
Soleil interdiction de ses profondeurs. Et au recès
dernier du sanctuaire nu, on cache, au lieu du feu
Éleusinien, un petit miroir rond de métal poli.

[1902]

VISITE

Il faut de longs cris avant qu'elle s'ouvre, de furieuses
batteries sur la porte patiente, avant que le domes-
tique intérieur, sensible à leur concert, vienne recon-
naître l'étranger au milieu de ses porteurs déposé
devant le seuil dans une caisse. Car ici point de son-
nette profonde, point de timbre dont la traction d'un
fil au travers des murs s'attachant au plus secret
détermine l'explosion soudain, pareille à l'aboi d'une
bête que l'on pince. La Montagne Noire est le quar-
tier des vieilles familles et le silence y est grand. Ce
qui chez les Européens sert pour la récréation et les
jeux, les Chinois le consacrent à la retraite. Dans le
gâteau animal, entre ces rues toutes bouillonnantes
d'une humanité impure, il se réserve des lieux oisifs

que cloisonnent largement tel enclos vide ou l'hoirie de quelque personne isolée, adjointe à des lares antiques; que seul un noble toit aménage l'ombre énorme des banyans plus anciens que la ville et les letchis qui croulent sous la charge de leurs glands de pourpre! Je suis entré; j'attends; je suis tout seul dans le petit salon; il est quatre heures; il ne pleut plus ou est-ce qu'il pleut encore? La terre a reçu son plein d'eau, la feuille abreuvée largement respire à l'aise. Et moi, je goûte, sous ce ciel sombre et bon, la componction et la paix que l'on éprouve à avoir pleuré. En face de moi se dresse un mur au faîte inégal, où s'ouvrent trois fenêtres carrées que barrent des bambous de porcelaine. Comme on ajuste sur les papiers diplomatiques la «grille» qui isole les mots vrais, on a appliqué à ce paysage trop large de verdure et d'eau cet écran au triple jour, on l'a réduit au thème et aux répliques d'un triptyque. Le cadre fixe le tableau, les barreaux qui laissent passer le regard m'excluent moi-même, et, mieux qu'une porte fermée de son verrou, m'assurent par dedans. Mon hôte n'arrive pas, je suis seul.

[1902]

LE RIZ

C'est la dent que nous mettons à la terre même avec le fer que nous y plantons, et déjà notre pain y mange à la façon dont nous allons le manger. Le soleil chez nous dans le froid Nord, qu'il mette la main à la pâte; c'est lui qui mûrit notre champ, comme c'est le feu tout à nu qui cuit notre galette et qui rôtit notre

viande. Nous ouvrons d'un soc fort dans la terre solide
la raie où naît la croûte que nous coupons de notre
couteau et que nous broyons entre nos mâchoires.

Mais ici le soleil ne sert pas seulement à chauffer le
ciel domestique comme un four plein de sa braise : il
faut des précautions avec lui. Dès que l'an com-
mence, voici l'eau, voici les menstrues de la terre
vierge. Ces vastes campagnes sans pente, mal sépa-
rées de la mer qu'elles continuent et que la pluie
imbibe sans s'écouler, se réfugient, dès qu'elles ont
conçu, sous la nappe durant qu'elles fixent en mille
cadres. Et le travail du village est d'enrichir de maints
baquets la sauce : à quatre pattes, dedans, l'agricul-
teur la brasse et la délaie de ses mains. L'homme
jaune ne mord pas dans le pain ; il happe des lèvres, il
engloutit sans le façonner dans sa bouche un aliment
semi-liquide. Ainsi le riz vient, comme on le cuit, à la
vapeur. Et l'attention de son peuple est de lui fournir
toute l'eau dont il a besoin, de suffire à l'ardeur sou-
tenue du fourneau céleste. Aussi, quand le flot monte
les noriahs partout chantent comme des cigales. Et
l'on n'a point recours au buffle ; eux-mêmes, côte à
côte cramponnés à la même barre et foulant comme
d'un même genou l'ailette rouge, l'homme et la
femme veillent à la cuisine de leur champ, comme la
ménagère au repas qui fume. Et l'Annamite puise
l'eau avec une espèce de cuiller ; dans sa soutane
noire avec sa petite tête de tortue, aussi jaune que la
moutarde, il est le triste sacristain de la fange ; que de
révérences et de génuflexions tandis que d'un seau
attaché à deux cordes le couple des *nhaqués* va cher-
cher dans tous les creux le jus de crachin pour en
oindre la terre bonne à manger !

[1903]

LE POINT

Je m'arrête : il y a un point à ma promenade comme à une phrase que l'on a finie. C'est le titre d'une tombe à mes pieds, à ce détour où le chemin descend. De là je prends ma dernière vue de la terre, j'envisage le pays des morts. Avec ses bouquets de pins et d'oliviers, il se disperse et s'épand au milieu des profondes moissons qui l'entourent. Tout est consommé dans la plénitude. Cérès a embrassé Proserpine. Tout étouffe l'issue, tout trace la limite. Je retrouve, droit au pied des monts immuables, la grande raie du fleuve ; je constate notre frontière ; j'endure ceci. Mon absence est configurée par cette île bondée de morts et dévorée de moissons. Seul debout parmi le peuple enterré et mes pieds entre les noms proférés par l'herbe, je guette cette ouverture de la Terre où le vent doux, comme un chien sans voix, continue depuis deux jours d'entrer l'énorme nuage qu'il a détaché derrière moi des Eaux. C'est fini ; le jour est bien fini ; il n'y a plus qu'à se retourner et à remesurer le chemin qui me rattache à la maison. À cette halte où s'arrêtent les porteurs de bières et de baquets, je regarde longuement derrière moi la route jaune qui va des vivants chez les morts et que termine, comme un feu qui brûle mal, un point rouge dans le ciel bouché.

[1903]

LIBATION AU JOUR FUTUR

Je suis monté au plus haut de la montagne pour porter mon toast au jour futur — (au jour nouveau, à celui qui viendra, il succède à cette nuit même peut-être). Jusqu'au plus haut de la montagne, avec cette coupe de glace qu'elle porte aux lèvres de l'Aurore ! Je suis dedans tout nu ; elle était si pleine qu'en y entrant j'ai fait crouler l'eau comme une cataracte. Je danse dans l'ébullition de la source comme un grain de raisin dans une coupe de champagne. Je ne distingue pas cette couche jaillissante que je pétris du ventre et des genoux du gouffre d'air dont me sépare le bord mince : au-dessous de moi surgit l'aigle criard. Belle Aurore ! d'un trait tu es ici de la mer là-bas entre les îles ! Bois, que je ressente jusqu'aux plantes dans le sein de cette liqueur où je suis enfoncé l'ébranlement de ta lèvre qui s'y trempe. Que le soleil se lève ! que je voie l'ombre légère de mon corps suspendu se peindre sous moi sur le sable de la piscine entouré de l'iris aux sept couleurs !

[1903]

LE JOUR
DE LA FÊTE-
DE-TOUS-LES-FLEUVES

Le jour de la fête-de-tous-les-fleuves, nous sommes allés souhaiter la sienne au nôtre, qui est large et rapide. Il est la sortie du pays, il est la force incluse en

ses flancs; il est la liquéfaction de la substance de la
terre, il est l'éruption de l'eau liquide enracinée au
plus secret de ses replis, du lait sous la traction de
l'Océan qui tette. Ici, sous le bon vieux pont de gra-
nit, entre les bateaux de la montagne qui nous appor-
tent les minerais et le sucre, et, de l'autre côté, les
jonques de la mer multicolore, qui, prises à l'hame-
çon de l'ancre, dirigent vers les piles infranchis-
sables leurs gros yeux patients de bêtes de somme,
il débouche par soixante arches. Quel bruit, quelle
neige il fait, quand l'Aurore sonne de la trompette,
quand le Soir s'en va dans le tambour! Il n'a point de
quais comme les tristes égouts de l'Occident; de
plain-pied avec lui dans une familiarité domestique,
chacune y vient laver son linge, puiser l'eau de son
souper. Même, au printemps, dans la turbulence
de sa jouerie, le dragon aux anneaux bouillonnants
envahit nos rues et nos maisons. Comme la mère
Chinoise offre le petit enfant au chien de la maison
qui lui nettoie le derrière avec soin, il efface en un
coup de langue l'immense ordure de la ville.

Mais aujourd'hui c'est la fête du fleuve; nous célé-
brons son carnaval avec lui dans le roulant tumulte
des eaux blondes. Si tu ne peux passer le jour enfoncé
dans le remous comme un buffle jusqu'aux yeux à
l'ombre de ton bateau, ne néglige pas d'offrir au
soleil de midi de l'eau pure dans un bol de porcelaine
blanche; elle sera pour l'an qui vient un remède
contre la colique. Et ce n'est pas le temps de rien
ménager : qu'on descelle la plus pesante cruche,
courge potable d'or à l'écorce de terre, que l'on suce
au goulot même le thé du quatrième mois! Que cha-
cun, par cette après-midi de pleine crue et de plein
soleil, vienne palper, taper, étreindre, chevaucher le

grand fleuve municipal, l'animal d'eau qui fuit d'une échine ininterrompue vers la mer. Tout grouille, tout tremble d'une rive à l'autre de sampans et de bateaux, où les convives de soie pareils à de clairs bouquets boivent et jouent ; tout est lumière et tambour. De çà, de là, de toutes parts, jaillissent et filent les pirogues à têtes de dragons, aux bras de cent pagayeurs nus que dans le milieu pousse au délire ce grand jaune des deux mains battant sa charge de démon ! Si fines, elles semblent un sillon, la flèche même du courant, qu'active tout ce rang de corps qui y plongent jusqu'à la ceinture. Sur la rive où j'embarque, une femme lave son linge ; la cuvette de laque vermillon où elle empile ses hardes a un rebord d'or qui éclate et qui fulmine au soleil de la solennité. Regard brut pour un éclair créé et œil au jour de l'honorable fleuve.

[1903]

L'HEURE JAUNE

De toute l'année voici l'heure la plus jaune ! comme l'agriculteur à la fin des saisons réalise les fruits de son travail et en recueille le prix, le temps vient en or que tout y soit transmué, au ciel et sur la terre. Je chemine jusqu'au cou dans la fissure de la moisson ; je pose le menton sur la table qu'illumine le soleil à son bout, du champ ; passant aux monts, je surmonte la mer des graines. Entre ses rives d'herbes, l'immense flamme sèche de la plaine couleur de jour, où est l'ancienne terre obscure ? L'eau s'est changée en vin ; l'orange s'allume dans le branchage silent. Tout est mûr, grain et paille, et le fruit avec la feuille. C'est

bien de l'or ; tout fini, je vois que tout est vrai. Dans
le fervent travail de l'année évaporant toute couleur,
à mes yeux tout à coup le monde comme un soleil !
Moi ! que je ne périsse pas avant l'heure la plus jaune.

[1905]

DISSOLUTION

Et je suis de nouveau reporté sur la mer indiffé-
rente et liquide. Quand je serai mort, on ne me fera
plus souffrir. Quand je serai enterré entre mon père
et ma mère, on ne me fera plus souffrir. On ne se
rira plus de ce cœur trop aimant. Dans l'intérieur de
la terre se dissoudra le sacrement de mon corps,
mais mon âme, pareille au cri le plus perçant, repo-
sera dans le sein d'Abraham. Maintenant tout est
dissous, et d'un œil appesanti je cherche en vain
autour de moi et le pays habituel à la route ferme
sous mon pas et ce visage cruel. Le ciel n'est plus
que de la brume et l'espace de l'eau. Tu le vois, tout
est dissous et je chercherais en vain autour de moi
trait ou forme. Rien, pour horizon, que la cessation
de la couleur la plus foncée. La matière de tout est
rassemblée en une seule eau, pareille à celle de ces
larmes que je sens qui coulent sur ma joue. Sa voix,
pareille à celle du sommeil quand il souffle de ce
qu'il y a de plus sourd à l'espoir en nous. J'aurais
beau chercher, je ne trouve plus rien hors de moi, ni
ce pays qui fut mon séjour, ni ce visage beaucoup
aimé.

[1905]

L'Oiseau noir dans le soleil levant

À ma fille
Reine Claudel

LA MAISON
DU PONT-DES-FAISANS

Elle est prise entre les douves mélancoliques du vieux château des Shogun et un canal boueux qui se relie par des replis infects à ce qu'une grande capitale, sous sa robe de ciment armé demeurée asiatique, recèle de plus intestinal. Une haute barrière d'arbres la défend contre les typhons, et, l'hiver, je vois se lever le soleil par derrière pendant que je fais ma prière du matin. Le corbeau de Sibérie qui revient la visiter chaque année cherche en vain dans cet enclos les chevaux nus que les écuyers jadis promenaient dans la longue avenue de cerisiers. Le *takumi-nokami* a résigné ses fonctions entre les mains de l'Empereur des Morts et je ne sais plus quelle roche déracinée, quelle lanterne du dernier tremblement de terre encore titubante, quelle souche pourrie, conserve le souvenir de l'illustre Asanô, le Seigneur des Quarante-sept Rônins. Adhémar, c'est ainsi que mes enfants, je ne sais pourquoi, appelaient le fatidique visiteur, ne voit plus non plus dans les allées le Comte boiteux Okuma promener sa première redingote, mais la pierre appelée «Gueule-du-Dragon» qu'il aimait reçoit toujours de ses vieux amis, quand ils viennent me visiter, un regard appréciateur. Il était ministre des Finances et ses ennemis critiquaient son budget à coups de canon, on trouverait encore dans les journaux de l'époque ou dans mes archives, si l'incendie ne les avait pas volatilisées en même temps que l'incertaine baraque où les représentants de la République française furent ses successeurs, un récit de l'échauffourée du Pont-des-Faisans. Maintenant sous les camélias et les arbres-à-singes un vieil ambassadeur à figure de hibou se promène, poussant du pied une pierre noircie ou quelque fragment de porcelaine, et du haut du mât de pavillon le sévère Adhémar le semonce, lui rappelant, selon les paroles de Pline le Jeune à son fils adoptif : « *quibus imaginibus oneretur, quæ numina et quanta sustineat* ».

[Novembre 1926]

UN REGARD
SUR L'ÂME JAPONAISE
Discours aux étudiants de Nikkô

Messieurs,

Mon ami Goraï, le collaborateur du professeur Michel Revon dans la composition de cet admirable recueil : l'*Anthologie de la Littérature Japonaise,* qui ne quitte jamais ma table de travail, m'avait demandé de parler devant vous aujourd'hui de la «Tradition Française», et je me suis récusé. Il est presque aussi difficile de parler de son pays que de soi-même. Entre la représentation que nous nous faisons de nous-mêmes et celle que nous donnons aux yeux neufs et sincères des personnes venues exprès pour nous regarder, il y a une différence dont les livres des voyageurs nous permettent d'apprécier le piquant. Et certes il est facile d'accuser leur naïveté ou leur malice, mais est-il bien sûr que ce soit toujours eux qui aient tort et que seuls nous soyons à nous-mêmes des témoins irréfragables ? La vérité est que la plupart du temps les gens agissent sans savoir ce qu'ils font, non point par des motifs raisonnables et distincts dont ils seraient prêts à rendre compte aussitôt, mais par habitude, par réponse instinctive et improvisée à la sollicitation des circonstances, devoirs, besoins, par application empirique d'un enseignement qu'ils ont reçu sans discuter et qu'ils pratiquent sans réfléchir. Suivant toute la force du terme français «nous nous faisons» aux choses, nous habitons un certain coin de la nature et de la société, à la manière naïve, confortable, ignorante et animale dont nous habitons notre propre corps, et quand on nous invite, par une question directe ou par une fausse interprétation, à rendre compte de tel ou tel de nos actes, nous éprouvons le même genre de désarroi ou de scandale que si l'on nous demandait de justifier notre œil ou notre nez. *C'est comme ça parce que c'est comme ça*, et nous ne nous faisons pas idée de l'impression pittoresque et originale que nous produisons sur les étrangers. Ceux-ci seuls distinguent ce que tel geste, telle manière d'être, telle attitude de l'esprit, qui nous paraissent quelque chose de tout à fait inévitable et normal, ont au contraire de caractéristique, de spécial, parfois d'unique.

Là où l'indigène reprend avantage, c'est quand il essaye de comprendre les raisons de l'effet parfois si bizarre et si déconcertant qu'il produit sur ses hôtes et visiteurs. Il possède à cet effet une riche collection d'archives, je veux dire de cas et de références, qui lui donnent un peu par rapport à lui-même la position extérieure et désintéressée d'un critique, en même temps qu'une espèce de sens et de sympathie intime lui permet de conduire rétrospectivement pour son compte les expériences de ses ancêtres et devanciers avec la même plénitude que si elles étaient les siennes propres. C'est cette expérience plus ou moins longue, consciente ou pas, que nous appelons notre tradition nationale. Pour vous la faire comprendre, il y a un moyen plus simple que d'apporter et de dépouiller devant vous, ou ne fût-ce même que d'illustrer par quelques exemples arbitrairement détachés, le dossier de notre pays. J'indique à chacun de vous le moyen d'accéder au for le plus intime de notre esprit, à cette espèce de conseil ou de parlement continuel, où se débattent tous les litiges, où se représentent toutes les espèces et où se prennent toutes les décisions, et ce greffe suprême de qui relève toute notre procédure, toute notre *coutume* intellectuelle, c'est notre langue. La langue française est le produit, en même temps que le document, le plus parfait de notre tradition nationale. Elle a été le principal moyen de construction d'un peuple formé de vingt races différentes, du résidu de je ne sais combien d'invasions et de migrations l'une sur l'autre, qui une fois parvenues à cette fin de la terre, embouties à cette extrémité de la jetée européenne, se trouvaient bien forcées d'établir entre leurs couches et tranches disparates une solidarité, un accord, que d'ailleurs la disposition du terroir leur imposait. Si la France en effet est diverse au point de vue ethnographique, au point de vue géographique elle est une et indivisible et les conseils de rupture sont infiniment moins puissants pour elle que les nécessités de la concentration. Il ne pouvait y avoir entre les Français de différends que spirituels et c'était à l'intelligence seule que pouvait être confiée la tâche de conduire les délibérations propres à les réduire. Tout citoyen de cet assemblage hasardeux et bigarré qui avait émergé des ruines de l'Empire Romain et des moraines de la Barbarie se trouvait ainsi incliné à devenir un orateur, un diplomate et un juriste. Au-dessous des hasards particuliers il était amené à chercher la raison d'être de la nation dans des nécessités générales et permanentes. Ajoutez que la France, par sa plantation géographique, n'est pas l'esclave d'une situation donnée, elle ne s'est pas trouvée astreinte à la répétition indéfinie du même geste, elle était placée de telle sorte que rien ne pouvait se passer dans la communauté d'Occident sans qu'elle s'y trouvât intéressée, elle avait à s'arranger continuellement avec toutes les modifications d'un équilibre en travail auxquelles son rôle a toujours été de fournir une espèce d'organe tantôt de mise en marche et tantôt de compensation et d'arrêt. Placé en face de problèmes sans cesse nouveaux, l'homme d'État français avait besoin pour les résoudre moins d'une pratique empirique que d'une méthode, d'un principe général de jugement. Notre plus longue guerre, la Guerre de Cent Ans, n'a été qu'un débat judiciaire, entrecoupé de recours aux armes. La France a été ainsi placée par la Providence à la croisée de tous les intérêts du Continent qu'il est impossible que son sort soit réglé durablement ou ses limites inscrites par des raisons particulières et de fait. Il faut que le droit intervienne. Les Traités de Westphalie et d'Utrecht, les Actes de Vienne et de Versailles, n'ont pas été seulement des distributions de territoires, ils ont été surtout des formulations de principes, dont les nouveaux découpages de la carte n'ont été que la conséquence. — Et ce qui est vrai pour la politique extérieure l'est également pour notre politique intérieure. Chaque Français, comme je le disais il y a quelques mois à vos camarades de Tokyô, héritier de vingt races hétérogènes, a toujours constitué à lui seul une petite souveraineté en voie de tractation continuelle, diplomatique et juridique, avec les souverainetés voisines, sous l'autorité d'une espèce de tribunal épars, mais tout-puissant, que l'on appelle l'*Opinion*. De là l'importance chez nous de la littérature et du parler, de là ce caractère essentiel qui fait le fond de tous deux, dans le domaine non seulement de la prose mais de la poésie, qu'il s'agisse d'idées, de psychologie ou de descriptions, et qui est le désir passionné de l'exactitude. Il s'agit toujours d'expliquer et de s'expliquer. La perfection et l'efficacité du langage n'ont pas été seulement chez nous l'ambition de quelques raffinés, elles avaient une importance pratique capitale, on ne pouvait trop chérir et soigner le principal instrument de notre unité nationale, qui, au cours d'un débat continuellement ouvert, nous permettait de prendre conscience de notre mission permanente et de nos obligations successives. Ainsi s'est constituée peu à peu cette attitude habituelle du Français devant la vie, qui est la discussion. Il est naturellement juriste, son besoin est en tout de rechercher les *causes*, et, si vous me permettez de jouer sur les mots, aussi de les plaider (puisque le même terme chez nous désigne la raison d'être d'une chose et la discussion devant la Justice, à laquelle donne lieu sa propriété). La littérature n'a pas été en France l'expression de quelques esprits exceptionnels, elle a été la nécessité de toute une race, la transaction ininterrompue entre ses différents versants, le moyen d'assimilation de tout problème nouveau qui lui était proposé. Tout Français a toujours eu la sensation de parler devant un tribunal d'experts qui sauront lui demander compte de chaque mot prononcé par lui.

C'est un de ces Français dont je viens d'essayer de vous faire comprendre l'orientation mentale, qui voudrait vous apporter aujourd'hui son témoignage encore naïf, avant que la réflexion et l'habitude aient eu le temps de le déformer et de l'émousser, et tout ce que je viens de vous dire n'a pour but (en donnant une petite satisfaction à M. Goraï) que de vous faire comprendre avec quels yeux il pouvait vous regarder. Pèlerin de bien des routes, c'est hier seulement qu'il débarquait sur ce rivage dont la ligne depuis tant d'années historiait son horizon. Et tout de suite, une fois traversée la zone utilitaire où l'humanité, au Japon comme ailleurs, subvient avec le même appareil mécanique d'engins et de bâtiments à ses besoins les plus généraux, il se trouve en présence d'un pays qui n'est pas, comme tant d'autres en Amérique ou en Europe, une simple exploitation agricole ou industrielle, l'hôtellerie d'un jour ou d'une nuit dont le client use sans attention et sans ménagement, mais un domaine héréditaire dont le sens est moins la commodité pratique de ses détenteurs actuels que la composition autour d'eux d'un spectacle solennel et instructif. Tout au Japon, depuis le dessin d'une montagne jusqu'à celui d'une épingle à cheveux ou d'une coupe de saké, obéit au même *style*. Pour trouver la tradition japonaise, il n'est pas nécessaire, comme pour les gens de France, de pénétrer jusqu'à ce for intime où se forment les idées et s'essayent les attitudes, il n'y a qu'à ouvrir les oreilles et les yeux à ce concert autour de nous irrésistible auquel la tâche de chaque génération à son tour est d'accorder ses instruments et sa voix.

Écoutons-le, mais pour l'entendre il faut commencer par faire silence. La musique ne commence que là où le bruit a cessé. Laissons tomber en nous ce tumulte confus de velléités et de paroles. Ce serait le cas, si j'étais un de vos rustiques pèlerins, de faire réciter sur moi quelque antique *noritô* et de me soumettre à la bénédiction de cette espèce de chasse-mouches qui confère la purification et le recueillement. Me voici, à la suite d'une des figures familières de votre littérature, la poétesse Mourasaki par exemple ou le bonze Kennkô, qui m'engage à pas silencieux dans le sentier des mystères. Il me semble que j'entends à ma droite le froissement de la soie aristocratique ou le tintement du chapelet contre le bol à aumônes. Je suis une allée interminable que bordent d'énormes cèdres dont les troncs colorés se perdent dans un noir velours : un violent rayon de soleil fait tout à coup fulgurer sur un poteau de pierre une inscription indéchiffrable. Les détours de l'étrange chemin servent à dépister les démons et à me séparer à jamais d'un monde profane. Sur une arche de corail je traverse un étang de jade (est-ce lui qui par un éclair fugitif, entre les nappes de lotus étalées, décèlera mes compagnons invisibles ?). À l'ombre des siècles avec une sébile de bois je verse sur mes mains une eau froide, si saisissante que je renais! Derrière la porte fermée je guette la cloche lentement qui mûrit, un cierge qui brûle, et là-bas dans le chaos des feuilles j'entends la voix du coucou par intervalles qui répond à la prédication éternelle de la cascade.

Et c'est là que j'ai compris que l'attitude spécialement Japonaise devant la vie, c'est ce que faute de meilleurs mots, car la langue française n'offre pas beaucoup de ressources à l'expression de ce sentiment, j'appellerai la révérence, le respect, l'acceptation spontanée d'une supériorité inaccessible à l'intelligence, la compression de notre existence personnelle en présence du mystère qui nous entoure, la sensation d'une présence autour de nous qui exige la cérémonie et la précaution. Ce n'est pas pour rien que le

Japon a été appelé la terre des Kami[1], et cette définition traditionnelle me paraît encore la plus juste et la plus parfaite qui ait été donnée de votre pays.

Le Japon repose comme un groupe de nuages solidifiés au sein d'un océan sans bornes. Ses rivages découpés, ses bassins intérieurs, ses passages mystérieux, sont pour le navigateur une surprise continuelle. Les montagnes qui forment son support constituent une des constructions les plus enchevêtrées qui soient au monde, troublée en outre par d'étranges convulsions, et dont le caractère précaire est attesté par les frissons qui agitent encore un sol mal apaisé. C'est comme un décor de théâtre que les machinistes viennent à peine de quitter et dont les

---

1. Le mot *Kami* d'après Hirata Atsutané désigne tout ce qui en ce monde possède une vertu étrange et mystérieuse. — Chez tous les peuples du Pacifique, Polynésiens ou Malais, on trouve des expressions analogues telles que *mana, tabou, kramat*, etc. — Le radical KA intervient dans la composition d'un grand nombre de mots provenant d'une réaction de la sensibilité en présence de tout ce qui est mystérieux, saisissant, inassimilé par la vie sociale, causé par quelque influence qui échappe à notre pouvoir. *Ka* est un des éléments primaires de la langue japonaise originale. Il a la forme phonétique d'une exclamation, qui serait venue au langage humain d'une articulation préhumaine. — Tous les sens que nous avons analysés du mot *Kami* sont associés avec le « frisson religieux », ce que nous pourrions appeler la réaction KA. Cette émotion KA est à la base même du surnaturalisme primitif, de toute philosophie primitive du superordinaire, à laquelle l'homme primitif arrive en généralisant ses expériences séparées. Elle met l'attention dans un état d'activité spéciale, elle introduit une attitude de *vigilance*, c'est une émotion qui répond à une multitude d'objets divers, apparemment sans rapports. Néanmoins l'uniformité de l'émotion devient la base d'après laquelle l'intelligence postule l'existence d'un agent correspondant qui opère d'une manière uniforme dans tous ces cas variés. — Un rituel de précautions et de cérémonies en traitant les objets soumis à ces influences s'impose donc et ces précautions deviennent peu à peu des traditions sacrées. (*The political philosophy of modern Shintô* by Holtom. — *Transactions of the Japanese Asiatic Society.*)

toiles et les portants tremblent encore. La partie des
plaines est l'un des territoires les plus peuplés de la
planète, certaines régions montagneuses au contraire,
couvertes d'une véritable jungle qui rappelle les tro-
piques, restent sur de vastes étendues aussi désertes
qu'au jour de la création. Partout ce ne sont que des
vallées dix fois repliées, des forêts plus noires que la
nuit, des maquis inextricables de roseaux, de fou-
gères et de bambous. Sur tout cela descend le rideau
d'une pluie à certaines saisons presque continuelle,
errent ces étranges vapeurs, dont vos peintres anciens
et nouveaux ont si bien tiré parti, qui cachent et
découvrent tour à tour et comme à dessein certains
coins du paysage, comme si quelqu'un voulait les
signaler à notre attention, exposer pour un moment
leur signification occulte. Et au-dessus de tout le
pays, dominant les plaines et les montagnes, les îles
et l'océan, s'élève comme l'autel le plus grandiose
que la nature ait jamais élevé à son Créateur, comme
une borne milliaire digne de marquer le point où le
soleil, après sa longue course au travers des Eaux
inhabitées, va s'engager dans sa carrière humaine, la
masse énorme du Fuji[1].

Ainsi, partout où le Japonais tourne ses regards, il
se voit entouré de voiles qui ne s'entrouvrent que
pour se refermer, de sites silencieux et solennels où
mènent de longs détours pareils à ceux d'une initia-
tion, d'ombrages funèbres, d'objets singuliers, comme
un vieux tronc d'arbre, une pierre usée par l'eau,
pareils à des documents indéchiffrables et sacrés, de
perspectives qui ne se découvrent à lui qu'à travers le

---

1. «Au Japon l'homme n'a pas besoin de prier, car le sol même
est divin.» (Hitomaro.)

portique des rochers, la colonnade des arbres. Toute la nature est un temple déjà prêt et disposé pour le culte. Il n'y a pas au Japon de ces grands fleuves, de ces vastes plaines aux horizons gradués qui entraînent le rêveur toujours plus loin et s'offrent avec soumission à la navigation dominatrice de l'esprit. À chaque instant le pas et l'imagination du promeneur se trouvent arrêtés par un écran précis et par un site concerté qui requiert l'hommage de son attention, du fait de l'intention incluse. L'artiste ou l'ermite n'aura qu'à le souligner par l'apport d'un *torii*, d'une lanterne, d'un temple somptueux, ou d'une simple pierre levée. Mais ce n'est jamais l'édifice, aussi doré qu'il puisse être, qui me paraît, comme en Europe, l'essentiel. Ce n'est jamais qu'une cassette, un encensoir déposé dans un coin pour faire sentir l'immense solennité de la nature et, si je peux dire, «la mettre en page». Tels cette poignée de caractères ou ces quelques traits de pinceau, accompagnés du sceau vermillon, que le poète ou l'artiste jettent sur la feuille de papier blanc.

Tandis que l'Européen d'aujourd'hui ne voit dans les choses qui l'entourent qu'un domaine destiné à son agrément ou à son profit, il est certain que pour le Japonais traditionnel la Création est avant tout l'œuvre de Dieu, encore toute pénétrée d'influences divines, et si chez vous on n'entre pas dans la maison du plus modeste paysan sans enlever ses chaussures, avec quel respect les humains ne devront-ils pas s'avancer et se conduire dans ce parvis au-devant de leur demeure que les Puissances supérieures nous ont donné et dont l'usage leur est commun avec nous? Et de même, je le disais tout à l'heure, que vos temples ne semblent pas avoir été construits de parti

pris, qu'ils n'ont fait que compléter et exaucer le vœu
latent du site, qu'épaissir par l'art, comme ici en ce
lieu sacré de Nikkô, l'ombre énorme de la forêt, que
guider la voix de ces eaux toujours coulantes, que
fixer éternellement sur le fond noir des feuillages l'or
et la pourpre d'un rayon de soleil, qu'emprisonner le
tonnerre sous une cloche de bronze, que reprendre et
solenniser par la gradation des portiques et des esca-
liers l'ascension d'une terre qui ne cesse presque
jamais d'être jointe à la nue, qu'affirmer par ces allées
de témoins gigantesques l'appel reculé du sanctuaire,
— de même ces foules de pèlerins qui avec un zèle
émouvant ne cessent de se presser dans vos temples,
que vénèrent-ils derrière ces rideaux toujours bais-
sés ? un miroir pareil à un reflet du ciel, à une goutte
des Eaux primordiales, un nom d'ancêtre ou de saint
sur une tablette, une forme confondue avec la nuit,
et surtout cette nuit elle-même, ce mystère devant
lequel leur cœur naïf se recueille avec piété.

C'est un fait qui m'a beaucoup frappé que pour le
bouddhisme dans la période primitive du Japon, à
Nara par exemple ou dans les temples voisins, on voit
des quantités de statues, d'ailleurs fort belles. Plus
tard, à mesure que le Japon a eu le temps d'imposer
son caractère à la religion importée, ces représenta-
tions précises deviennent de plus en plus rares. Les
effigies invoquées se dérobent dans une ombre de
plus en plus épaisse jusqu'à ce qu'enfin, aux temps
modernes, elles aient perdu aussi bien que la voix, la
forme. C'est quelque chose de complètement invi-
sible au fond de la caverne sacrée qu'essayent d'at-
teindre cette humble femme qui frappe deux ou trois
coups dans ses mains, ce groupe de rustiques qui jet-
tent une poignée de sous dans la caisse à offrande,

cette petite fille qui gravit en chancelant les degrés du temple et au bout du gros câble de coton trois fois tordu vient réveiller la grenouille de bronze.

Le surnaturel au Japon n'est donc nullement autre chose que la nature, il est littéralement la surnature, cette région d'authenticité supérieure où le fait brut est transféré dans le domaine de la signification. Il n'en contredit pas les lois, il en souligne le mystère. Tout le but de la religion est de placer l'esprit dans une attitude d'humilité et de silence au regard des choses permanentes. C'est ainsi que le patriotisme japonais me paraît surtout un état de communion avec le pays, un recueillement pénétré devant la figure qu'il nous présente. Rien de plus frappant dans tous les sites célèbres que de voir parmi les nuées de pèlerins spontanés ces longues files d'écoliers que leurs maîtres conduisent à tel point spécifique pour y recevoir à leur tour l'empreinte à laquelle tant de générations successives se sont soumises. Cette attitude de révérence et de cérémonie, l'âme est habituée à la prendre non pas seulement à l'égard de certains lieux qui servent de sièges privilégiés aux influences divines, mais à l'égard de tous les êtres créés qui sont avec nous l'œuvre d'un même Père et la révélation d'une même volonté. Il existe entre eux des relations qui se traduisent par des gestes et par des rites. Je me rappelle combien, lors d'une de mes premières visites à Kyotô, me promenant dans l'un de ces beaux jardins qui font le charme de cette ville incomparable, je fus saisi et touché de voir un grand pin près de choir soutenu par une espèce d'énorme béquille qu'on lui avait pieusement adaptée. On sentait que cet arbre n'était pas seulement ce qu'il serait pour un homme d'Amérique ou d'Europe, une mine de planches ou un vague comparse dans le paysage, c'était un être vivant, une espèce de grand-père végétal à qui l'on prêtait une assistance filiale. Rien de plus fréquent que de voir un arbre de dimensions exceptionnelles, un rocher de forme pittoresque, décoré de la corde de paille qui le place parmi les choses *kami* et qui témoigne de l'attention que les visiteurs lui ont portée, de la gratitude qu'ils lui ont de son existence. Quand un animal familier vient à mourir, on le porte au temple où le bonze récite sur lui le *nembutsu*; il n'y a aucune vie, si humble qu'elle soit, qui en disparaissant ne mérite une recommandation religieuse. Un marchand de mort-aux-rats fait célébrer un service pour les rongeurs que son produit a exterminés, un papetier pour les vieux pinceaux hors d'usage. Enfin, ce qui est le plus gentil de tout, je lisais l'autre jour dans la gazette que l'association des graveurs sur bois de Tokyô avait assisté à une cérémonie solennelle en l'honneur des cerisiers dont elle avait pour son art utilisé la substance.

C'est ce sentiment de révérence pieuse, de communion avec l'ensemble des créatures dans une bienveillance attendrie, qui fait la vertu secrète de votre art. Il est frappant de voir combien dans l'appréciation des œuvres qu'il a produites notre goût est resté longtemps loin du vôtre. Notre préférence allait vers les gravures et peintures de l'École *Ukiyoyé*, que vous considérez plutôt comme le témoignage d'une époque de décadence, mais pour lesquelles vous m'excuserez d'avoir conservé personnellement tout mon ancien enthousiasme : vers une représentation violente, pompeuse, théâtrale, colorée, spirituelle, pittoresque, infiniment diverse et animée du spectacle de tous les jours. C'est l'homme dans son décor familier et dans ses occupations quotidiennes qui y tient la plus grande place. Votre goût au contraire va vers les images anciennes, où l'homme a presque disparu ou n'est plus représenté que par quelques effigies monastiques qui participent presque de l'immobilité des arbres et des pierres. Une carpe, un singe suspendu à une branche, des fleurs, un paysage dont un pinceau magistral a établi en quelques indications aussi décisives que de l'écriture les étages superposés, voilà ce que nous montrent la plupart du temps ces kakémonos sans prix que leurs heureux possesseurs vont chercher au fond des siècles et déroulent devant nous avec des précautions infinies. Et parfois, nous autres barbares qui avons toujours besoin d'être surpris et amusés, notre premier sentiment est celui de la déception. Nous manquons de cette sympathie intime — et, si je peux dire, de cette humidité de l'âme qui lui permettrait de s'unir affectueusement à ce déroulement de la jeune pousse qui commence à respirer, à ce puissant coup de queue du poisson, qui des ténèbres de la vase remonte dans les zones de la lumière aquatique. Peu à peu seulement nous nous apercevons que cette souplesse délectable, cette justesse, ce suspens exquis dans le mouvement par exemple qui prend et enveloppe ce singe depuis le bout des ongles jusqu'à l'extrémité de la queue (ce n'est pas le singe qui est en mouvement, c'est le mouvement qui est singe), ce choix savant et naïf des moyens, cette patience de la contemplation jointe à la rapidité foudroyante de la main, cette suppression résolue et pudique des éléments inutiles et étrangers, mais cela, c'est la vie elle-même, ce n'est plus de l'art, c'est la vie elle-même que nous surprenons à son travail, plus divine sous cette forme anonyme. Voici ce pauvre petit bout d'existence qui grâce à l'humble et pieux artiste est devenu vivant pour toujours. Et de même que vos grands seigneurs d'autrefois préféraient aux vases d'or et de cristal une simple écuelle de terre mais à quoi le potier avait su communiquer le moelleux de la chair et l'éclat de la rosée, ainsi pour exprimer l'éternel ces grands artistes, qui souvent étaient des prêtres, n'ont pas peint seulement des symboles et des dieux, mais précisément ce qu'il y a de plus fragile et de plus éphémère, de plus frais encore du frisson de la source ineffable, un oiseau, un papillon, moins : une fleur qui va s'ouvrir, une feuille qui va se détacher. C'est tout cela à quoi par un seul point de leur pinceau magique ils ont prescrit de subsister. La chose est là devant nous, vivante et immortelle, indestructible désormais dans son existence passagère.

Je n'insiste pas, tant la chose me paraît évidente, sur la manière dont ce sentiment de respect profondément inscrit dans le cœur de la nation japonaise est venu orienter toutes les modalités de sa vie pratique et journalière. Le caractère du lien qui unit votre peuple à son souvenir est bien connu, mais en outre il n'est pas exagéré de dire que, dans votre ancienne société, tous les rapports des hommes entre eux, au sein de leur famille, dans leur clan, dans leur corporation, étaient réglés comme les rites d'une religion. Il n'est pas de pays où le principe confucéen de la précaution dans les mouvements ait trouvé une application plus générale et plus noble. En effet, si l'on admet qu'il y a quelque chose de mystérieux et de divin dans un objet matériel, combien plus dans un homme vivant ! La grammaire Japonaise est fondée, tout autant que sur les différences de temps et de

certitude, sur les degrés de considération, de céré-
monie, avec lesquels nous avons à nous servir de la
parole suivant la qualité de nos interlocuteurs et le
milieu où nous nous trouvons. Elle porte la marque
de cette traditionnelle politesse dont j'espère bien,
malgré tous les mauvais exemples qui vous sont don-
nés, que votre peuple n'arrivera jamais à se débarras-
ser[1]. Par exemple, nous sommes toujours étonnés,
nous autres Occidentaux, de voir un cocher qui
dépasse l'autre au lieu de l'injurier, comme ce serait
le cas dans une rue de Paris ou de Londres, le saluer
gentiment comme pour s'excuser. Mais que ne peut-
on attendre d'un chauffeur qui, comme celui d'un de
mes collègues de Tokyô, va chaque semaine brûler
de l'encens sur la tombe des Quarante-sept Rônins ?
De même c'est un sentiment intime de ce qu'il y a en
chaque homme d'inviolable et de sacré qui explique
les excès de votre ancien code de l'honneur. Un
homme insulté au plus profond du sanctuaire de sa
personnalité n'avait plus qu'à disparaître s'il ne pou-
vait faire disparaître son insulteur. Enfin je pourrais
retrouver ce goût et cette religion du mystère jusque
dans la pudeur dont vous entourez vos sentiments les
plus profonds, jusque dans le soin avec lequel vous
cachez les objets qui vous tiennent le plus à cœur,
jusque dans cet art compliqué des boîtes et des mul-
tiples enveloppes sous lesquelles vous savez habiller

1. Ces salutations profondes et répétées, entrecoupées de regards
et paroles, dont s'amuse Loti dans *Madame Chrysanthème*, sont des
témoignages de la satisfaction que nous éprouvons à pénétrer d'une
manière de plus en plus complète dans la connaissance de la per-
sonne qui s'offre à notre commerce. Elles nous donnent le temps de
préparer, d'accommoder notre cœur, «siaosin» suivant le précepte
chinois.

et dissimuler vos présents, vos emplettes et tous vos petits trésors domestiques. Mais je veux terminer cette rapide esquisse psychologique, à laquelle je n'attribue d'ailleurs pas d'autre valeur que celle d'une simple proposition, d'une question en somme que je vous pose, par un trait qui me semble montrer comment le sentiment religieux spécial au Japon s'accorde avec celui de l'humanité tout entière. Je l'emprunte aux souvenirs que je lis en ce moment avec beaucoup d'admiration et d'édification d'un homme qui a consacré sa vie au service des pauvres et qui vit au milieu des mendiants et des prostituées dans l'un des plus misérables quartiers de Kobé. Cet homme, devenu chrétien, nous dit que ce qui l'a le plus frappé dans les enseignements de l'Évangile, c'est le commandement non seulement d'aimer le prochain, mais de le respecter. Non seulement nous devons aimer les êtres les plus déchus, les plus dégradés, matériellement et spirituellement, mais encore nous devons spécialement les honorer et les respecter, parce qu'ils sont comme nous les créatures, les temples vivants de la Divinité; bien plus ils portent la marque spéciale de sa main (comme ce pin sur la route du Tokkaido tout tordu dans une supplication de paralytique!). Il n'y a rien de plus chrétien que ce sentiment sublime et je suis heureux de penser qu'il n'y a aussi rien de plus spécialement et de plus profondément japonais.

Messieurs, je m'excuse de vous avoir si longtemps retenus, il ne me reste plus qu'à jeter avec vous un regard sur le paysage parcouru et à conclure par quelques vues sur celui que l'avenir offre à nous.

Il m'a semblé comprendre que le caractère traditionnel de l'âme japonaise était le respect, la compression de la personnalité en présence de l'objet considéré, l'attention déférente aux êtres et aux choses qui vous entourent. Votre religion n'a pas été jusqu'ici le culte d'un Être transcendant, elle est étroitement associée au milieu naturel et social où elle s'exerce, et bien qu'elle ressemble aux religions de l'Inde et de la Chine en ce qu'elle se passe de l'idée d'une Révélation précise apportée de l'autre monde, elle diffère cependant profondément de l'une et de l'autre. L'Indien est essentiellement un contemplateur, il regarde toujours la même chose, une verdure éternellement insubsistante, quelque chose d'éternellement cachant et d'éternellement caché. Le peuple chinois, répandu en nappe immense sur la plus grande alluvion qui existe au monde, a réservé le meilleur de ses préoccupations au règlement de ses relations avec ses semblables, à la codification des lois morales et pratiques qui permettent à des frères de se partager sans violence et sans procès l'héritage de la terre et de l'eau. Le Japonais fait partie d'un ensemble séparé et qui a montré pendant des siècles qu'il pouvait se passer de tout contact avec le reste de l'univers. Son pays est une espèce de sanctuaire tout édifié et paré sur lequel il voit d'un bout de l'année à l'autre, depuis les neiges de janvier jusqu'aux profondes poussées de la terre sous la pluie chaude de la *Nyubai*, depuis les roses exhalaisons d'avril jusqu'à l'embrasement automnal, se succéder et se développer dans un ordre rituel une cérémonie de couleur et de fécondité. Sa vie est de participer à cet auguste calendrier, comme un enfant de famille antique qui prend part aux fêtes traditionnelles de sa maison. Il s'ajoute à la nature plutôt qu'il ne la subjugue, il s'associe à ses célébrations, il la

regarde et fait la même chose, il complète son lan-
gage et sa parure, ils vivent en même temps. Il n'y a
pas de pays où plus étroite intelligence existe entre
l'homme et la nature et qui de l'autre à l'un porte
plus visiblement la réciproque empreinte. Ils n'ont
pas fait pendant deux siècles autre chose que de se
regarder ! Laissez-moi exprimer le vœu que cette
communion continue et que la leçon qu'elle com-
porte pour le reste de l'humanité ne cesse pas, que
des constructions étrangères et banales sans rapport
avec le pays qui les supporte ne viennent pas déran-
ger comme un hurlement d'esclaves et de damnés la
musique de ces îles enchantées. Chaque fois que je
rentre en France je constate avec un chagrin profond
les progrès d'une invention scélérate, d'un fléau pire
que le phylloxéra, qui détruit peu à peu toute la
beauté de notre pays, je parle de la *tuile mécanique,* de
ce matériau aux lignes artificielles et rigides comme
l'esprit d'un pion, dont le rouge criard remplace peu
à peu les beaux tapis de tuiles, d'une pourpre amortie
comme les laines de Bonkhona, les vieilles toitures
honnêtes de la Champagne et de la Provence. Au
milieu du plus harmonieux paysage il suffit d'une
seule touche de ce carmin insolent et inaltérable pour
tout démolir comme le rire d'un imbécile qui anéan-
tit l'orchestre. Eh bien, je crains que chez vous, si
vous ne trouvez le moyen d'apprivoiser ces matériaux
dangereux, le ciment armé et le zinc ne produisent de
pareils dégâts. Il y a une vieille superstition chinoise
appelée le *fong shui,* qui prétend qu'on ne détruit pas
impunément l'harmonie de la nature, que si on la
défigure, que si on en casse la forme et le sens, les
habitants de cette création abîmée seront exposés
sans défense à toutes les influences maléfiques. Je

souhaite que ce jour n'arrive jamais pour le Japon, et, suivant les paroles de votre hymne national, que l'union paisible de l'homme et de la terre subsiste pour tous les siècles «comme la mousse sur le rocher».

Juillet 1923.

À TRAVERS LES VILLES
EN FLAMMES

Yokohama est détruit. De la mer aux collines de Kanagawa, à l'exception d'une maison unique qui dresse gauchement près de la gare de Sakuragicho son bloc luisant de céramique, tout est vide. La capitale de la soie a péri. De tous ces brillants écheveaux blancs et jaunes, il ne reste plus que quelques ballots qui trempent dans une boue immonde, quelques torsades que les coolies se sont nouées autour des reins. Toute l'œuvre des étrangers au Japon depuis cinquante ans, — car c'est eux qui ont fondé Yokohama et qui en ont fait le plus grand port du pays, — s'est effondrée en quelques heures. Le premier mot que me disent mes compatriotes avant même de me parler de leurs malheurs personnels est celui-ci : « La soie ira maintenant à Kobé. » Tout le quartier des étrangers, toute la ligne des édifices du quai avec ses deux hôtels remplis de passagers, se sont abattus au premier choc. Le Consulat français s'est littéralement dissous, ensevelissant sous ses ruines mon pauvre ami Déjardin. Je l'ai retrouvé étendu sur une charrette, la face déjà noire et tuméfiée, les jambes tordues. Un pillard lui avait pris ses souliers et le drap dont nos marins de l'*André-Lebon* l'avaient couvert. Seuls se dressent encore çà et là, au milieu d'une vapeur infecte, quelques entrepôts calcinés pareils aux fours maudits de l'antique Baal. Les deux jetées se sont effondrées et l'on dit que le fond de la mer lui-même s'est modifié. Ainsi l'œuvre des hommes d'Europe et d'Amérique a été démolie de fond en comble. — De nos deux grandes œuvres françaises, le couvent des Dames de Saint-Maur et le collège de Saint-Joseph, il ne reste rien. Dix sœurs ont péri sous les décombres de la chapelle. À droite on voit d'énormes colonnes de fumée noire : ce sont les incendies du grand port de guerre de Yokosuka. À gauche, une montagne de brume éclairée d'une lumière rougeâtre, c'est Tokyô qui brûle.

À Tokyô, les trois quarts de la ville détruits, 400 000 maisons, 1 500 000 personnes sans abri, 70 000 cadavres relevés jusqu'à ce jour. C'est ici la capitale, la partie essentielle du pays, là où, plus encore qu'à Paris, se sont concentrées toutes les richesses, toutes les forces motrices, toute la joie, toute la science. Le Tokyô historique des bas quartiers, le pays légendaire des Roseaux le long de la Sumida qui vit s'élever les premières huttes de Edô, avant que les Tokugawa en fissent leur forteresse, à partir des hauteurs de Kudan où se dresse la porte de bronze dédiée aux morts de la Victoire, à partir des murailles cyclopéennes qui entourent le Château impérial, jusqu'à la mer, n'est plus qu'un désert de cendres rougeâtres, parsemé de feuilles de zinc. Rien n'arrête le regard, sauf le bloc des grands *buildings* américains qui est resté debout, sauf les deux lignes lamentables des édifices de la *Ginza*, la rue centrale, qui montrent, comme un immense gibet, toute la variété des mutilations et des tortures que le feu a pu imposer à des œuvres humaines, à ces êtres à demi humains de fer et de brique.

Les marchands de crépons et de brocarts, la rue des marchands de bibelots, Nakadori, avec ses accumulations de trésors, Nihonbashi, Shimbashi, le quartier des restaurants et des maisons de thé élégantes, Kanda, le quartier des Écoles, l'Université impériale, Asakusa, le domaine des joies populaires avec son Yoshiwara et son temple de Kwannon, puis, de l'autre côté de la Sumida, Riyogoku, la grande arène des lutteurs, et indéfiniment ces immenses quartiers où vivait à fleur d'eau dans la rizière à peine comblée, dans la pesante émanation des vapeurs chimiques, tout un peuple misérable et résigné, la hutte du paria, la boutique du graveur de sceaux, la roulotte du nettoyeur de pipes, et à côté les grands théâtres, le musée Okura bondé de laques d'or et d'étoffes royales, les restaurants superbes qui exhibaient chaque jour au fond de leur tokonoma une peinture différente de Kôrin ou de Sesshiu, tout cela a été balayé par la flamme. C'est le vieux Japon qui disparaît d'un seul coup pour faire place à l'avenir, dans un holocauste comparable à la consommation d'Alaric. Des tramways, au milieu des rues, il ne reste plus que des tas de ferrailles dans un enchevêtrement de poteaux et de fils. Une grande haleine de feu a soufflé. L'eau des étangs elle-même s'est mise à bouillir ; une infirmière belge, Mademoiselle Parmentier, a passé la nuit dans une cave inondée et fumante avec un typhique sur les genoux ; deux mille femmes ont cuit peu à peu dans les mares d'Asakusa. Mais c'est à Honjô, dans le quartier le plus misérable de la métropole industrielle, que la plus grande trappe s'est trouvée disposée, une vaste place vide dans un ancien établissement d'équipements militaires où trente mille infortunés avaient cherché refuge. Le feu les a entourés de toutes parts, ils ont péri. L'eau noire et stagnante autour d'eux est couverte d'une couche de graisse humaine. Au-dessus, dans un petit poste de police en ciment armé, on voit cinq cadavres accroupis. Ce sont des agents qui se sont laissé consumer sur place plutôt que d'abandonner leur poste.

— Le 1ᵉʳ septembre est le 210ᵉ jour de l'ancien calendrier chinois. C'est une date que les Japonais attendent toujours avec angoisse, car elle décide du succès de la récolte du riz et coïncide en général avec le passage des grands typhons. Le Japon est, plus qu'aucune autre partie de la planète, un pays de danger et d'alerte continuelle, toujours exposé à quelque catastrophe : raz de marée, cyclone, éruption, tremblement de terre, incendie, inondation[1]. Son sol n'a aucune solidité. Il est fait de molles alluvions le long d'un empilement précaire de matériaux disjoints, pierres et sable, lave et cendres, que maintiennent les racines tenaces d'une végétation semi-tropicale[2]. Dès notre arrivée à Tokyô, accueillis par ces frissons de la terre, ces grondements sous nos pieds, ces conflagrations incessantes, nous avions compris de quel Cyclope à demi endormi sous les feuillages et les

1. Près de Nebukawa, quatre montagnes se sont écroulées et leurs matériaux par la vallée sinueuse se sont déversés comme un fleuve de terre vers l'océan, laissant de chaque côté de la gouttière un épais emplâtre d'argile et de rochers.
2. Une légende japonaise prétend que la grande île repose sur un poisson qui se débat de temps en temps. Une autre dit qu'il n'y a qu'un point dans tout le Japon qui ne bouge jamais. On l'appelle le manche de l'éventail, qui reste seul immobile tandis que tout le reste s'agite.

fleurs nous étions les hôtes. Le Japonais, lui, ne perd jamais le sentiment du dangereux mystère qui l'entoure. Son pays lui inspire un ardent amour, mais non pas de la confiance. Il faut faire toujours attention. L'homme d'ici est comme le fils d'une mère très respectée, mais malheureusement épileptique. Il n'a trouvé qu'un moyen de sécurité sur son sol mouvant : c'est de se faire aussi petit et aussi léger que possible, mince, sans poids, presque sans place, mouche, fourmi. Sa maison est une caisse aux parois de papier. Ses trésors, il peut les tenir dans sa main, les cacher dans sa manche. Il est assis par terre. Il fait sa cuisine dans un trou, il y suffit d'un peu de grain et d'eau chaude. C'est ouvert autour de lui de tous les côtés. Dans l'universel déménagement auquel j'ai assisté, les gens sauvaient d'abord de leur maison les *tatami* (nattes) et les *soshi* (cadres de papier). Avec cela, quelques poteaux, quelques feuilles de zinc, on peut se blottir n'importe où, et y jouir d'autant de sécurité et de confort qu'une grenouille sous une feuille de nénuphar[1]. Et comme le Japonais a accommodé aux circonstances sa maison et son mobilier, il y a aussi accommodé son âme. Pendant ma longue marche de nuit entre Tokyô et Yokohama, pendant les jours où j'ai vécu dans l'immense bivac des rescapés, je n'ai pas entendu une plainte. Les gens avaient cette résignation attristée des enfants de bonne famille

---

1. Un ami me raconte qu'un voyageur égaré demanda un jour l'hospitalité à un couple formé d'un vieux et d'une vieille qui vivaient fort contents dans une maison sans toit. Comme il leur demandait la raison de cette particularité architecturale, il apprit que la moitié du toit avait été supprimée parce que la vieille femme ne pouvait rassasier ses regards de l'éclat doré de la pleine lune, et l'autre moitié, parce que le vieillard voulait mieux jouir des averses d'été, plus claires que l'argent.

dont les parents devenus fous se livrent dans la pièce à côté à toutes sortes de débordements. On m'a raconté que, dans la foule des fuyards qui gravissaient les hauteurs d'Uyenô, de temps en temps un groupe s'arrêtait pour contempler la mer de flammes qui les poursuivait et l'on entendait des exclamations d'appréciation admirative : « C'est beau, c'est magnifique ! » Au fond, le stoïcisme japonais est peut-être une forme de la politesse confucéenne. Dans ces foules épaisses que sont les nations asiatiques, il faut apprendre la *précaution dans les mouvements*. Il ne faut pas gêner et incommoder ses voisins par des mouvements brusques, par des éclats de sentiments blessants. Il faut tous rester bien tranquilles ensemble dans le même petit bateau. Un homme dans une cohue restera une heure sans se plaindre avec le pied de son voisin sur le sien. Un de mes collègues me racontait qu'il avait fait un voyage de nuit entre Yokosuka et Kamakura avec un officier de marine qui allait à la recherche de sa femme et de son fils unique. Une fois arrivé à l'hôtel, il voit peu de temps après revenir l'officier, la mine parfaitement calme et sereine. Il lui demande des nouvelles de sa famille : « Oh ! tous deux sont morts », et il se mêle à la conversation générale. Un instant après seulement il remarque : « Excusez-moi si je vous réponds de travers, mais je suis un peu nerveux » *(a little excited)*. Le cri des victimes ensevelies sous les ruines n'était pas cet appel impérieux : « Au secours, par ici ! », mais une modeste supplication : « *Dosô, dosô, dosô !* » (s'il vous plaît !). C'est au milieu des sourires les plus aimables, au cours d'un déjeuner qu'il leur offrait, que le commandant de notre *Colmar* apprit des autorités de Port-Arthur la catastrophe qui frappait leur pays. Trois jours après,

il arrivait devant Yokohama, mais déjà depuis dix-
huit heures, en pleine mer, il respirait l'odeur de
l'épouvantable holocauste.

— La profonde baie de Tokyô forme au flanc du
Japon une espèce de brèche où les éboulis de la
grande île, surplombant de profondes dépressions
sous-marines et sans cesse battus de plein fouet par
les courants et les cyclones du Pacifique, cherchent
depuis des siècles un équilibre que les plus épouvan-
tables cataclysmes ne leur ont pas encore permis de
trouver[1]. Celui du 1er septembre dépasse de beau-
coup en horreur le seul qui puisse lui être comparé,
celui de l'ère Ansei, en 1855, à la fin du règne des
Tokugawa. Depuis deux ans nous en avions ressenti
les frissons prémonitoires. Le 8 décembre 1921, le
20 avril 1922, de violentes secousses avaient ébranlé
et fendu la baraque vermoulue où depuis trente ans
est installée l'Ambassade de France à Tokyo et que
l'esprit d'économie de notre Administration et de
notre Parlement n'a jamais permis de reconstruire.
J'avais obtenu cependant qu'un nouveau local fût
érigé pour la Chancellerie et que l'hôtel proprement
dit fût entouré de solides étais. Sans ces précautions,
c'en était fait de nous.
Le 1er septembre à midi (il était impossible d'igno-
rer l'heure, car à la seconde exacte le préposé au coup
de canon méridien sur le bastion du Château impé-
rial qui domine l'Ambassade, sans plus se laisser
troubler par le désordre des éléments qu'il ne l'aurait

---

1. Depuis le tremblement de terre, on a constaté que, dans la
baie de Sagami, s'était creusée une fissure profonde de 200 mètres
sur une longueur de 18 milles et une largeur de 4.

fait par la trompette du Jugement dernier, y ajouta sa détonation officielle), la terre se mit en mouvement sous nos pieds. Le danger des *jinchi*, c'est que les grands ne commencent pas autrement que les petits et que les habitués hésitent à se déranger, incapables de distinguer dès la première seconde la catastrophe du chatouillement. Mais le choc prit très vite une violence épouvantable et, par la porte vitrée, je me précipitai au dehors. Tout bougeait. C'est une chose d'une horreur sans nom que de voir autour de soi la grande terre bouger comme emplie tout à coup d'une vie monstrueuse et autonome. Je l'ai dit déjà, c'est comme si l'on voyait une personne sûre et sur qui l'on a toujours absolument compté qui, tout à coup, travaille pour son propre compte et s'abandonne sans égard pour nous aux convulsions du délire et de l'agonie. Ma vieille Ambassade se débattait au milieu de ses étais comme un bateau amarré ; les tuiles, les plaques de plâtre et de briques lui tombaient de tous côtés, mais elle tenait bon et je ne pouvais m'empêcher d'être fier de sa résistance. Sous nos pieds, un grondement souterrain que je ne puis mieux comparer qu'au fracas de cailloux qu'on secouerait dans une caisse de bois. Un choc, encore un autre choc, terrible, puis l'immobilité revient peu à peu, mais la terre ne cesse de frémir sourdement, avec de nouvelles crises qui reviennent toutes les heures.

Les domestiques, l'innombrable domesticité qui entoure les demeures asiatiques, chaque serviteur ayant autour de lui une nombreuse postérité, emplit ma cour. Je vois mon chauffeur qui porte sur son dos sa femme accouchée de la veille. Le vieux *bété*, l'ancien samouraï qui depuis je ne sais combien d'années est le gendarme de l'Ambassade, se met en marche malgré sa paralysie et chancelle comme un revenant qui ne reconnaîtrait plus les aîtres. De toutes parts on déménage les *futons* (couvertures), les nattes, les vêtements, un campement s'organise. Pour moi, j'ai beaucoup plus de peine à prendre la notion du danger, avec cette espèce d'insouciance des vieux résidents de Chine qui se croient toujours entourés d'une espèce d'extraterritorialité. J'entre dans ma maison où tout est sens dessus dessous, mais je n'ai même pas l'idée de mettre à l'abri mes manuscrits, mon travail d'un an épars sur une table.

Cependant les incendies ont commencé, de toutes parts les colonnes de fumée s'élèvent, les voies d'eau sont coupées, les pompes écrasées sous les ruines, le vent souffle en tempête, c'est un typhon qui passe en ce moment sur la capitale. Bientôt le quartier de Kanda où j'habite (c'est le quartier Latin de Tokyô) est en feu, une école de jeunes filles s'est écroulée, faisant je ne sais combien de cadavres, le couvent des Sœurs de Saint-Paul que j'essaye de joindre est inaccessible, la maison de l'Étoile du Matin que je vais voir paraît préservée à cinq heures. Tout le quartier au sud de l'Ambassade est vide et le vent éloigne les flammes, tandis que la masse du Château impérial nous protège au nord. La maison de France n'est plus reliée à la ville que par une mince bande d'habitations entrecoupées d'arbres et de jardins. Nous sommes saufs, du moins j'en suis persuadé[1].

Mais que deviennent nos compatriotes, les 300 Français de Yokohama qui concentrent entre leurs

---

1. Dans la nuit, le vent, ayant changé, ramena les flammes du fond de la ville, et l'Ambassade, privée de la protection de son toit, prit feu.

mains tous les intérêts de la France au Japon ? Que
devient le consul, mon vieil ami Déjardin, si menacé
dans sa jolie résidence fragile ? Yokohama a toujours
souffert beaucoup plus que Tôkyô des tremblements
de terre. Que devient ma fille qui est au bord de la
mer, non loin de là, à Dzoushi ? L'attente et l'inac-
tion me deviennent intolérables. Je pars dans une
petite auto que conduit mon attaché aéronautique,
le commandant Têtu.

— Il est neuf heures du soir et j'ai compris.

Pendant deux heures, traversant des faubourgs
relativement intacts, nous avons vu grandir devant
nous dans les rayons du soleil couchant un étrange
nuage ressemblant aux *cumulus* des beaux jours d'été,
mais d'une matière plus serrée, plus dense et que le
vent déplace lentement, sans réussir à y pratiquer de
fissures. Une montagne du même genre, blanche et
dorée, s'élève derrière nous.

Un pont rompu nous a obligés à abandonner notre
voiture et nous continuons à pied dans la nuit, bien-
tôt illuminée par une clarté qui s'accroît. Et tout à
coup nous avons devant nous le panorama de Yoko-
hama qui brûle.

Cela commence par des espèces de chaînes de
montagnes incandescentes qui sont les parcs à char-
bon incendiés, et cela a pour fond un demi-cercle de
collines d'une braise presque uniforme, historiée çà
et là de flammes plus claires. Dans l'intervalle, sur
une étendue de je ne sais combien de kilomètres car-
rés, tout brûle ! Une vapeur ardente flotte sur cette
cuve qu'attisent encore, par bouffées véhémentes,
les derniers souffles du typhon qui expire. De temps
en temps, une détonation, une flamme immense qui

monte au ciel : c'est un gazomètre qui saute, un dépôt de produits chimiques qui vient d'être touché[1]. Et tout le temps ce brasillement ininterrompu, pareil à l'innombrable conversation d'une foule, ce bruit de feu que nous connaissons tous quand nous allumons dans notre cheminée un tas de bûches et de fagots secs, l'innombrable travail du feu appliqué avec une allégresse et une énergie épouvantables à son œuvre dévorante. Rien ne lui échappera cette nuit.

Une grande ville qui brûle sous mes yeux tout entière ! Je vois tout.

Nous nous couchons sur le talus du chemin de fer parmi les herbes odorantes. La terre ne cesse de frémir sourdement sous mon corps. De temps en temps une secousse plus forte, et les longues rames de wagons qui nous entourent s'agitent à grand bruit entre les rails. À gauche, là-bas, l'immense rougeur de Tokyô, à ma droite le Jugement dernier, au-dessus de moi un fleuve ininterrompu de flammèches et d'étincelles. Mais cela n'empêchera pas la lune tout à l'heure, une lune tardive et presque consommée, de se lever dans un archipel d'argent. Bientôt après je vois apparaître dans le ciel Orion, la grande constellation amie du voyageur, le pèlerin du ciel qui visite tour à tour les deux hémisphères. La lune a commencé sa course. Ses mains répandent sur la mer une consolation ineffable.

— Et c'est l'entrée, aux premières heures du matin, dans Yokohama par les voies de chemin de fer démo-

---

1. J'ai appris plus tard qu'en réalité ces colonnes de feu étaient le résultat d'une sorte de cyclone local déterminé par la chaleur intense. Une chaleur si forte que, dans certains cas, elle a provoqué la fusion de métaux qui, d'habitude, ne peut se produire que sous l'action du chalumeau.

lies et les ponts à claire-voie. Les deux gares ne sont plus que des tas de matériaux, et devant nous s'ouvre, à travers un paysage de dévastation, une telle avenue semée de débris et de cadavres que jamais aucune n'accueillit les pas des conquérants barbares à cette époque où le monde finit pour la première fois. Je rencontre un de mes collègues et j'ai peine à le reconnaître. Il ne fait plus qu'un bloc de boue uniforme où seules se détachent les marques roses des yeux éraillés par la chaleur. Il a passé la nuit au Jardin public, dans la boue d'une conduite crevée, au milieu d'une foule de cinquante mille malheureux que la mort, plus clémente qu'à Honjô, a oubliés... Des cadavres, encore des cadavres, sans vêtements, sans peau, des formes rouges et noires tordues comme des sarments. Devant la Poste, un camion à demi chargé, le conducteur est tombé devant son volant, son aide a chaviré par terre. Nous traversons le quartier européen qui dresse dans un informe éboulis de briques et de poutres fumantes ses pignons démantelés. Souvent, d'une banque, d'un magasin, comme d'un organe énucléé, il ne reste plus que l'essentiel, le coffre-fort debout sur son trône de pierre. Une odeur épouvantable de matière brûlée et de cadavres. Nous arrivons à la mer.

Cela n'a pas été une petite affaire, surtout pour mon compagnon qui, à la guerre, a perdu l'usage d'un bras, que de se hisser par les tronçons de la jetée démolie et par un escalier de bateaux étagés jusqu'au château imposant de l'*André-Lebon*. Nous arrivons enfin et j'ai le grand plaisir de serrer la main du commandant Cousin qui, il y a deux ans, m'a amené au Japon. Le commandant, d'origine parisienne, est un homme fin, distingué, aussi à l'aise à la mer que dans un salon et pour qui l'énergie n'est qu'une des formes de l'élégance. Il me raconte ses impressions de la veille, la foule qui encombrait la jetée pour dire adieu aux embarqués de l'*Empress* en partance pour l'Amérique, et tout à coup un choc, l'immense ruban de ciment et de fer se tordant comme un copeau de bois, toute une foule cramponnée, précipitée, se débattant dans le va-et-vient d'une mer soudain furieuse. En même temps, sur le quai, la ligne des édifices qui s'abat, un immense nuage de poussière et de fumée qui s'élève et qui peu à peu emplit toute l'atmosphère. Et l'incendie commence, il va durer tout le jour et toute la nuit.

Or l'*André-Lebon* ne peut bouger. Ses machines, le guindeau lui-même, sont démontés et les pièces les plus importantes sont à terre. De plus, chose à peine croyable, on refuse aux bateaux des Messageries maritimes une chaloupe à moteur et c'est avec de lourdes embarcations, péniblement manœuvrées par un personnel dévoué, mais inexpert, que l'œuvre de sauvetage commence et s'organise. On reçoit indistinctement sur notre beau bateau tous ceux qui lui demandent abri, étrangers, Chinois et Japonais. Le docteur s'est rendu à bord du bateau anglais *Dongola*, où les blessés sont centralisés, et toute la nuit il y pratique des opérations.

C'est un simple hommage à la vérité de dire que, dans les journées du 1er et du 2 septembre, l'œuvre principale de sauvetage fut accomplie par le bateau français et par l'*Empress*.

— Je me suis rendu à terre devant le Consulat effondré, à côté du cadavre de mon ancien chancelier de Francfort. Les Français et les étrangers rallient

peu à peu et l'on assiste aux scènes violentes ordi-
naires dans ce genre de catastrophes : un mari qui
cherche sa femme, un père qui vient de voir sa fille
brûlée vive sous ses yeux, un enfant de deux ans
abandonné, les deux jambes brûlées, que nous décou-
vrons entre les bras d'une bonne japonaise qui lui
fourre des boulettes de riz dans la bouche. Un Fran-
çais croit avoir retrouvé le cadavre de sa femme sur ce
Bund qui est un véritable cimetière, c'est nous qui lui
apprenons que nous l'avons laissée bien vivante à
bord de l'*André-Lebon*. Arrivent les Frères Maria-
nistes, les Sœurs de Saint-Maur qui ont perdu dix des
leurs sous les ruines de leur chapelle. Et enfin je me
souviendrai toujours de ce diplomate américain qui
se dressa tout à coup devant moi avec sa femme
criante et échevelée, plus semblables tous deux, dans
leurs oripeaux immondes et souillés, avec leurs pieds
entourés de loques, à des morts dans leurs suaires
qu'à des êtres vivants. L'homme me raconte qu'il
s'est jeté du haut d'un quatrième étage avec son
enfant dans ses bras : il a eu la sensation de flotter
dans l'espace, il ne s'est fait aucun mal. Là-dessus il
me tend avec douceur comme un précieux trésor une
poire toute noire, cuite par l'incendie. Un Italien,
pour se garantir du tremblement de terre, s'est lancé
sous les roues d'une automobile en marche. Il est à
peine blessé.

Chaque barque avec ses avirons maladroits et
désordonnés emporte sa charge de ruine, de misère
et de douleur. Mais, vers deux heures de l'après-
midi, un nouveau, un épouvantable danger se révèle.
Depuis le matin les citernes de pétrole éparses de
tous les côtés du port ont pris feu et se déversent dans
la rade qui n'est bientôt plus qu'une nappe visqueuse

et verdâtre. Un fleuve de feu, surmonté de noirs tour-
billons de fumée asphyxiante, se dirige vers l'*André-
Lebon* désemparé. Le vent qui vient de la mer, une
digue d'épaves, en ont d'abord arrêté le progrès, mais
voici que la digue cède, le vent change et pousse les
flammes en avant, et bientôt l'*André-Lebon* disparaît
dans la fumée. Le cœur battant, nous nous attendons
à voir jaillir la première flamme. Mais non, par une
espèce de miracle le bateau paralytique a bougé, il
s'éloigne, il est hors d'atteinte, le commandant a
réussi à se dégager, le vent a poussé le navire, un
brave Américain sur son petit esquif, M. Laffin, a pris
le câble qu'on lui jetait et l'a amarré sur une bouée.
On se déhale sur ce point d'appui et l'on gagne à
grand-peine les cinquante mètres qui séparent le
paquebot chargé de ses deux mille réfugiés de la
muraille de flammes et de ténèbres soudain immobi-
lisée. Émouvant et magnifique spectacle! Je suis fier
de mes compatriotes.

— En route de nouveau! le long des arroyos hui-
leux et remplis d'affreux débris, à travers le bivouac
des morts vivants, à travers les ruines où des ombres
ont l'air de fouiller la cendre pour chercher l'obole à
Caron qui leur fait encore défaut, sur des ponts qui
ne sont plus faits que d'une seule poutre calcinée! Et
tout à coup le spectacle d'horreur cesse. Voici la
campagne riante et verte, les vallées entre des bois
touffus, comblées de moissons. Le tremblement de
terre qui a détruit la ville a fait à peine passer un fris-
son sur cette mer d'épis. Le 210ᵉ jour est passé, la
récolte est sauvée. De grands mauves égaient la clô-
ture des chaumières, le pétale céleste des indigos
pétille sous l'herbe des talus, les fruits lourds et durs

font déjà ployer la branche des plaqueminiers. La catastrophe ne se révèle que par des détails presque aimables et amusants, une fabrique de bonneterie, par exemple, qui s'est fendue comme une épave, et tout autour la population apparaît revêtue de flamboyantes combinaisons cachou. Çà et là les énormes toits moussus des chaumières, surmontés de touffes d'iris, ont atterri paisiblement, soutenus par l'air, sans faire de mal à personne. On sent que cela a dû leur arriver souvent. Il suffira de quelques poutres pour les relever. C'est un incident aussi normal dans la vie d'une ferme japonaise qu'un échouage pour une barque de pêcheurs. Sur cette terre mouvante et dangereuse, il faut moins des maisons que des esquifs.

Et bientôt je serre entre mes bras ma fille que le raz de marée a bien failli m'enlever. Que la mer est belle ! que le repas est bon ! et tout là-haut dans le ciel, oui, c'est bien le Fuji que je vois trôner, solitaire et paisible.

— Quand l'âme violemment agitée revient peu à peu à cette immobilité qui précède le repos, les couches superposées de sensations et d'images qui se sont accumulées en nous procèdent entre elles à de bizarres échanges, à de lents amalgames avant qu'elles se séparent et se précipitent. Et, sur ce tain de l'esprit frémissant et recueilli, les impressions du dehors viennent s'imprimer avec une vivacité curieuse, comme sur un étang le reflet des feuilles et des oiseaux se mêle à la sourde émanation des plantes aquatiques et des poissons sans qu'on ait conscience de la surface presque idéale qui les sépare. C'est dans un tel état d'étrange suspension que nous nous trouvons tous ce soir chez mon ami le ministre de Pologne. Un magnifique soir d'été. La maison est lézardée et notre hôte a dressé la table sous une tente. Aucun de nous ne parle beaucoup. Les souvenirs des jours de catastrophe au fond de nous virent et s'agitent lentement avec un détail aigu parfois qui se détache et qui fait mal… Je revois ce Tokyô en ruines que j'ai traversé pour arriver ici, cette plaine de cendres, mais où déjà s'agite un peuple humble et acharné de constructeurs. Chacun arrive avec sa pioche, son panier, sa poignée de riz, son bout de planche, son morceau de toile, sa feuille de zinc, et de toutes parts s'élèvent de petits abris aussi frêles que le cocon du ver. Les rues sont parcourues de longues files de véhicules, depuis le lourd camion militaire, depuis le wagon chargé de poutres et de ballots, version moderne de la barque légendaire des Dieux de la Fortune, que surmonte triomphalement une équipe de sauveteurs, jusqu'au tricycle, jusqu'à l'étroite charrette traînée par cette espèce de bison qu'est le bœuf japonais… Qu'il fait bon dans ce jardin ! Quel silence ! Qu'il fait frais après cette journée étouffante !… Et tout à coup sous nos pieds une secousse profonde venant de la terre, pareille à une décharge galvanique qui, à travers le corps, se communique jusqu'à l'âme. Nous nous regardons. La lampe au-dessus de la table oscille. Mais non, tout est revenu au repos. Une jeune femme a pris entre ses mains une grosse cigale aux longues ailes transparentes et elle nous dit à mi-voix : «Vous voyez, elle ne crie pas dans ma main. Elle ne chantera plus. L'été est fini. Dans huit jours elle sera morte.» — Et nous non plus, compagnons d'un moment sur cette berge précaire, nous n'avons pas échappé à la mort. Quelque chose au fond de nous continue qui lui conserve une sourde complicité.

Septembre 1923.

HAI-KAI

*La nuit du 1ᵉʳ septembre 1923 entre Tokyô
et Yokohama*

À ma droite et à ma gauche il y a une ville qui
brûle mais la Lune entre les nuages est comme sept
femmes blanches.

La tête sur un rail mon corps est mêlé au corps de
la terre qui frémit. J'écoute la dernière cigale.

Sur la mer sept syllabes de lumière une seule
goutte de lait.

UN AN APRÈS

En cherchant bien on pourrait encore trouver aux murs de quelque *chaya* populaire l'un ou l'autre de ces chromos (l'estampe japonaise a bien dégénéré) que vendaient les camelots en cet automne 1923, représentant le Grand Feu. On y voit l'éléphant d'Asakusa cheminant au milieu des flammes jaunes et rouges, l'image de Kwannon-Sama distillant cette eau qui préserva miraculeusement son temple, et, pareils aux dévots de Mahomet qui entrent au paradis sur un fil de sabre, les braves qui traversèrent la Sumida sur une mince poutrelle de fer, pendant que, rangée après rangée, la foule hurlante venait s'engloutir dans les eaux du fleuve. On a reconstruit sans tarder le Yoshiwara et seule dans un cimetière de campagne çà et là, une humble tablette, une lanterne déchirée garde le souvenir de ces pauvres filles dont les cadavres ballonnés et blancs grouillaient à la surface de ces étangs maudits où elles furent cuites. Une mer de cabanes a remplacé le désert de cendre et de superbes édifices de tous côtés font bien voir que le ciment armé est quelque chose de plus sérieux que la mie de pain.

Une année aujourd'hui même nous disjoint de la

catastrophe et bientôt sur le cadran l'aiguille en marche va marquer 11 heures 58. Nous avons tous le sentiment que le passé ne s'anéantit pas, mais simplement qu'il s'éloigne. Quelque chose échappe désormais à la modification et au mouvement, il est congelé, il est enregistré pour toujours dans les archives de l'invisible. Nous laissons derrière nous une série d'îles aussi durables que l'Australie, indéfiniment ouvertes à l'exploration. Là-bas sur la mer il me semble voir une faible fumée, résidu presque diaphane de cet épais holocauste qui cachait le ciel la nuit de ce fatal dimanche. À Yokohama en haut du Bluff, parmi les tombes bousculées et les fosses entrouvertes, le vieil archevêque a terminé son discours et le vent du Pacifique tourmente sa barbe, son étole et son surplis. Parmi les cris des sirènes dans tout le port, pareils à une explosion d'étonnement et de confusion, le silence de la minute anniversaire a commencé et nous pensons les morts, nous revivons cet étroit dessin sur la terre qui tremble où la séparation s'est faite entre ceux qui demeurent et ceux qui continuent. À Tokyô, sur le fameux terrain de Hifukushô, où 33 000 réfugiés trouvèrent la mort (une photographie les montre à perte de vue, immobiles et enchevêtrés, regardant le Feu qui avance), une cérémonie commémorative a eu lieu. Parmi les piles de gâteaux funèbres, sur le ton monotone et plaintif des anciens *noritô*, le premier ministre a lu un discours aux Mânes, et l'énorme défilé de la foule a commencé. Par milliers, par dizaines de milliers, dans le claquement torrentiel des sandales de bois, toute la nation pressée par un obscur besoin de remerciement est allée s'incliner devant l'armée sans drapeau de ses substituts, rejoindre pour un moment cette communion qu'ils ont faite en mou-

rant à la fois cœur à cœur. C'est une colonne inépui-
sable, d'un mouvement régulier, qui avance et parmi
les appels et les lamentations fait pleuvoir par-dessus
la barrière une grêle de sous, de fleurs et de bâtons
d'encens.

On a bâti un petit temple de bois. Une forêt de
pieux de toutes les hauteurs, pareils à ceux qui entou-
rent les huttes polynésiennes, portent les noms, qui
seuls demeurent dans quelques mémoires, de tant de
corps évaporés. Et d'énormes caisses, pareilles à ces
mannes où l'on met le grain, ont recueilli la cendre
humaine, les os et les débris d'os, les flocons calcaires
qui sont le résidu trois fois calciné d'une montagne
de cadavres[1]. Là-devant, le défilé tout le jour des
parents et des pèlerins vient prier et s'incliner ; délé-
gués de ces pauvres quartiers à l'ombre des fumées
chimiques où des clapiers branlants mêlent leur ordure
à l'eau des mares putréfiées, une toute petite femme
avec son enfant dans le dos, un apprenti avec son
kimono déchiré, frappent dans leurs mains pour atti-
rer la lente attention des morts. L'Impératrice aussi
est venue.

Un homme dont le fils mort est dans le tas a pris
une pincée de cette poussière et l'a avalée.

On dit que de tous ces ossements on fera une sta-
tue à Bouddha.

À l'entrée de l'enclos, une grande affiche présente
l'image du mémorial futur, quand on aura l'argent,

---

1. Le Hifukushô n'est pas très éloigné de l'endroit où furent
incinérées les 100 000 victimes du tremblement de terre de 1657.
Comme il y avait peu de survivants pour payer les dépenses du
temple commémoratif, on imagina de donner des représentations
publiques pour trouver des fonds. Telle est l'origine de la grande
arène de lutteurs de Ryogokou.

qui succédera au sanctuaire actuel. C'est une espèce de manche ou de pilon enfoncé dans un tas de mastic. Je suppose que le Comité, humblement et solennellement, sur le lieu de ce carnage sans cause et sans proportion, a voulu signifier la démission de l'Art et de la Pensée.

Et, tout à l'heure, comme au fond de la forêt on perçoit non pas le son, mais le frisson de la cloche de Nara, je sais que je vais ressentir sous mes pieds un choc sourd. C'est le bélier souterrain, comptant je ne sais quel chiffre fatidique, qui cent fois, mille fois, va prendre son élan avant que d'un coup à toute force assené il revienne frapper l'Île en plein ventre.

[1er septembre 1924]

HANG TCHÉOU

Reprenant dans la poussière un pinceau oublié, d'une main hardie et sûre, le coude libre, la manche relevée, d'un œil sous la bésicle chargé de desseins, d'un cœur ferme, sans respirer, je tracerai en quelques traits un grand idéogramme fait de deux radicaux entremêlés, pour que, tout l'intérieur anéanti, il reste quelque chose comme ce vide irrégulier que détermine un coup de poing dans un carreau. Une flaque d'eau laissée par l'orage met plus de temps à se remplir de moustiques et de petits poissons que ce trou dans l'étoffe de la Création à se peupler d'îles, de temples, de barques et de regards humains. N'est-ce pas ici l'abreuvoir même du Dragon ? et quoi de plus éternel à habiter que le repli de Loung ? Quoi de plus nourrissant à regarder, pour se déshabituer de la durée, que la vigilance en demi-cercle autour de nous de ce long muscle sous la peau qui a modelé la terre, les allongements et les superpositions pareilles au tas sans bouts du python de ce corps solide et coulant et le spectacle des collines ? Quoi de plus nécessaire à entretenir que cette conférence continuelle entre la présence et l'idée, sans qu'on sache ce qui est véritablement antérieur, l'animal de roche et de terre sous la brousse et ce pelage sévèrement châtié par l'hiver, ou sa pure ressemblance sous l'eau? Comme on rejoint par un fil les deux extrémités de la harpe, un lettré de l'époque des Soung, pour souligner le site, pour lui donner sa tension spirituelle et pour ajouter à cette permanence un long nerf prêt à rompre, a tiré d'un bord à l'autre bord de cette extase un trait droit, cette jetée entrecoupée de six ponts en demi-œil sous la paupière relevée. N'est-il pas juste qu'au moment de payer au Japon une suprême visite, j'aille d'abord plonger ma tasse au fond de cette cavité qui jadis mélangée aux lotus a sustenté la barque de tant de pèlerins de Yamatô et délégué là-bas vers les Îles du Matin ensemencés de son empreinte circulaire tant de prêtres et d'artistes? Avant que la barbarie moderne ait achevé de le profaner, pénétrons à notre tour, échappant à la dure rafale de février, ce lieu calculé pour paralyser, y compris la parole, tout ce qui est successif. Il faut les violences et le tourbillon de cette bise mordante qui vous culbute et vous assourdit pour apprécier, revenant à la vue dans une rémission soudaine et le néant de tout mouvement, ce miroir pâle dont le frisson là-bas, à toute vitesse, qui nous a quittés pour le parcourir ne cesse d'apporter à notre conscience la forme et l'étendue, cet ermitage à l'ancre entre les saules et cette petite île, pelouse plate à l'eau attachée comme une feuille qui fait sentir la surface. De l'autre côté, nié par les eaux nulles, il y a un commencement de ville dans les jardins, une diaprure de taches de chaux dont je ne sais déjà plus si l'affirmation est amortie en moi par le souvenir ou par la brume. Il n'y a pas à douter qu'ici, à cette station de mon chemin de voyageur, l'hiver ne soit occupé à finir. On savoure parmi les bizarres cruautés de ce froid qui n'a plus d'avenir la prémonition d'un été promis au même déclin. À l'abri de ce jardin littéraire au flanc de la colline qu'aménagera moyennant force rocailles une société de vieux poètes et que surmonte le cierge d'un petit pagodon classiquement aligné avec le piquet ruiné de cette vieille tour sur la colline là-bas, l'année commence virginalement en contradiction avec l'herbage mort et sans aucun support que l'âme par ce qu'elle a de plus suave et de plus inexpert, du blanc, du jaune, du rose. Une espèce d'enfance spirituelle profitant de cette fissure entre les deux saisons et là-dessous un fantôme d'odeur et un miel imperceptible. Mais reportons une dernière fois notre regard par cette ouverture ronde où viendra s'encadrer la lune du huitième mois vers ce miroir qui arrête le temps et qui a été disposé sous nos pieds pour réfléchir et digérer à travers les accusations passagères de l'ombre et de la couleur, la substance.

22 Février 1926.

BOUGAKOU

La vieille Chine est morte, mais un faible reflet persiste encore chez les nations autour d'elle qui jadis ont reçu son coup de lune : en Annam les costumes de cérémonie des mandarins, qui sont restés ceux des Ming ; en Corée l'orchestre confucéen de cloches et de lames de jade ; au Japon cette compagnie de chanteurs et de danseurs qui maintient héréditairement à la Cour impériale les traditions de l'époque des Tang. J'ai eu, deux fois seulement, hélas ! quand le Prince de Galles vint rendre visite à Sa Majesté, l'occasion de les étudier. L'orchestre est composé de flûtes et d'orgues à bouche à minces tuyaux, quelques mandores, au centre un gros tambour et aux deux extrémités de petits gongs. La musique ici n'a pas pour objet comme autre part de peindre le mouvement, de nous associer aux péripéties de l'expression sonore en contradiction avec le temps qui l'entraîne, mais de rendre sensible le continu, cette présence indivisible hors de nous. Des tenues indéfinies et superposées, pareilles aux «horizons» géologiques, et l'une en s'interrompant aussitôt rend les autres apparentes. Là-dessus quelques notes pincées, un coup profond de tonne qui claque, un bruit de métal, viennent porter témoignage à ces étendues qui fuient.

Le premier drame auquel nous assistons est une danse coréenne, la bataille du Dragon mâle et de la femelle. Moins des personnes qu'une exhalation de tissus, l'un rouge, l'autre blanc, coiffés de masques d'Éléments et de Fureurs, ils tiennent entre leurs doigts de courtes verges d'argent qui sont le niveau, la ligne de l'eau qui brille. Tous les jeux de la vapeur lentement qui s'élève, se développe, se ramasse ou s'effiloche ou s'abaisse et vient comme une hydre lécher le sol, l'irrésolution entre la terre et le ciel de ces êtres immenses qui ne peuvent se détacher de l'une et de l'autre, vers l'une attirés par le poids et vers l'autre par la lumière, le multiforme équilibre entre l'esprit et l'eau, le dialogue de la condensation et de la fumée, cette eau qui monte au ciel et qui en redescend ! Mais quatre personnages en grande solennité se sont l'un après l'autre avancés, chacun exactement après une pause, accoutrement et stature répétant celui qui le précède et sont venus se poster aux quatre coins de la scène fictive. Ils rappellent les Quatre Gardiens des vieux temples ou plus exactement ces guerriers de pierre qui s'alignent devant les tombeaux classiques. Ce sont les demi-dieux, les héros du temps de la Terre Vide, les conducteurs de hordes, les fondateurs de royaume, les souverains chantés par le Shi king. Le programme qu'on m'a remis porte cette indication vague : *Fête du printemps*. Mais il s'agit de bien autre chose que de la pimpante floraison des cerisiers dans notre petit jardin. La musique a pris une cruauté qui attaque l'âme comme une bise entrecoupée qui vous perce jusqu'à l'os, comme ce soleil corrosif qui fond la glace, une espèce de verdeur acide, une aigreur de sève, et toujours ces prolongations à perte de vue de la même note! La vision de la Terre Jaune au sortir du désert Oïgour! un autel à Dieu dans la boucle du Hoang-ho, ces larges vallées jonchées des ossements de la création fossile, raclées et aplanies par les charriements glaciaires. Et qu'est-ce maintenant que cette évolution, à laquelle se confrontant face à face, se livrent les quatre Hommes-Dieux? Chacun d'eux d'un large mouvement des bras atteste l'horizon, il a décrit le territoire, il en a pris possession en le mesurant du solennel développement de son envergure, il affirme et consolide devant le ciel son droit sur cette terre qui n'était à personne, *res nullius*, rien. D'autres danses imitent la chasse ou la forge : j'ai ici devant les yeux la cérémonie sacrée de l'Arpentage, une opération religieuse et géométrique. Rien n'est en vain, ni le nombre des pas, ni le pied qui s'identifie avec son propre vestige, ni ce grand coup de talon qui prend possession de la surface, ni le cercle que décrit la jambe, ni cette marche simultanée vers le centre et ce retour vers les quatre points cardinaux, ni la consommation des calculs qui en ce lieu propice sous l'œil de Dieu prenant compte de la pente et du contour réunissent les angles et les rayons. Il n'y a plus qu'à immoler les victimes au chant du psaume de Cham.

[1926]

BOUNRAKOU

C'est le nom du théâtre de marionnettes d'Osaka, d'où est sorti le drame moderne, dit *Kabouki*.

La marionnette c'est le masque intégral et animé, non plus le visage seulement, mais les membres et tout le corps. Une poupée autonome, un homme diminutif entre nos mains, un centre à gestes. La marionnette n'est pas comme l'acteur humain prisonnière du poids et de l'effort, elle ne tient pas au sol, elle manœuvre avec une égale facilité dans toutes les dimensions, elle flotte dans un élément impondérable comme un dessin dans le blanc, c'est par le centre qu'elle vit, et les quatre membres avec la tête, en étoile autour d'elle, ne sont que ses éléments d'expression, c'est une étoile parlante et rayonnante, interdite à tout contact. Les Japonais n'ont pas essayé de la faire marcher, c'est impossible, elle n'a pas de rapport avec la terre, elle est fixée comme sur une tige invisible et elle tire la langue de tous les côtés. La jambe et le pied ne sont plus simplement des moyens d'avancement et de support, mais l'instrument et le ressort de toutes les attitudes, démarches et intrications spirituelles, ce qui sous nous exprime l'inquiétude, l'élan, la résistance, le défi, la fatigue, le réveil, l'envie de partir ou de rester. Regardez voir, on l'a monté pour que vous voyiez mieux! Regardez ce petit bonhomme, il fait tout! Regardez ce monsieur et cette dame en l'air, toute la vie au bout d'un bâton! Et nous autres par derrière, comme c'est amusant, bien caché, de faire exister quelqu'un; de créer cette petite poupée qui se peint par les deux prunelles dans l'âme de chaque spectateur, qui s'y promène et qui s'y démène! La seule chose qui bouge au milieu des rangs l'un derrière l'autre de ces spectateurs immobiles et dont ce petit farfadet est comme l'âme endiablée! au milieu de toute cette attention enfantine la déflagration de ce diable de petit feu d'artifice!

La marionnette japonaise n'est pas de celles qui n'ont rien que la main au bout de mon bras pour corps et pour âme. Elles ne brandillent pas non plus fragilement au bout de quelques fils, comme quelqu'un que soulève et tour à tour lâche et reprend une destinée incertaine. L'animateur les manœuvre de tout près cœur à cœur et ça saute si fort qu'on dirait que ça va lui échapper. Il n'y a pas qu'un seul animateur, il y en a deux, parfois trois. Ils n'ont pas de corps ni de figure, ils sont vêtus d'un fourreau noir, les mains et le visage voilés de noir. La poupée est l'âme collective de ce lambeau d'ombre, de ce groupe de conspirateurs dont on oublie bientôt l'existence. On ne voit plus, comme des hachures autour d'un dessin, que cette espèce de noir crachat sur lequel se détache dans ses vêtements rouges et blancs ou en or le petit seigneur majestueux ou frénétique. Le dialogue est celui de deux étoiles, chacune derrière elle traînant son groupe agglutiné d'invisibles inspirateurs. À droite, accroupis sur une espèce de tribune, entre deux cierges, il y a deux hommes en costume spécial, celui qui raconte et qui parle et le préposé à l'émotion. Le premier a devant lui un pupitre sur lequel est déposé le libretto, et les acteurs de bois qui au milieu de leur tas noir obéissent non pas comme chez nous à des mains et à des doigts mais à un conciliabule de cœurs s'unissent à ce qu'il dit; c'est quelque chose qui se détache du livre et qui s'en approprie le langage; nous ne sommes plus en présence d'interprètes mais du texte même. Le second choriste tient la guitare à long manche japonaise, le shamisen de peau blanche, d'où il tire de temps en temps, au moyen d'un plectre d'ivoire, quelques sons, sans doute assez semblables à ceux de la lyre antique. Mais de plus il est à lui seul tout un chœur à bouche fermée. Il n'a pas droit à la parole, il n'a droit qu'au gémissement et à l'exclamation, et à ce bruit animal et sans lettre qui vient directement de la poitrine et de l'opposition au souffle de nos diverses anches et soupapes. Il interroge, il est content, il est inquiet, il souffre, il désire, il est en colère, il a peur, il réfléchit, il grogne, il pleure, il raille, il injurie, il soupçonne, il insinue, il rage, il rugit, il caresse. Sa fonction est d'amorcer le public. Il est à lui seul tout le public qui fait oh! et ah[1]! Il ne lui manque que la parole.

[1924]

---

1. Il y a dans la littérature japonaise une expression : connaître la *Ahité* des choses *(mono no aware woshiru)*, cela dans toutes les choses qui fait AH!

LETTRE
AU PROFESSEUR MIYAJIMA

Tokyô, le 17 Nov. 1926.

Mon cher Miyajima,

J'ai lu avec beaucoup d'intérêt les études que vous avez consacrées à l'art magnifique de la Marionnette japonaise, tel qu'il est pratiqué à Osaka au théâtre de Bounrakou. Vous savez quelle admiration il m'inspire et je vous suis reconnaissant de m'avoir fourni l'occasion de l'exprimer. L'acteur vivant, quel que soit son talent, nous gêne toujours en mêlant au drame fictif qu'il incorpore un élément intrus, quelque chose d'actuel et de quotidien, il reste toujours un *déguisé*. La Marionnette au contraire n'a de vie et de mouvement que celui qu'elle tire de l'action. Elle s'anime sous le récit, c'est comme une ombre qu'on ressuscite en lui racontant tout ce qu'elle a fait et qui peu à peu de souvenir devient présence. Ce n'est pas un acteur qui parle, c'est une parole qui agit. Le personnage de bois incarne la prosopopée. Il nage sur une frontière indécise entre le fait et le récit. L'assistance en lui voit tout ce que le vociférateur à son pupitre raconte, soutenu par le *shamisen*, cet instrument qui donne la vibration des nerfs pincés, et par ce camarade à son côté qui par ses cris inarticulés et ses grognements traduit non seulement l'émotion de la scène, mais le désir d'exister, l'effort pour revivre de l'être imaginaire. La marionnette est comme un fantôme. Elle ne pose pas les pieds à terre. On ne la touche pas et elle ne sait pas toucher. Toute sa vie, tout son mouvement lui vient du cœur et de ce conciliabule mystérieux derrière elle d'animateurs masqués ou non, de cette fatalité collective dont elle est l'expression. La réalité a été si habilement divisée que l'histoire se passe entièrement dans l'imagination et le rêve, sans le support d'aucune matérialité désobligeante. Par d'autres moyens le *Jorori* arrive au même résultat que le *Nô*.

Je souhaite que mes compatriotes assistent aussi nombreux que possible au spectacle émouvant du Bounrakou.

NÔ

Le drame, c'est quelque chose qui arrive, le Nô, c'est quelqu'un qui arrive. Un peu comme cette porte, quand le Théâtre en Grèce a commencé et qu'une communication à travers le mur a été frayée avec l'invisible, où viennent l'un après l'autre s'inscrire les personnages de l'*Orestie*. Ici la scène se compose de deux parties : le Chemin ou Pont et l'Estrade. Le Chemin est une longue galerie couverte accolée à la paroi du fond et divisée par des supports verticaux en trois parties égales. L'Estrade, encadrée par quatre colonnes sous un toit, est une plate-forme de bois polie comme un miroir[1]. Elle est placée sur le côté droit de la salle et fait angle et avancement dans le parterre. C'est une disposition essentielle. Car ici le spectacle n'a pas lieu pour le spectateur qui, désormais anéanti et obscur, va prendre le temps à cette action sur la scène ; il n'y a pas un drame et un public

---

1. Sous cette estrade un certain nombre de grandes jarres de terre cuite sont enfoncées dans le sol, l'ouverture en l'air, afin d'augmenter la sonorité des planches (toujours effleurées ou heurtées par des pieds nus). Pour attirer hors de la caverne où elle s'était réfugiée la déesse du Soleil, Amatérasu, la terrible Femelle-du-Ciel, Amé-no-uzumé, danse sur un tonneau renversé.

face à face correspondant de chaque côté d'une fis-
sure de fiction et de feu. Ils entrent l'un dans l'autre,
de sorte que par rapport à nous les acteurs marchent
et se déploient latéralement et sur deux plans, avec
lesquels chacun des assistants de par sa place forme
une géométrie personnelle, suivant l'angle corres-
pondant de son œil et de son oreille. Tout se passe à
l'intérieur du public qui ne perd jamais une impres-
sion à la fois d'enveloppement et de distance : simul-
tanément avec nous, à notre côté. D'impermanence
aussi. Le Pont, même quand les simulacres solennels
ont cessé de s'y avancer, ne perd pas ses possibilités
majestueuses d'introduction et de retraite, ni l'Es-
trade sous son dais qui est le pavillon du rêve, pareil à
ces kiosques de cinabre et de corail dans les peintures
chinoises où festoient au-dessus des nuages des bien-
heureux en robes turquoise et azur, ne cesse de faire
perpétuellement ostension d'une présence ou d'une
absence.

À droite et à gauche, sur le bois couleur de beurre
frais on a peint des bambous verts et sur le panneau
du fond un grand pin. Cela suffit pour que la nature
soit là.

Les choses se passent dans cet ordre :

À petits pas glissés arrivent d'abord les musiciens
et les hommes du Chœur. Les premiers se placent au
fond de l'estrade, sur une partie pour eux délimitée
par un changement de dessin du parquet, appelée
Koza. Il y a une flûte, deux tambourins doubles en
forme de sablier, un petit qui se tient sur l'épaule
droite, un plus grand qui se tient sur le genou gauche,
et qui heurtés avec violence par les doigts à plat pro-
duisent une espèce de détonation sèche ; plus, pour
les apparitions de dieux, de démons et de fantômes,

un tambourin à baguettes ; c'est tout. Les instruments à coups sont là pour donner le rythme et le mouvement, la flûte funèbre est la modulation par intervalles à notre oreille de l'heure qui coule, le dialogue par derrière les acteurs de l'heure et du moment. À leur concert viennent souvent s'ajouter de longs hurlements poussés par les musiciens sur deux notes, l'une grave et l'autre aiguë : *hou-kou, hou-kou.* Cela donne une étrange et dramatique impression d'espace et d'éloignement, comme les voix de la campagne pendant la nuit, les appels informes de la nature, ou encore c'est le cri de l'animal qui se travaille obscurément vers le mot, la poussée sans cesse déçue de la voix, un effort désespéré, une attestation douloureuse et vague.

Le Chœur n'est pas partie à l'action, il y ajoute simplement un commentaire impersonnel. Il raconte le passé, il décrit le site, il développe l'idée, il explique les personnages, il répond et correspond par la poésie et par le chant, il rêve et murmure accroupi au côté de la Statue qui parle.

Il y a deux personnages seulement dans le Nô, le *Waki* et le *Shité,* chacun d'eux accompagné ou non par un ou plusieurs *Tzuré,* suivants, serviteurs, auxiliaires, conseil, ombre, pompe, amplification solennelle par derrière de la traîne.

Le *Waki* est celui-là qui regarde et qui attend, celui qui vient attendre. Il n'a jamais de masque, c'est un homme. Préparé par la musique qui a tendu d'avance sous ses pieds un chemin sonore, le lourd rideau de brocart s'est soulevé, on le voit successivement passer par la triple ouverture de la galerie, et le voici enfin sur la scène, il se tourne lentement vers nous, il apporte son visage. Pour commencer, le plus souvent, il profère deux vers, dont le premier deux fois répété, et le Chœur en sourdine à son tour se redit à lui-même trois fois de suite la sentence. Puis en une longue tirade où chaque pas, un vers de sept syllabes affermi sur un vers de cinq, se laisse pour ainsi dire considérer, il déclare qui il est, le chemin qu'il a parcouru. C'est un moine par exemple qui a exploré, pour retrouver la concubine défunte d'un Empereur désespéré, les régions de l'arrière-monde. C'est une folle à travers la campagne déserte qui va à la recherche de son fils mort. Car le sexe du personnage englouti sous le vêtement n'importe pas, mais seulement sa fonction. Puis le *Waki*, accompagné ou non de son escorte, va s'asseoir au pied du pilier de droite en avant qui lui est réservé, et, les yeux fixés sur le côté par où l'on arrive, il attend.

Il attend et quelqu'un apparaît.

Dieu, héros, ermite, fantôme, démon, le *Shité* est toujours l'Ambassadeur de l'Inconnu et à ce titre il porte un masque. C'est quelque chose de secret et de voilé qui vient demander au *Waki* sa révélation. Sa marche et ses mouvements sont fonctions de ce regard qui l'a attiré et qui le maintient captif de ce sol imaginaire. Voici la femme outragée dont le fantôme pas à pas se rapproche de son assassin ; lui, pendant une longue heure, tiendra l'œil fixé sur elle, toute la salle le surveille, il ne doit pas cligner un cil. Voici l'âme de l'enfant Atsumori sous la forme d'un faucheur et seule la flûte merveilleuse a révélé qui il est. Le *Waki* interroge, le *Shité* répond, le Chœur commente, et autour de ce visiteur pathétique qui sous le masque vient apporter à son suscitateur le Néant, il construit avec la musique une enceinte d'images et de paroles.

Alors c'est l'intermède et, sur le ton de la conversation, un passant vient qui demande ou donne, comme à voix basse, au *Waki* dans un récit au ras du sol des explications.

Et la seconde partie du *Nô* commence. Le *Waki* a fini son rôle, ce n'est plus qu'un témoin. Le *Shité* qui s'était retiré un moment reparaît. Il est sorti de la mort, de l'ébauche ou de l'oubli. Il a changé de costume, parfois de forme. Parfois même c'est un personnage différent dont celui de la première était l'annonce, l'enveloppe et comme l'ombre préalable. Maintenant toute la scène est à lui et le voilà qui s'en empare, avec tout ce qui s'y trouve. Tout un fragment de cette vie dont jadis il a été le fondement ou l'expression s'est réveillé avec lui et remplit le Pavillon dormant au milieu du Lac des Songes de son volume imaginaire. D'un geste de son éventail magique, il a balayé le présent comme une vapeur et du lent vent de cette aile mystérieuse il a ordonné à ce qui n'était plus d'émerger autour de lui. Par le prestige d'une parole qui s'efface à mesure qu'une autre lui succède, le jardin de dessous le monde peu à peu s'est dessiné dans la cendre sonore. Le *Shité* ne parle plus, il se borne en quelques paroles, en quelques intonations, à fournir des thèmes, des invitations et des élans, et c'est le Chœur qui se charge de déployer le site physique et moral à sa place en une espèce de psalmodie impersonnelle. Lui se promène au travers, affirme, atteste, développe, agit, et par ses changements d'attitude et de direction il indique toutes les vicissitudes du drame somnambulique. Par un étonnant paradoxe, ce n'est plus le sentiment qui est à l'intérieur de l'acteur, c'est l'acteur qui se met à l'intérieur du sentiment. Il est vraiment devant nous l'acteur de sa propre pensée et le témoin de sa propre expression.

Le tout donne l'impression d'un rêve matérialisé qu'un mouvement trop brusque ou étranger à la convention détruirait sur-le-champ. Il est essentiel que l'attention des acteurs pas un moment ne divague, qu'ils se meuvent dans une espèce de transe et que, même pour pleurer ou tuer, ils ne lèvent qu'un bras amorti par le sommeil[1]. Tous les gestes sont dictés par une espèce de pacte hypnotique, en harmonie avec cette musique là-bas qui est notre douleur, un flux inépuisable entrecoupé de ressauts, et ce Chœur qui est notre mémoire. L'acteur ne prend pas appui sur le sol, de ce pas qui est un effort contre le poids ; il glisse sur une surface lumineuse et seuls les doigts de pied qui se relèvent et s'abaissent constatent chacun de ses progrès. On dirait que chaque geste a à surmonter, avec le poids et le repli de l'immense vêtement, la mort, et qu'il est la lente copie dans l'éternité d'une passion défunte. C'est la vie telle que, ramenée du pays des ombres, elle se peint à nous dans le regard de la méditation : nous nous dressons devant nous-mêmes, dans l'amer monument de notre désir, de notre douleur et de notre folie. Nous voyons chacun de nos actes à l'état d'immobilité, et du mouvement il ne reste plus que la signification. À la manière d'un maître qui reprend et qui explique, quelqu'un lentement devant nous reproduit ce que

---

1. Un seigneur avait dit à son maître d'escrime de surveiller certain fameux acteur de Nô et de fondre sur lui l'épée nue s'il le voyait un seul instant découvert par la distraction. À la fin de la pièce, le gladiateur déjoué déclara cependant que pendant une fraction de seconde une ouverture s'était faite. Un grain de sable sur le miroir immaculé de la scène en était la cause.

nous avons fait afin que nous comprenions de quelle attitude éternelle chacun de nos pauvres gestes au hasard était l'imitation inconsciente et improvisée. Comme une statue qui se constitue pour un moment devant nos yeux, quelle tendresse dans ce bras que l'époux, au moment où il passe devant elle sans la regarder, pose sur l'épaule de celle qu'il aime, et ce geste banal de la douleur que l'on voit dans tous nos journaux illustrés, la main qu'on porte aux yeux, quelle signification ne prend-il pas quand nous le voyons lentement et soigneusement exécuté! C'est un poids, le poids du malheur que l'on soulève avec peine, c'est une coupe qu'on porte à ses lèvres, c'est le désir de se cacher, c'est le miroir où nous allons nous regarder avec désespoir, c'est l'arrêt fatal que l'on nous donne à lire.

L'invention du Nô est à peu près contemporaine de celle de la cérémonie du Thé et les deux procèdent du même esprit, l'idée d'une action si exactement réglée qu'elle soit parfaite. Le Nô, qui est encore pratiqué avec ferveur parmi les classes cultivées de la société japonaise (j'ai vu un ingénieur des Ponts et Chaussées, membre de la Chambre des Pairs, danser avec talent le rôle de l'esprit du Saule, et le Directeur de l'École des Beaux-Arts m'a dit qu'il étudiait depuis deux ans l'art du tambourin) comme il l'était au temps du *Bushidô*, n'a pas seulement une valeur artistique et une valeur religieuse, il a une valeur éducative. Il apprend à l'artiste et au spectateur l'importance du geste, l'art de contrôler ses pensées, ses paroles et ses mouvements, la patience, l'attention, le décorum; car le Nô, si on le prend par un certain biais, est moins un drame qu'une comparution dans un rôle donné devant un tribunal d'amateurs exigeants qui surveillent, leur papier à la main, la performance.

Si ma connaissance du japonais était suffisante, je sens que j'aurais beaucoup de choses à dire de la déclamation des acteurs, de ce vers long suivi d'un vers court qui paraît constituer toute la prosodie du Nô, et qui donne au récit ce caractère de délibération, d'une proposition que l'on avance incomplète et qu'on achève après coup, comme si la parole s'arrêtait pour laisser à la pensée le temps de passer devant[1]. La langue japonaise aussi permet ces longues guirlandes de phrases ou plutôt cette étoffe homogène et sans ponctuation du discours où le même mot peut servir à la fois de complément et de sujet et qui fait une seule chose avec des plis de tout un carré d'images et d'idées[2].

Il me reste à parler du costume, et plus spécialement de la manche, du masque et de l'éventail.

Le rôle esthétique du vêtement est de remplacer les lignes par des surfaces et d'amplifier les proportions par des volumes. Les deux jambes même dans

---

1. « Il est vraisemblable qu'à défaut d'un nombre régulier de syllabes, la poésie des Nô se contentait de la succession des rythmes longs et courts. Pourvu que les inflexions du récitatif n'en fussent pas gênées, les auteurs, secondés d'ailleurs par la musique, semblent avoir joui d'une certaine liberté quant au nombre de syllabes. »   (Noël Péri, *Cinq Nô.*)

2. « Le mot *pivot* est un mot à deux significations qui a le rôle d'une espèce de gond sur lequel tournent deux portes de sorte que la première partie de la phrase poétique n'a pas logiquement de fin et la seconde pas logiquement de commencement. Elles s'interpénètrent et la phrase n'a pas de construction possible. Pour l'Européen, c'est un comble d'ingéniosité perverse. Mais en réalité l'impression produite par ces vers amalgamés est délicieuse ; ils passent devant le lecteur comme une série de tableaux qui fondent, vagues, gracieux et suggestifs. » (CHAMBERLAIN, *la Poésie classique des Japonais.*)

l'ancien costume de cour japonais ont chacune leur
robe de soie et les antiques seigneurs s'avançaient en
entraînant de chacun de leurs pieds alternatifs un
long sillage d'étoffes. Chacun était à lui tout seul un
cortège. Mais la vaste manche aux deux bras de l'ac-
teur suspend le moyen, suivant l'image qu'il veut
produire de lui-même, d'édifier sa propre architec-
ture. Ce n'est pas seulement la parole dont il se sert,
le voici dans son immense plumage, il roue, il éclate,
il tourne, il chatoie, la lumière joue sur lui en toutes
sortes de nuances et de glacis ; là-bas par la longue
galerie nous le voyons en frémissant qui s'avance
pour nous parler en un langage de pivoine et de feu,
de feuillage et de pierreries. La main a cent manières
de sortir de la manche pour se tendre vers la vie ou au
contraire pour opposer à la prière et à la curiosité le
refus du voile et de l'obstacle. Au bras qui s'avance
toute l'action qu'il va accomplir et qui est déjà accom-
plie est suspendue comme un trophée vide et lourd.
Si l'Apparu devant les yeux du *Waki* se dilate et se
déploie dans toute la largeur de son envergure, c'est,
d'accord avec le rayon doré de l'éventail éblouissant,
pour resplendir, c'est comme si, tout enveloppé de
couleur et de lumière, il se préparait à disparaître dans
sa propre apothéose, comme s'il grossissait devant
notre attention. Ou encore c'est comme si de ses deux
bras inévitables à droite et à gauche il manœuvrait
pour nous y engloutir le fatal filet. Et dans cette admi-
rable pièce, *Hagouromo*, qu'on joue dans le froid clair
de janvier, on voit l'Ange, sa robe sainte reconquise,
repliant au-dessus de sa tête un membre sublime,
s'élever littéralement vers le ciel en une colonne de
neige et d'or.

À cette même époque et pour servir en quelque

sorte de dédicace à l'Année, on exécute un autre Nô très antique et très curieux que l'on appelle *Okina*. Il a un caractère religieux et l'acteur qui tient le principal rôle s'y prépare par une journée de purification et de jeûne. La représentation a lieu au lever du soleil et elle commence par une espèce de cortège, le prêtre, car c'en est un, apportant entre ses bras en grande cérémonie une boîte de laque dorée, d'où, après la plus magnifique prosternation que j'aie jamais vu accomplir, il tire un masque de vieillard. (Celui qui servait ce jour-là est l'original lui-même conservé depuis des siècles dans l'une des quatre grandes familles à qui sont confiées les traditions du Nô, la famille Hoshô.) Une fois le masque revêtu, commence le rite lui-même, qui est, autant que je puis le comprendre, une espèce de promenade sacrée au milieu de la nature purifiée et renouvelée, une revue lustrale, une espèce de mise en train, comme j'interprète ces mains des deux côtés de l'homme occupées à toutes sortes de travaux et ce pied avec un superbe orgueil (deux coups faibles et un coup fort) qui frappe la terre pour en prendre possession, des eaux et des semences. Et en regardant l'activité, sur la scène, de ce personnage qui n'est plus un homme et que le peuple a délégué provisoirement au rôle de dieu ou d'ange, je me demandais s'il n'y avait pas dans ce costume et dans ce masque l'idée d'une espèce de connivence naïve avec la nature, comme si l'homme tel quel avec son intelligence effarouchait cette sauvagesse, et comme si, pour l'apprivoiser, pour l'amener à travailler en tranquille accord avec nous, il fallait se déguiser un peu à sa manière et imiter le chasseur qui, pour atteindre sa proie, se fait animal et buisson ? Mais partout dans les Nô, le

masque a la même fonction qui est de placer le per-
sonnage à l'abri du temps actuel, de le consolider
pour toujours dans la passion dont il est la forme,
dans l'âge dont il est le symbole, dans l'événement
historique ou fabuleux dont il fut l'artisan. Entre lui
et nous, entre le *Shité* et le *Waki*, il y a ce masque dur
et inaltérable, le sceau définitif de ce qui n'est plus
capable de changer. L'expression primitive japonaise
n'était pas « sculpter » mais « frapper » un masque. C'est
le passé ou le rêve pour un moment qui s'anime, que
nous interrogeons, et il parle, mais sans cesser de res-
pirer l'air d'outre-tombe, sans quitter ce visage fabri-
qué qui est fait pour nous cacher la réalité de ce qui
est derrière, l'acte qui cache l'acteur. Plus il se montre,
plus il nous montre ce qui le cache.

Au-dessus du masque, le casque, la coiffure, le
cimier qui exhausse au-dessus de l'individu journa-
lier le personnage officiel, et lui donne proportion
avec l'ample costume dont il a revêtu l'appareil céré-
monial. La garde-robe du Nô comporte une prodi-
gieuse variété de coiffures, depuis la fleur, la tiare, la
couronne et le bonnet, jusqu'à ce tigre qui surmonte
l'apparition, ou encore un lion, une grue, un dragon.
C'est le signe arboré, le nom, la chose au nom de
quoi on vient, le titre, l'investiture.

Les antiques statues chinoises ou coréennes, plus
tard imitées par les Japonais, tiennent entre leurs
mains une lame de bois qui, comme un texte toujours
présent, sert à fixer le regard et l'attention et à main-
tenir avec l'attention la droiture et la fermeté de l'in-
tention. Elle était pour l'homme de pensée ce que
l'épée est pour l'escrimeur, qui lui sert à prolonger
hors de lui cette ligne de convergence de toutes ses
forces derrière laquelle il se trouve en état de vigi-

lance et de sécurité [1]. Plus tard cette ligne rigide s'est ouverte et elle est devenue à la fois un angle et une surface, un angle vers toutes les directions, à leur départ entre les doigts de la main réunies et mesurées, une surface spirituelle toujours prête à établir la distinction de ce qui est dessus et de ce qui est au-dessous, comme l'aile qui sert à monter et à descendre et dont le battement montre toutes les hésitations d'un esprit prêt à s'arrêter ou à fuir. C'est l'éventail, qui, à la fois triangle et demi-cercle, dans le sens de l'horizon comme dans celui de la verticale, est l'instrument de tous les rapports et de toutes les connexions, visible dans le sens du champ, invisible dans celui de la tranche. Il, rayon à rayon, s'ouvre et se referme comme un plan et comme une pensée qui tour à tour se développe, se laisse voir à demi, se resserre sur soi-même ou reprend la rigidité d'une injonction. Et le texte fictif sur l'étroit rectangle s'est aussi déployé, il est devenu tout un panorama d'écriture ou de couleur. Aussi, dans la main de ce magistrat du rêve qu'est l'acteur de Nô en état perpétuel de séance ou de comparution il est naturel que nous voyions toujours l'éventail à la fois comme un sceptre et comme un voile. Sur cette statue il est la seule chose qui tressaille, il est à lui tout seul au bout du bras le feuillage humain, et, comme je le disais tout à l'heure, il imite à la manière d'une aile toutes les allures de la pensée qui palpite, qui cherche le sol ou qui remonte en planant et en tournoyant. Il est la tache d'or et de lumière qui transforme l'édifice des couleurs, qui bat lentement sur le cœur et qui frémit

1. Un éventail de fer faisait partie de la panoplie des antiques guerriers japonais.

à la place du visage immobile. Il est à la fois une fleur épanouie, une flamme dans la main, un trait aigu, l'horizon de la pensée, la vibration de l'âme. Le *Coupeur-de-Roseaux* dans le Nô qui porte ce titre, quand après une longue séparation il retrouve l'épouse perdue, leur émotion ne se traduit que par un frémissement de deux éventails qui confondent un instant leurs haleines.

[1926]

LE RYTHME DU NÔ

Du commencement à la fin toutes les paroles de chaque nô s'arrangent sur une mesure à huit temps. Il est très rare que chaque temps sur les huit soit marqué par le tambour. Je ne pense pas que cela arrive sauf dans les pièces où intervient le *taiko* (tambour frappé avec des baguettes), généralement pour soutenir une danse violemment agitée. Ordinairement quelques-uns seulement des huit temps sont marqués sur le *tzusumi* (tambours en forme de sabliers dont l'un est tenu sur le genou, l'autre sur l'épaule). Les Japonais tirent beaucoup plus de choses que nous ne le faisons des subtilités du rythme (ou plutôt de ce jeu de cache-cache avec un simple rythme) et par voie de conséquence ils se montrent larges sur l'intervalle qui doit exister entre une note et une autre note. Je ne pense pas qu'un Européen aurait eu l'idée de diviser les coups de tambour entre deux instruments. Cela doit être horriblement compliqué. La division donne de la variété, car l'un des deux tambours fait *clac !* tandis que l'autre donne quelque chose entre un *whop* et un *thud*.

(Lettre de M. Oswald Sickert ap. A. Waley : The Nô Plays of Japan.)

L'ÉTOFFE PROSODIQUE
DU NÔ

Ce qui suit est un *age-uta*, extrait de la pièce *Kage-shiyô*, dans lequel une fille explique le chemin qu'elle entreprend pour aller retrouver son père. (Elle part de Kamakura et se rend dans le sud de Kyushiù.)

Sagami no kumi wo tachi-idete *(bis)*
Quittant le pays de Sagami
Tare ni yukuwe wo Tôtômi
À qui demander ma route ? La province du fleuve lointain
Geni tôki e ni tabibune no
Fleuve lointain en vérité pour notre barque de voyageurs,
Mikawa ni watasu Yatsuhashino
Le pays des Trois Rivières que l'on traverse aux Huit Ponts
Kumoi ni miyakoitsu Ka saté
La capitale où brille la cour : un jour donc
Kari-ne no yume ni narete min
Habituée aux rêves de ce voyage, je la verrai !

En quittant la province de Sagami, l'une des premières provinces que la voyageuse traverse est celle de Tôtômi, littéralement Fleuve ou estuaire, bras de mer lointain (lointain = tôki ainsi que le fait remarquer le 3e vers). En outre le premier tô de Tôtômi termine la question : Tare ni yukuwe wo tô = à qui demander le chemin ?

Il n'a été possible de rendre intelligible la lecture de cet *age-uta* qu'en traduisant les noms propres qu'il contient et qui marquent les étapes successives de la voyageuse. C'était le seul moyen de faire entrevoir au lecteur étranger les images que l'auditeur japonais découvre en écoutant le chanteur. Mais le lecteur appréciera-t-il au même point que l'amateur japonais du nô cette profusion de *kenyôgu*, ou mots-charnières, reliant par un calembour une phrase à une autre, cette cascade d'«appels» de mots? Verra-t-il avec le même plaisir le fleuve «appeler» la barque, qui «appelle» à son tour au moyen d'un autre jeu de mots les Trois Rivières qui amènent le nom du bourg des Huit-Ponts? Et que d'explications nécessaires pour arriver à éclairer le dernier «kenyogin», le plus subtil de tous. Yatsuhashi était célèbre par son réseau de canaux, son lacis (kumode) de bras de rivières, d'où l'enchaînement *Yatsuhashi no kumo (de) i...* Une phrase s'interrompt sur un mot tronqué *kumo (de)* et une terminaison inattendue *i* au lieu de *de* permet à une phrase nouvelle de partir et de se développer.

L'essai suivant permet de voir ce que le même jeu produirait en français :

Quittant le pays de Sagami
Notre chemin à qui le deman (des Estuaires lointains
En vérité sur de lointains estuaires notre embarcation
Sur les Trois Rivières que traversent les Huit Ponts dont
J'entre (la capitale, séjour de la cour, un jour donc,
Habituée aux voyages, je la verrai.

Il est probable qu'une pareille version ne serait pas assez goûtée pour que je la substitue au texte moins fidèle et pourtant à peine plus clair que j'ai proposé.

(Lettre du colonel Renondeau, attaché militaire à l'Ambassade de France au Japon.)

KABOUKI

«On pleure trop là-haut!» me dit l'homme de dessous la scène, «et j'ai le cœur trop sensible. Même les pièces qui commencent de la manière la plus rassurante, peu à peu il s'y mêle je ne sais quelle impalpable moutarde, c'est comme quelqu'un dans un courant d'air qui se sent gagné de fond en comble par un sentiment inconfortable. L'éternuement n'est pas loin. Ça y est! voilà un enfant qu'on tue, une sainte femme de geisha qu'on abandonne, le vieux monsieur qui représente généralement les jeunes filles qui vend ses charmes à la tenancière de bordel, le généreux serviteur qui se met les tripes à l'air! Tout le monde sanglote dans la salle, les petits nez convulsivement s'enfoncent dans de petits mouchoirs et sur la scène les grandes manches sont à tordre, les yeux et les sourcils fonctionnent d'une manière épouvantable, les vieux messieurs-femmes glapissent et ruissellent, les poitrines héroïques sont ravagées par d'effroyables borborygmes! Pour moi c'était comme un tremblement de terre! il fallait que je m'en aille, mes entrailles n'y auraient pas résisté! Même quand, enfoncé dans le corps d'un cheval en carton, on m'avait chargé de représenter les deux pattes de der-

rière, ça me grimpait! l'émotion me gagnait de bas en
haut et me faisait hocher mon cavalier comme un
arbre à fruits. Rien qu'à voir ce qui se passait sur la
figure de ce bonhomme sur l'estrade avec son livre
devant lui, en qui se peint le public, cela me prenait
aux rognons! J'ai préféré descendre à l'étage au-des-
sous. Là je jouis d'une tranquillité philosophique.
Habitant de cette frontière qui sépare la fiction de la
réalité, je me sens confortablement à l'abri de l'une et
de l'autre. Là-haut se déchaîne la tempête et je vois
passer en foudre à côté de moi les acteurs chargés de
l'alimenter, mais à cette profondeur où je suis, tout
est calme et je peux fumer ma pipe. Démenez-vous,
mes amis! Le vieux-monsieur-femme là-haut, qui est
en train de donner l'exemple de la soumission à sa
belle-mère et de toutes les autres vertus, ne se doute
pas qu'à deux mètres sous ses pieds il y a l'homme
qui a reçu mission de lui couper le cou. Pour l'instant
cet instrument du destin est occupé à causer avec
moi de la grève des tramways. Attention, quand, tout
à l'heure, il va paraître au bout du *hana-michi*[1]! Moi,
j'ai le bon poste, je suis à l'arrière. Les renforts pas-
sent de temps en temps, les acteurs tout fumants se
retirent, mais dans les coulisses et les loges il règne
une tranquillité d'ambulance. Le coiffeur remet en
ordre les crânes bleus avec leurs petites queues de
rats et les noires perruques luisantes. On range les

---

1. Le *Hana-michi*, ou pont qui traverse toute la salle (il y en a
parfois deux), est, avec la scène tournante, une des meilleures
inventions du théâtre japonais. Il permet des effets de surprise,
l'acteur tout à coup prend le public à revers; de distance, c'est
quelque chose d'extérieur à la scène, loin; de processions; d'arri-
vées et de retraites; d'une menace qui se précise. C'est un pont
par-dessus nos têtes entre le drame et les profonds magasins du
possible.

décors, on arrange les costumes, on fait de la colle, on tape tout doucement sur quelque chose, on met une tasse de thé auprès du musicien dans sa cage, qui, l'œil sur un spectacle invisible et la mailloche levée, se prépare à faire poum[1]. De temps en temps, un grand blessé, moitié lui-même déjà et moitié son rôle encore, nous apporte les nouvelles de la bataille. Mais moi, même aux coulisses je préfère la profondeur. On est bien. On est tout seul. Je regarde dans l'enchevêtrement des charpentes les coulis, chacun paré à son manche vertical, qui se mettent en devoir de faire tourner la scène. Que de ficelles ! J'assiste à toute la racine et l'envers d'un drame que je ne connaîtrai jamais. »

[1926]

---

1. Le théâtre japonais a parfaitement résolu le problème de la musique dramatique qui ne doit jamais faire concurrence à l'action ou s'y intercaler comme un numéro, mais la préparer et l'accommoder au cœur du public. Quelques notes sur le shamisen qui marquent l'attention ou la détente, qui ponctuent le chant de temps en temps qui est la revanche latente et nécessaire du récit contre le drame, de la durée contre la péripétie ; quelques coups précipités de battoir pour annoncer les violentes interventions, ou au contraire espacés et solennels, le gros tonnerre quand il le faut, parfois une flûte plaintive, tout cela librement et presque instinctivement manœuvré.

MEIJI

L'Empereur au Japon est présent comme l'âme. Il est ce qui est toujours là et qui continue. On ne sait au juste comment il a commencé mais on sait qu'il ne finira pas. Il serait inconvenant et impie de lui attribuer aucune activité particulière, il n'intervient pas, il ne se mêle pas ouvrièrement des affaires de son peuple. Mais on sait que s'il n'était pas là les choses n'iraient pas de même, tout se déréglerait aussitôt et sauterait hors de sa jointure. C'est la note indéfiniment sans reprise qui continue et qui empêche les autres notes temporellement qui l'écoutent tantôt de varier et tantôt de rester les mêmes. Il est à la fois ce qui demeure et ce qui oblige le reste à changer, ce qui à travers les vicissitudes et le temps rattaché à la racine, impose éternellement à la nation l'obligation de ne pas mourir.

Ainsi l'Empereur Meiji, dont le titre solaire se détache de la longue séquence anonyme, quand il fallut que le Japon sortît de son ermitage insulaire et s'adaptât à cet univers contre lui qui s'en venait de toutes parts à l'assaut.

Aujourd'hui il a consolidé sa résidence dans l'une et l'autre de ses capitales. À Tokyô est resté son nom, le Nom, vestige et support de l'esprit, cette chose proprement qui appelle l'homme et par quoi de lui à nous il y a souvenir, entretien, connaissance et intelligence. Pour l'abriter, sans aucune image ou statue, on a fait de bois pur un temple, ce que la chair de l'arbre sous l'écorce a de plus inaltérable et de plus nu. Et l'on a planté tout autour un grand jardin noir. Sous deux portiques bâtis d'énormes troncs que l'on a dépouillés de leur enveloppe périssable, par une large route qui brusquement fait un angle, les visiteurs à travers une série d'enceintes et de cours dans la froide odeur balsamique parviennent, sur son trône derrière un voile de soie, au pied de la personne écrite. Une quantité de pièces de cuivre et d'argent jonchent la natte fine du sanctuaire, comme autant d'humbles prières et de menues propitiations, quelques feuilles de la forêt humaine que le vent a emportées jusqu'ici. L'Empereur est là, il écoute. Chacun peut venir lui raconter ses histoires, lui apporter ses griefs, car le tort fait au sujet est une offense au souverain. Quand on a à se plaindre d'un fonctionnaire, il y a un recours. Quand les ouvriers ont une querelle avec leur patron, ils envoient une délégation. Quand un diplomate ou un militaire retourne d'une mission importante, il vient faire son rapport. Ou pour remercier, c'est ici.

À Kyotô, le dernier de la longue série de temples qui bordent le pied d'une barrière de collines et de forêts, très loin, dans les cèdres et les étables de Momoyama qui à la fin de l'année deviennent comme du soleil, est le Tombeau. Là non plus il n'y a aucune image et je n'ai même pas vu d'inscription. Il y a les arbres, le soleil, le silence, et derrière mon dos, pendant que je m'avance avec respect pour déposer ma couronne, la grande plaine vivante du Yamatô, avec ses veines d'eau brillantes, ses mûriers, ses plantes à thé, ses espaliers de poires, ses étangs, ses fermes, ses usines. Pas une montagne, pas un col, pas un croisement de routes, où de l'histoire ne soit attachée. Le monument est quelque chose de bleu. C'est de la terre. Il n'a pas été construit, il a été emprunté à la substance même de la terre, à sa réserve la plus rare, un monticule couleur de ciel, un joyau de jade, parfait dans sa courbure. Au-delà même du nom, dans la forêt qui pense, un repos sacré.

Et tout à côté l'humble tombe du bon serviteur, le général Nogi, aux pieds de son maître, qui ne voulut pas lui survivre.

[Août 1926]

L'ABDICATION
AU MILIEU DES PINS

L'Empereur ne gouverne pas l'Empire, il l'écoute. Il attend assis dans la lumière latérale, sa résidence est au sein d'une demeure aussi blanche que les nuages, une conjuration d'images pures, des oiseaux, des plantes, de l'eau, sans fin répétés autour de lui sur le papier sans tache. Que les *soshis* s'entr'ouvrent et par la pente il apercevra un jardin immense et petit comme les dieux voient le Japon au milieu de la mer et comme on dispose pour le *tokonoma* un bouquet de montagnes sur un plateau. Là-bas à Yedo son lieutenant administre les affaires profanes et quotidiennes et, pas longtemps après que son intendance a commencé, il a fait construire auprès du palais de son suzerain un autre palais. Il a des parois d'or et thésaurise dans ses caisses profondes un soleil soustrait au temps. Puis le palais est resté vide et c'est aujourd'hui seulement qu'on comprend pourquoi il a été édifié. Le pas que l'Empereur attendait depuis des siècles a fait vivre et chanter enfin les planches musicales du corridor, celui du messager qui vient annoncer l'abdication de Tokugawa et le retour de l'autorité vers sa source. Du palais de neige le descendant du Soleil s'est transporté dans le palais de métal, et c'est là, au milieu des pins éternels qui sur les parois de lumière élargissent leurs membres et leurs touffes, qu'il se prépare à recevoir cérémonialement l'aveu dans l'or du serviteur que son service est fini.

[Juillet 1926]

LA NATURE ET LA MORALE

Au peintre Sciko Takeuchi

Un des principes de la secte Zen est que les grandes Vérités sont ineffables. Elles ne peuvent pas être enseignées, elles se communiquent à l'âme par une espèce de contagion. Un raisonnement toujours va être neutralisé par un autre raisonnement, mais le tumulte au fond de notre âme ne pourra pas se défendre longtemps contre le silence, ni l'eau contre le reflet. On nous conseille d'écouter et l'idée de l'immobilité aura été semée en nous si l'on arrange pour nos yeux un point de vue qui nous apprenne pendant une minute à ne pas bouger de place. Le mal est un état d'isolement et de violence ; nous ne réussirons pas à nous y maintenir, pas plus que ce *la* ne se prolonge aux violons beaucoup quand l'élément délectable peu à peu lui est soustrait par la flûte.

Et ce matin de janvier à Kyotô, pendant que je vais visiter dans l'enclos du vieux jardin solitaire de Ryuanji ce sobre paysage fait de quinze pierres et de sable qui est censé représenter je ne sais quelle fable enfantine de panthères et de tigres (le tigre serait plutôt suggéré par le dessin régulier que font les

dents du râteau, ces raies d'une mer quand le vent la
jardine autour des trois îlots qui sont sur la page
plate comme la signature et le sceau et l'écusson
sculpté de l'artiste), je sais bien qu'il n'y a eu là pour
m'attirer par ce chemin jonché de branches mortes
qu'une ruse de l'ermite défunt; le guet-apens à ma
gauche était celui de cet étang si pur que la moindre
brindille des arbres dépouillés par l'hiver ne saurait
lui échapper ni la conférence avec le néant de ces
trophées dilacérés de pourpre brune qu'est devenue
en route vers ce contemplateur mortifié entre ses
berges pénitentes la suprême volute de la forêt. Moi
aussi, si peu que mon pied ait séjourné sur le pont
de pierre dont ce niveau spirituel au-dessous de moi
achève le rond, je sens qu'une *impression* m'a été
dérobée par la glace de cet incorruptible hiver et que
je me suis laissé prendre un gage. Des arbres enseve-
lis dans la mousse m'entourent comme si le monde
autour de moi était frappé de caducité et j'entre
dans l'éternité par le portique de la vieillesse. Devant
moi il n'y a que la forêt et les premières marches
d'un escalier qui monte, et ce temple vermoulu sous
les branches a l'invitation moins du repos que de la
halte, opacité du suprême témoin pour l'adieu assis
là et gagné par la décrépitude.

Tout l'art des anciens peintres japonais (qui, la
plupart du temps, étaient des religieux) s'explique si
l'on comprend que le monde visible pour eux était
une perpétuelle allusion à la Sagesse, comme ce
grand arbre là-bas avec une lenteur inexprimable qui
dit non pour nous au mal. Allusion et non pas illu-
sion. Et si nous lisons dans les Livres Saints que la
Sagesse est apostée pour nous attendre en des endroits
aussi invraisemblables que le coin des rues et le carre-

four des écoles et des tribunaux, combien plus naturellement au lever du soleil, près de cette charrue à demi enfoncée dans le sillon, sous cet arbre grelottant dans le caparaçon de la neige et du verre? Et même dans les parties les plus matérielles de notre nature il y a quelque chose qui s'amalgame intérieurement avec la vérité comme sur les laques coréennes la poudre d'or avec le noir animal. De même que tel spectacle ne présente à notre regard direct qu'une surface terne et confuse et attend que nous nous soyons détournés pour désagréger derrière nous son sens secret et pour nous frapper de côté de son dard le plus aigu, de même l'artiste en nous offrant une fleur, une barque, un oiseau, se réfère à un monde plutôt suspendu qu'absent, juxtaposé à celui-ci qui passe, et qui ne saurait avoir un autre que nous pour habitant. Ainsi le trappeur qui indique une cache par une certaine marque sur un arbre avec son couteau. Rien que cette patte de martin-pêcheur dessinée avec la pointe la plus fine du pinceau, et de quel trait acéré et subtil sommes-nous atteints!

Et maintenant, regardez ce rouleau éblouissant que l'on développe devant nous! C'est la mer entre les îles. Ô moralistes, à quoi bon tant d'explications et de théories et de menaces, quand nous savons aussitôt que l'ordure en nous est inconciliable avec le saphir? Que la couleur et le parfum délivrent nos sens au lieu de les asservir! Il n'y a qu'une âme purifiée qui comprendra l'odeur de la rose.

[Janvier 1925]

LA NEIGE

D'après la musique de Kineya Sakichi

*Dans l'infini de la neige au-dessous de moi
je vois un point noir comme un grain de
tabac qui se déplace vers mon ermitage. Le
détachant de l'ongle et le plaçant sous le
microscope il ne serait pas difficile de distin-
guer une femme suspendue à un bâton dans
son Kagô entre les deux porteurs, empaque-
tée comme il convient pour une si longue
pérégrination.*

(Le Vieillard sur le Mont Omi. GRAIN.)

Il y a deux Shamisen[1], l'un qui regarde et l'autre
qui est regardé et tout ce qui tend l'horizon de l'ima-
gination est de la neige. Deux pépiements de cordes
au travers du silence qui est surimposé à tout et de
cette visible invisibilité. Je ne dis pas l'un qui écoute
et l'autre qui est écouté, mais quelqu'un qui est
occupé à regarder quelque chose et quelque chose
dont le mouvement est connu à travers quelqu'un,
comme un oiseau qui parle d'un insecte. L'un des

---

1. Le *Shamisen* est une espèce de guitare à manche très long
avec une caisse recouverte d'une peau blanche (une peau de chat).
On en tire des sons au moyen d'un plectre d'ivoire triangulaire.

instruments donne le branle à notre imagination et se tait pour la laisser à son tour regarder avec les oreilles. On voit la chaise à porteurs avec son équipage à quatre pieds qui s'avance à tout petits pas à travers l'étendue incommensurable. Chaque progrès est une note, un tout petit dessin de points pour l'ouïe, mais ce que raconte avec autorité le plectre d'ivoire, appliquant sa corne acérée aux trois cordes du premier instrument, est bien plus clair, comme un oiseau qui analyse la chenille de son œil rond et de son bec pointu. «Arrive! arrive!» dit l'oiseau. «Avance, avance! Quelle chenille! bon, le voilà qui s'arrête encore!» «Je viens comme je peux», dit l'insecte. Et juste le temps de s'effacer sur la neige, où ils piquent un point spirituel, la femme, le *kagô* et les porteurs apparaissent comme aux limites de la vue, pépin à pépin, cri à cri.

[Juillet 1926]

PONT

Le paysage est constitué de deux triangles, l'un massif et nourri, l'autre évidé et allongé jusqu'à l'exténuation qui, au milieu du panneau, se rattachent par un pont en forme de kotô.

Dans tout tableau il y a un équilibre du plein et du vide, le *yang* et le *yin*, le mâle et la femelle.

[Juillet 1926]

LA CANNE

Je parle de la canne du promeneur et non pas de la crosse du montagnard qui lui sert de membre supplémentaire et de frein. La canne est dans ma main cette règle qui démontre une relation avec mes mesures personnelles la plus commode. Elle me prolonge et donne en un rythme sans cesse interrompu et changeant le bras comme compagnie et comme contrôle au mouvement régulier des jambes. Elle me devance et elle me suit, elle est le javelot de l'inspiration et le sillage du regret, elle est l'instrument acharné de ma conquête. Elle me permet de toucher, de tâter, de ressentir, de frapper, de retrouver cette route où l'impulsion de ma volonté me transporte, c'est mou, c'est dur, elle est le contact de mon âme avec la route ; elle est comme une épée à mon poing, la résolution inflexible de l'étape que j'ai décidée. Elle est l'antenne obéissante au service de la remarque et de la rencontre, toujours prête à se porter ici ou là. Elle remplace pour l'homme en état de rêverie et transfert, ou, comme disent les philosophes, de *puissance*, tous les instruments précis qui lui servent à l'état d'action. Elle est cette présence, cette constance dans ma main, cette chose bien adaptée au poing, cette amplification de ma force, je peux taper avec. Tout ce que l'âme dit à la main, la main le dit à la canne et la canne le répète à la route. Je veux, je dois, je puis, je sais, je vais savoir, je me souviens, ça va, ça ne va pas, il est temps, tout est fini, tout cela s'écrit avec une canne. En avant! j'ai saisi ma canne! Il y a encore un bout de chemin aujourd'hui que je vais faire.

[Juillet 1926]

DEUX BAMBOUS VERTS

Sur une longue bande de papier Seiki a peint deux bambous parallèles de diamètres différents, pas de feuilles, rien que les deux tuyaux d'un vert égal en commençant par les racines. Deux cannes, on dirait : est-ce un sujet pour un peintre ? Mais que les deux tuyaux n'aient pas la même grosseur, est-ce que l'œil ne s'en aperçoit pas aussitôt et ce qui nourrit en nous le sens de la proportion ? Aussi, ne vois-tu pas que les jointures très rapprochées près de la racine s'écartent ensuite à des distances calculées qui ne sont pas sur les deux tiges les mêmes ? Et de cette double comparaison ne jaillit-il pas pour l'esprit à la fois une harmonie et une mélodie comme des nœuds d'une double flûte ? L'œil ne se lasse pas de vérifier que la proportion est ce nombre qui n'est capable d'être représenté par aucun chiffre.

[Juillet 1926]

L'ARRIÈRE-PAYS

La grande plaine plate comme une étoffe bien tirée, l'immense niveau de la rizière, les rivières épuisées qui n'en finissent pas de donner à boire aux champs par toutes sortes de rameaux et de ramillons, — août, — la grande moisson d'août avec son réseau serré de routes et de chemins de fer toute fourmillante de villes, de villages et de travailleurs, la grande marge d'alluvion du Sud au Nord, — mais la mer d'un côté n'est pas loin et de l'autre côté il n'y a guère d'endroit où l'on oublie la ligne bleue des montagnes quand elles ne descendent pas s'accrocher au littoral par contreforts et systèmes collatéraux. L'enveloppe au Japon est surpeuplée et le noyau est désert, il n'y a personne. C'est un corps caverneux. La scène encombrée a pour âme un corail compliqué de coulisses vides. C'est comme une maison dont la plus grande partie serait condamnée et toute la construction du pays s'appuie à un centre inhabitable, à un sauvage labyrinthe de cailloux et de bois, à une cavité qui sonne. Quand on a franchi les premières pentes on peut cheminer des jours, par une piste à peine frayée qu'une végétation d'une intensité quasi fossile ne permet pas au pied de lâcher, sous une humide atmosphère de fougères, dans une forêt aussi solitaire que la Sibérie, encombrée de châlits et de lianes, sans autre compagnie que le chant du coucou et le grondement accru ou décroissant de la cascade. Si l'on gravit une cime, on plane sur un panorama d'exfoliations et de scies, sur une intrication de creux aux crêtes aussi tranchantes qu'un moule. L'œil n'a pas de peine à compter devant lui sept, huit, neuf plans de montagnes (et la grande plaine tout là-bas à l'orifice des vallées comme une mouillure bleue) et souvent ces murailles successives ne sont que d'étroites banquettes dont le sommet laisse à peine place au pied, une plantation de paravents. Tout cela a l'air précipité et récent, l'œuvre d'un entrepreneur impatient et bousilleur qui empile ses déblais au hasard, tous ces talus disjoints s'écrouleraient sans le ficelage de la végétation qui coud et maintient le tout tant bien que mal.

Il y a le Japon plat et il y a le Japon plié.

Le Japon plié ne se refuse pas seulement au pied, il se dérobe au regard. Sauf pendant ces mois où souffle régulièrement la grande haleine salubre du Nord, il est toujours plein d'eau et de brouillard, et ses profondes élaborations intérieures ne sont révélées que par les torrents qui de tous les côtés s'en échappent avec fureur, des eaux inhumaines s'échappent de recoins aussi reculés que des cimetières. Au côté de l'Océan, on dirait que ce pays de trous et de replis en appelle à lui toutes les vapeurs, qu'il conjure tous les rêves d'une matière suspendue perpétuellement en mal de la forme. C'est un laboratoire que le coton atmosphérique ne cesse d'approvisionner pour se faire approprier à travers toute espèce de précipitations par une végétation multiple aussi adaptée à l'exploitation du brouillard que les polypes le sont à celle de l'eau salée, mousses pareilles à des algues, aiguilles du pin, as du fraisier, étoiles de l'érable, tubes, mucus, peignes, bulles, poils, houppes, langues, buvards, condenseurs. Une sorte d'appareil digestif. Un pays qui ne connaît pas le repos et où le mouvement ne cesse jamais. Celui de l'ombre et de la lumière, celui du vent et de la pluie, celui du soleil et de la lune mille fois interprétés par le relief, par le miroir, par le voile et par l'écran. Mais surtout la brume n'y arrête jamais le jeu de ses écharpes, de ses réseaux et de ses tissus, de ses transparences et de ses bouchons. Il y a toujours quelque chose qui bouge, la longue tête du dragon pénètre par un col tandis que sa griffe enserre l'épaule d'un volcan et que sa queue traîne au fond d'une vallée piquée par les mille escarboucles d'une ville. Une étoile brille, elle s'éteint, et aussitôt une autre une seconde lui répond comme un signal optique à l'autre bout du ciel. Il y a toujours quelque chose qui apparaît et qui disparaît, qui s'élève et qui s'abaisse, qui fume et qui se pelotonne, qui s'enveloppe et qui se révèle. Sensibilité traduite immédiatement par des mouvements à toutes les nuances, à toutes les humeurs de la journée et de la saison. Un cœur lisible, un visage où toutes les émotions se peignent. Un spectacle dont le principal acteur est le rideau. Il n'y a pas à s'étonner qu'un Saigyô et un Bashô, quittant tout, aient construit une hutte dans la montagne pour n'en perdre aucune péripétie.

(Ne serait-ce pas là un couplet qui serait à sa place dans une de ces «descriptions du chemin» que font les acteurs du Nô? Par exemple Yoshitsune accompagné du fidèle Benkei au moment où il se prépare à franchir la suprême barrière du Nord pour s'enfon-

cer dans l'inconnu, avant qu'il ne prête au futur
Gengiskhan les caractères qui forment son nom.)

À pied, en voiture, par toutes sortes de sentiers et
de lacets, je viens de passer plusieurs jours au milieu
de ces tranchées et de ces éboulis, et j'ai été frappé
du côté *fabrication* de cette nature où l'ouvrage des
dieux antiques rejoint tous les procédés de l'industrie
moderne. Ce ne sont point les vastes cuvettes, les
lents dépôts, les longs plissements planétaires, les
constructions d'ensemble, les pentes interminables
que montrent les grands continents. C'est l'œuvre
d'un dieu court et violent, une terre parmi les tour-
billons de pierre et de cendre furieusement piochée
par Izanagi à la recherche de Izanami. C'est un pay-
sage industriel qui sur une énorme échelle ressemble
aux abords de Pittsburg ou d'Essen ou à ce que
devait être la région de Panama pendant la construc-
tion du canal. Les pluies formidables font le même
travail d'abattage et de démolition qu'on obtenait là-
bas par la lance des pompes. La terre fume et pousse
des jets de vapeur, des soupapes claquent, des soupes
minérales cuisent, l'air est imprégné d'odeurs chi-
miques, la terre est décolorée par toutes sortes de
réactions et de bains-marie, du flanc des volcans
parmi des monceaux de scories pareilles au cyana-
mide s'échappent des ruisseaux fumants de soufre et
de vitriol et des fusées bouillonnantes dardent des
parois verticales comme des robinets de purge. Cela
ressemble à une mine abandonnée, à un système de
terrils et de crassiers dont le sol meuble a été envahi
par une flore sans racines, par les molles végétations
de la ruine. De longs torrents écumeux qu'on dirait
échappés de la chaudière et de la turbine serpentent
sur un lit de démolitions. Et je me rappelle quand

enfin nous arrivâmes à la plaine, devant nous, dans le soir, cette épouvantable batterie de volcans de Ikao, pareille à une famille de hauts fourneaux, avant-poste de cette longue chaîne d'Encelades qui, du Sud au Nord, dans les convulsions de la terre travaillée par de profondes coliques, dans la marche et le tapement des cratères, dans l'explosion des cartouches, dans l'effort des béliers et des vérins infernaux, ont soulevé et configuré le Japon. Nous nous promenons à travers les « Japan's Geotectonical Works ».

[Août 1926]

MIES

J'ai toujours, même enfant, partagé la répulsion qu'inspirent à la plupart des esprits français les imaginations de lutins et de farfadets, si chères aux bonnes âmes germaniques. Nos gros pieds restent de gros pieds et vous aurez beau les rétrécir, ce ne sera que pour les rendre capables d'accrocher des choses plus délicates. Notre grosse viande n'a rien à faire dans le monde du rayon et de la goutte. La nature a bien d'autres inventions pour l'exploration de l'impalpable, savante à toucher comme le sont les aveugles. J'ouvre ma fenêtre sur la forêt et la lumière de ma lampe attire les mies de l'ombre. Ce sont des flocons de fumée organisée, des riens vivants faits d'haleine et de brouillard, des pétales de pensée. Ailes moins qu'une palpitation de l'esprit, séparées de l'évanouissement par le seul duvet, et moins ailes encore que l'infime souffle qu'elle produit. Quelle araignée déjà a tendu pour les attraper un invisible rets ? À côté de ces messagers de la nuit comme un ange en mille morceaux dont la livrée souvent porte le signe mystérieux d'un œil, les imperceptibles ouvriers, comme des serruriers apportant leur trousse d'outils, palpes, forets, tarières, petites clefs perçantes, cheveux qui sont des organes et des instruments, nos délégués vers le microscopique, — tacts. Plus petit encore, des paillettes d'argent, des poussières d'or, des traits de phosphore, des râpures d'atomes, qui sous le jet d'un feu latéral ne se révèlent que pour nous faire sentir l'infinie divisibilité du temps, points qui voient, piqûres sur notre âme. Aussi les coléoptères noirs et durs comme des boulettes de nuit comprimée, comme une poignée de sable brutalement qu'on vous jette. Et quand j'éteins la lampe en même temps cette aile suprême sur ma bouche comme le baiser d'un mort.

Chuzenji, août 1926.

LA MAISON
D'ANTONIN RAYMOND
À TOKYÔ

Rien de plus triste que notre fenêtre rectangulaire qui a l'air moins faite pour respirer l'air et la lumière que pour les repousser de son multiple bouclier de verre avare et de rideaux. La Maison Japonaise, au contraire, à l'abri de ses auvents et de ses vérandas, qui la protègent contre l'agression trop brutale du vent et de l'averse, et du jeu variable de ses légers écrans, s'ouvre sur toute la largeur de sa paroi à l'extérieur. Notre chambre parisienne entre ses quatre murs est une espèce de lieu géométrique, de trou conventionnel, éclairé par le rayon réfléchi d'un jour abstrait, que nous meublons d'images, de bibelots et d'armoires dans cette armoire, comme une tête les yeux fermés est pleine de souvenirs plus ou moins présents ou réservés ; la chambre Japonaise, au contraire, est faite pour la réalité quotidienne du temps, du soleil et de la saison, telle que ciel et nature ont été ordonnés pour la traduire, ne fût-ce que grâce au modeste paradis d'un petit jardin. Quel dommage qu'il y fasse si froid, qu'elle brûle si facilement, qu'on n'y puisse vivre qu'à genoux et que personne n'y ait droit à sa privauté ! C'est pourquoi notre ami Raymond, tous ces inconvénients retranchés, a essayé de conserver ce que la Maison Japonaise avait d'essentiel et de délicieux, moins une boîte qu'un vêtement, un appareil à vivre et à respirer, et qui tout en conservant la chaleur animale ne nous prive pas de l'exercice et du champ de nos sens.

Ne disposant que d'un espace restreint, au lieu de juxtaposer ces compartiments divers dont se compose une habitation, il a dû les superposer, en leur attribuant le rôle non pas de caisses mais d'organes, calculés non pas seulement pour nous protéger en nous emprisonnant mais pour l'échange confortable et délicat à travers la vitre spirituelle, ou pareille à une membrane transparente, de deux vies équilibrées, l'une extérieure et l'autre enclose. Ces chambres se répartissent sans s'emboîter sur l'axe central, comme les branches respiratoires sur la trachée, elles se tournent vers les différents points de l'horizon et s'agencent pour utiliser sous les meilleurs angles le rayon solaire à mesure qu'il s'incline. Chacune est composée en réalité de deux terrasses, l'une à la place de toit, à l'air libre, l'autre intérieure et protégée par des visières, mais où le verre provisoire et comme fictif pour nous circonscrire tient autant de place que la muraille. Pour mieux accentuer ce caractère de campement durable, Raymond a voulu que l'ouverture sur la liberté existât précisément à l'endroit où les deux murs d'habitude en se rejoignant attestent le plus durement notre prison, il l'a coupée, si je peux dire, à la racine, il n'y a plus de cellule parce qu'il n'y a plus de cube, mais seulement un plateau approprié à notre besoin domestique, sous le regard de Dieu, de repos et de mouvement.

Naturellement, une maison de ce genre s'explique non pas du dehors au dedans comme une de nos casernes locatives, mais du dedans au dehors comme un être vivant, un de ceux par exemple que revêt le tissu dur et l'habit calcaire. Et l'organe principal est le vaisseau de communication générale, nerf, muscle et tube, qui, par le fait du principe vertical est ici l'escalier. Il est fait d'une seule pièce enroulée comme la spire d'un coquillage. Je le compare encore au mouvement compensé par lequel l'arbre national, le pin, emporte pour les proposer aux différents aspects de l'horizon des pavillons de feuillage. C'est la tige profonde sur laquelle tout vient s'ordonner et qui prend sa racine en bas dans la grande salle commune où chaque habitant échappé à son atelier personnel vient retrouver la table et le foyer.

Une maison qui est conçue non pas comme un édifice, mais comme l'enveloppe bien ajustée d'une vie ne peut pas être construite de matériaux hétéroclites, elle arrange, dilate, perce, tend et tire une étoffe homogène faite d'une espèce de ciment moins que de porcelaine mate ou de marbre mâché du grain le plus serré et le plus doux. Ni clous, ni meubles indigérés, ni œuvres d'art, ni peintures obsédantes, ni loques, ne viennent accrocher, gratter, blesser et gêner la pensée et le corps de notre occupant qui se glisse là-dedans comme une couleuvre dans son trou. Il la chauffe on dirait de sa propre chaleur et l'éclaire de sa propre phosphorescence.

[Janvier 1927]

LE POÈTE ET LE SHAMISEN

LE POÈTE. — Et qui m'empêcherait, je vous prie, Monsieur Peau-de-chat, de calligraphier, les doigts déjà m'en démangent! une jolie relation de mon voyage, station par station, dans le goût de ces anciens itinéraires Japonais dont j'ai là des échantillons, de laisser ma mémoire activement et paresseusement débouliner le long d'un chemin peint en jaune à travers toute sorte de bosses vertes, comme on voit sur ces grands tableaux au sortir des gares qui offrent aux touristes le menu de toutes les curiosités du district?

LE SHAMISEN. — Fais attention! tes doigts se sont approchés dangereusement d'une de mes cordes, un peu plus tu allais me pincer et alors bzing! voilà tout ce paysage industrieusement confectionné qui instantanément, comme ces images bouddhistes dessinées sur le sable avec des barbes de plume, fout le camp, il se décroche, à la place l'épilepsie soudain arrêtée en pleine dégringolade de quarante-six bouts hétéroclites de visions et d'idées.

LE POÈTE. — Je ne sais ce que tu veux dire. Il n'y a pas de qualité dont je sois plus fier, avec cet acharnement pédestre, cette fidélité rectiligne à mon pro-

pos, que cette simple probité par laquelle je mets
tout ce que j'ai d'œil au service de ce chou qui grâce
à moi va devenir pour l'éternité le plus vert de tous
les choux. — Tu ne dis rien?

LE SHAMISEN. — Je souffre! Ça me fait si mal que
je voudrais souffrir encore davantage! Là! Là! Mets
ton doigt à mon endroit le plus douloureux...

LE POÈTE. — Volontiers.

LE SHAMISEN (*avec un cri perçant*). — Aïe! Poète!
— Poète, je dis! Hi! Tu ne dis rien? À ton tour de
ne plus rien dire.

LE POÈTE. — J'écoute ce qui va venir.

LE SHAMISEN. — De cette fidélité nous avons eu
un témoignage affligeant quand tu as eu l'idée, pas-
sant par Osaka, de confronter le véritable *bounrakou*
avec celui qui il y a deux ans s'était mis à marcher
dans ton imagination. Tout d'abord ces fameux ani-
mateurs ne sont pas tous masqués. Il y en a plusieurs
qui ont la figure découverte.

LE POÈTE. — C'est bien plus beau comme ça! je
comparais les animateurs à ces ombres diverses et
plus ou moins dessinées que fait un corps exposé à
plusieurs foyers lumineux dont les rayons s'entrecroi-
sent. Ou encore à ces enveloppes vides de soi-même,
à ces vestiges sans visages, que tout être vivant laisse
derrière lui, à ce buisson d'apparences confuses que
sans cesse il réintègre ou déserte. Il est tout naturel
que parmi elles il y ait plusieurs plans d'actualité et
de précision.

LE SHAMISEN. — De même cette étoile, cette
méduse, cet acteur posé sur la tige de son propre
cœur et manœuvrant ses quatre membres comme les
ailes d'un moulin, comme c'est exagéré! Et le voci-
férateur muet! Simplement un employé distrait qui

de temps en temps encourage son camarade avec un petit grognement.

LE POÈTE. — Et l'on dit que la lyre était le soutien de l'inspiration lyrique! moi je croirais plutôt que c'était l'instrument de la critique avec ses petites remarques sèches?

LE SHAMISEN. — Pp¨…

LE POÈTE. — J'ai entendu! Sans doute à cause de ce tréma pareil au double stigmate qui permet de soulever l'opercule d'un fourneau de cuisine, l'idée de poëte chez moi est toujours associée à l'idée de poële et de tuyau de poële. Quelque chose d'inspiré, de noir, de délabré et de vide, marchant en tête des innombrables bataillons du pensum!

LE SHAMISEN. — Nous n'avons pas fait beaucoup de chemin depuis tout à l'heure.

LE POÈTE. — C'est si ennuyeux de marcher toujours dans la même direction sur cet étroit rail d'encre! Il me faudrait un grand panneau carré comme les peintres, un deux mètres sur deux, où je puisse commencer mes malpropretés de trente-six côtés à la fois, justement comme ces placards touristiques dont nous parlions. D'en haut, de côté, de par derrière, du futur, du passé, cela suinterait et finirait par dégouliner vers une espèce de centre jamais atteint par toutes sortes de chemins et de méandres.

LE SHAMISEN. — Si tu te donnais la peine de fouiller dans ce cahier vert, là sur la table, il me semble que tu trouverais quelque chose de très bien dit à ce sujet.

LE POÈTE *(fouillant dans un cahier)*. — Voilà, j'ai retrouvé! *(Il lit) :*

L'observation de la route, le Tao, était chose particulièrement importante. La route était comme l'axe de toute la composition : *dans l'abstrait, c'était le moyen par lequel l'énorme indifférence de la nature était mise dans une parenté compréhensible avec l'homme ; dans le concret, c'était le moyen de relier organiquement les plans superposés de la peinture narrative des temps primitifs et d'enregistrer leurs registres disjoints dans une vivante unité. Il n'est pas non plus sans signification que le mot Tao soit le même que celui employé pour le principe créateur du cosmos de Laotze. La puissante figure de Lao Tze, telle qu'elle apparaît quand il secoue de ses pieds la poussière des plaines et se retire vers les montagnes du Soleil couchant, pour se perdre dans leur solitude, après avoir écrit un des livres immortels d'ici-bas, hante toute la peinture de paysage chinoise dès qu'elle devint le principal médium d'interprétation des ultimes problèmes. Le premier et le plus grand de ces problèmes, le double mystère de l'espace et du temps, imprime à la conscience humaine comme un sentiment de direction — et la direction est le commencement et la signification constante de toute route. En outre, le sens de la direction éveille le désir d'explorer l'endroit qu'elle indique ; par conséquent introduire la direction dans le paysage, c'est le remplir de mouvement, d'émotion, de vie, et, en fait, c'est mettre tout cela d'accord avec la principale règle d'art de Hsieh Ho : le mouvement vital de l'esprit qui règne à travers le rythme des choses. Nul doute que ceci n'ait été tenté avant Wang Wei, mais c'est lui qui a perçu clairement le premier les moyens par lesquels le but désiré pouvait être atteint. La route, le tao, le mouvement dans les sentiers, l'amont et l'aval des eaux courantes, la direction du vent dans le balancement des branches et l'ondulation des roseaux, ce qui non seulement excite l'envie de suivre son mouvement mais encore éveille dans les esprits réfléchis toute la question de l'origine et du sens de la destinée*

*humaine. Et le paysage donne la réponse : l'homme est
un laboureur du sol qui crée la fertilité autour de sa hutte
abritée de saules ; il est le pâtre menant son troupeau au
pâturage ; il est l'explorateur qui construit de périlleux
sentiers là où l'escarpement des falaises empêcherait d'al-
ler plus avant ; et il est le penseur qui, seul de toutes les
créatures sur terre, peut méditer sur l'invisible et l'éternel,
et qui, pour garder ce don précieux, bâtit des temples
dans les replis des montagnes silencieuses et des cellules
d'ermite sur leurs sommets solitaires. De l'union de ce
sens de la direction avec la relativité de la dimension et la
distinction des choses représentées découlent les lois de la
composition, comme une conséquence naturelle.*

LE SHAMISEN. — Qui a écrit cela ?

LE POÈTE. — Un nommé A. Grantham dans le
journal *La Politique de Pékin* du 11 décembre 1921 ;
un article sur le peintre Wang Wei de l'époque des
Tang. — Moi aussi comme les peintres j'aimerais
faire quelque chose de simultané qui traie le papier
blanc par plusieurs bouts à la fois et exploiter une
grande surface, une espèce de bassin d'idées, au lieu
de pousser sempiternellement cette ligne qui pour-
suit son chemin menu comme la fourmi de Salomon
à travers la perle sinueuse de la Reine de Saba.

LE SHAMISEN. — Un chemin simplement fait
pour mener quelque part, c'est pourtant une belle
chose aussi. Un chemin avec des ponts. Comme ce
pont d'Iwakuni que nous avons vu l'autre jour, qui
va d'une rive à l'autre non par une ligne droite,
mais par une série d'élans et de gracieuses cour-
bures. C'est comme de larges dos qui s'offrent à
nous l'un après l'autre, montant, redescendant, pour
nous passer.

LE POÈTE. — Et ce vieux pin tentaculaire comme

un concierge à sept têtes, que l'ingénieur a planté à l'autre bout pour nous réclamer péage !

LE SHAMISEN. — Explique-moi pourquoi il y a si peu de lignes droites au Japon, dans l'art ou dans la nature, ces lignes qui vont simplement d'un point à l'autre, mais qu'elles s'écartent toujours d'autre chose que leur point de départ, qu'elles ne partent jamais que pour essayer de revenir sur elles-mêmes et que rien ne s'ouvre que pour se refermer.

LE POÈTE. — Probablement parce que le Japon est une île, beaucoup d'îles, plusieurs vases au milieu de la mer, un bouquet de lignes et de couleurs, une cassolette fumante !

LE SHAMISEN *(déclamant)*. — Îles !

LE POÈTE. — Oui ! Ces îles de la Mer Intérieure au milieu desquelles je me suis réveillé ce matin de mai dans une splendeur inimaginable, comme au milieu d'une immense doctrine lumineuse dont on ne voit que les sommets.

LE SHAMISEN *(de même)*. — Îles !

LE POÈTE. — *Îles !* Précisément ce poème de Valéry sous le vent de qui nous naviguions cet autre matin pendant que les voiles des pêcheurs comme des pétales purs de cerisiers se détachaient sur la masse vernoire de Itsukushima. Je lisais ce fragment séparé par des lacunes du reste de la «Jeune Parque» qui par son isolement et sa construction superposée donnait lui-même précisément une impression à la fois d'île et de montagne. Quel dommage que je n'aie pas le livre sous les yeux !

> *Salut, divinités par la rose et le sel,*
> *Îles !*

et plus loin, ou autre part :

> *îles de mon sein nu*

LE SHAMISEN. — Tout est île au Japon, tout émerge de quelque chose.

LE POÈTE. — Mais les îles de Valéry sont complètes de la base au faîte comme des cyclades, elles sont parfaites comme des porcelaines, elles sont aussi indigènes à la Méditerranée que les rascasses et les oursins et le rouleau de malachite bleue qui passe sous les pêcheurs de thons.

LE SHAMISEN. — Ici il ne serait pas difficile de tirer de moi une espèce de gamme déglinguée qui ressemblerait assez au mot «intellectuel».

LE POÈTE. — Quelle bêtise! Valéry est avant tout un voluptueux et tout son art est une attention voluptueuse. C'est l'esprit attentif à la chair et l'enveloppant d'une espèce de conscience épidermique, le plaisir atteint par la définition, tout un beau corps gagné, ainsi que par un frisson, par un réseau de propositions exquises. Rappelez-vous la qualité du modelé chez les peintres Vénitiens, le Corrège par exemple ou Titien.

LE SHAMISEN. — De là chez Valéry...

LE POÈTE. — Je prends esprit dans un sens demi physique, une intelligence dont les narines seraient l'organe par qui nous prenons l'inspiration même de la vie.

LE SHAMISEN. — De là chez Valéry ce thème continuel de Narcisse, l'obsession du serpent, ces lignes qui se recherchent,

Il

(quelque chose, le poison, je crois)
Il colore une vierge à soi-même enlacée,
ces vers parallèles qui sont l'un de l'autre images (avec un frisson qui les brise quelquefois), s'épousent et se composent, autour de ce centre secret que

le doigt de la Belle Dame du Prado précisément indique. Pendant qu'un artiste à demi tourné vers elle, mais pas jusqu'à la voir ! — les perceptions latérales ! — joue de l'orgue ou d'un instrument qui me ressemble. L'Île toujours, quoi ! — Mais pour en revenir à ce chemin dont nous parlions...

LE POÈTE *(levant la main en l'air)*. — Une main couverte de sang !

LE SHAMISEN. — Tu penses sans doute à ce sang merveilleux auquel les pivoines du jardin Kawasaki doivent leur éclat. Je suis sûr qu'il y a des nuits de printemps où il pleut du sang, ou peut-être du vin, la terre le boit aussitôt, mais il n'y a pas moyen d'empêcher les roses de parler.

LE POÈTE. — N'essaye pas de m'embrouiller ! Je parlais de cette médiocre représentation du Chushingura à Osaka. J'ai compris tout à coup, pendant que tu me disais je ne sais quoi de Valéry, ce qu'il aurait fallu comme mise en scène. Écoute ! Quand Kampeï s'ouvre le ventre...

LE SHAMISEN. — Et moi je parle de tout ce qui est imitation par art de la couleur rouge, ne serait-ce que le reflet d'une boutique ouverte sur la boue, ou celui de cette banderole écarlate au-dessus de notre bateau qui colorait les eaux bourbeuses de ce grand fleuve là-bas en Annam.

LE POÈTE. — Il y avait deux banderoles et sur chacune quatre caractères en velours noir, qui signifiaient pour l'une «Famille-des-Grands-Administrateurs» et pour l'autre «Montagne — Pierre-à-couteau — Fleuve — Ceinture», autrement dit «Votre Gloire durera éternellement», avant que nous ne mettions pied à terre sous le «Portique de publicité».

LE SHAMISEN. — Ne trouves-tu pas que ces grandes

routes d'Asie ressemblent assez au manche d'une guitare ?

LE POÈTE. — Elles sont infiniment plus tortueuses.

LE SHAMISEN. — Ce que je veux dire, c'est qu'elles sont parcourues d'un bout à l'autre comme par une espèce de nerf invisible, dont vos fils télégraphiques dans ton pays sont la suggestion. De la Porte d'Annam à la frontière du Cambodge cela fait comme un seul ver et le voyageur sent sous son pas vibrer une corde que d'un bout à l'autre du manche interminable un million de pieds nus ou chaussés attaquent ou quittent. Les aréquiers de Thudaumot sont je ne sais comment solidaires de ces grandes étendues de sable blanc où nous roulons à présent, de ce pont sur la Rivière-des-parfums, de ce repli pavé parmi les gras arbres pharmaceutiques et de ce petit temple rose et bossu sous un grand-père végétal où les coulis de la voirie, abandonnant le rouleau à vapeur, ont cherché refuge, pendant qu'on distingue une tour Tiam à travers la pluie.

LE POÈTE. — Mais nous ne sommes pas en Annam, nous sommes ici, ici, ici ! nous sommes au Japon, et il n'y a pas mieux comme route que le fameux Tokkaido illustré par Hiroshigé et parcouru par la jument marron à deux pattes de Ikkou. Le chemin de fer souvent coupe sa double rangée de pins.

LE SHAMISEN. — Ça vaudrait la peine pour moi d'appartenir à un homme qui intérieurement à la route de l'espace saurait comme avec une canne sur du sable laisser une trace sur la durée, et du départ à l'arrivée, même quand il dort, ne jamais lâcher un certain peloton de ficelle.

LE POÈTE. — Il est vrai que ce ne sont pas toujours les endroits officiels avec des noms qui sont les véritables événements du voyage, mais répondant à cet assis sans visage au fond de nous-mêmes, l'insistance tout à coup taciturne à travers la vitre de concert avec l'orage et le soleil couchant de telle patrie anonyme. On se réveille, et encore mélangés au sommeil voici dans le cœur de la fenêtre à droite de grands espaces de trèfle rose et de colza.

LE SHAMISEN. — Ces moments de réveil sont comme les barres verticales qui viennent interrompre de temps en temps la longue mélopée du voyage et nous redevenons tout à coup sensibles à la vie de notre village roulant.

LE POÈTE. — Par exemple je revois ces bébés en croix contre la vitre comme de brillants papillons. Les deux bons vieux avec force salamalecs qui se partagent une bouteille de saké. Le monsieur distingué qui mange son dîner fait de petits matériaux secs dans une boîte entre ses pieds. Un député debout sur la banquette ôte sa culotte et deux petites bonnes femmes se changent des pieds à la tête sans qu'on y voie que du feu.

LE SHAMISEN. — Pas si vite qu'on n'aperçoive un petit bout de *Djipann* rouge.

LE POÈTE. — Et que reprochez-vous au rouge, je vous prie, Monsieur Peau-de-matou? C'est toujours le faux goût de nos anciens professeurs de rhétorique, ces chastes vieilles filles! le sang est aussi à sa place dans un drame que le raisin écrasé dans la vendange. Cela me rappelle les bacchanales de Monsieur Ingres où tout est si convenable et si décent, un modeste petit chahut de femmes du monde! Pour moi si l'on me donnait à faire la vendange, si l'on m'avait commandé un plafond par exemple pour un de ces palais de Gênes, la première chose que je ferais, avant même d'avoir réfléchi, c'est une tache violette, quelque énorme cochonnerie couleur de lie !

LE SHAMISEN. — Peut-être. Cependant j'aimais assez ce corps en proie au couteau et qui se tord en tout sens pour échapper à ses blessures et le sauvage fouet noir de ces cheveux défaits.

LE POÈTE. — Oui, mais comme tout cela était mal réglé ! ces deux acteurs qui faisaient les délégués des Rônins auprès de leur camarade injustement soup-çonné, comme c'était informe ! Écoute ! voilà ce qu'il aurait fallu faire. Après que Kampeï a fini ses contor-sions, il tombe sans force, la tête en avant, et pendant ce temps on a découvert qu'il n'est pas coupable. Alors l'un des deux délégués tire de son sein le rou-leau qui contient le serment de vengeance des qua-rante-six conjurés avec leurs signatures et des deux mains il le déroule et le tient déployé devant ce frère récupéré, est-il mort ?

LE SHAMISEN. — Il n'est pas mort ! Le second Rônin le prend sous les bras et le relève, et de l'autre main il lui essuie avec un linge la figure toute ruisse-lante des sueurs de l'agonie. Il lui relève la tête, il le force à regarder, peut-être même qu'il lui soulève les paupières avec le doigt. Et peu à peu dans cette face de mort le regard revient. Kampeï comprend. Il lit.

LE POÈTE. — Et alors il élève en tremblant sa main couverte de sang, sa main exécutrice, et il l'abat sur ce papier qu'il ne voit plus. (Il faut faire comprendre qu'il ne voit plus.) C'est la dernière signature. Au lieu de torcher simplement ce papier sur son abdomen comme le faisait Ganjuro !

LE SHAMISEN. — La tête de Kampeï retombe sur l'épaule de son camarade, il est mort.

LE POÈTE. — Cette furie d'éventrement qui si longtemps a fait partie des mœurs Japonaises, comme c'est intéressant ! Cette rage, cette indignation contre soi-même ! ce besoin à tout prix de se déchirer, de se faire ouverture, de sortir enfin !

LE SHAMISEN. — D'échapper à l'Île.

LE POÈTE. — D'ailleurs il est aussi vain d'essayer de s'ouvrir à coups de couteau que de se pénétrer soi-même d'une curiosité impie comme Lucifer et d'un regard adultère. La dame de délices au Prado ne se regarde pas, malgré le petit miroir qu'elle tient (le miroir est là simplement pour s'empêcher de penser...

LE SHAMISEN. — ... pour s'empêcher de passer).

LE POÈTE. — Elle se compose simplement comme une fleur autour de son mystère.

LE SHAMISEN. — Comme l'une de ces grandes roses que nous avons vues au jardin bouddhiste de Hasédéra et que tu appelles des pivoines.

LE POÈTE. — Et qui depuis deux cents ans chaque mois demandent non pas à elles-mêmes mais au soleil de Dieu leur couleur et leur épanouissement.

LE SHAMISEN. — Elles le demandent à travers le brouillard.

LE POÈTE. — Tu veux dire quelque chose.

LE SHAMISEN. — Fais semblant de ne pas comprendre ! Il y a dans toute beauté un élément de tristesse, c'est la mort qui est là, il y a des larmes à regarder fleurir en nous ce qu'il y a de mortel ! et c'est l'exil seul qui rend ces roses possibles. Avant que la sultane des jardins se dévoile pétale à pétale il faut que Mai devant le soleil tende ce voile de cendre et d'argent.

LE POÈTE. — J'ai ressenti cela au Japon mieux que

partout ailleurs : l'amère paix du paradis bouddhiste qui n'est peut-être pas très loin de l'enfer, le sentiment d'un danger toujours présent, une attention à jeun, l'oreille tendue.

LE SHAMISEN. — Cette atmosphère des jours de tremblement de terre quand pas une feuille ne remue, ainsi l'acteur de nô qui regarde et ne remue pas un cil.

LE POÈTE. — Oui, c'est bien cette ambiance de mystère et de terreur, ce silence sinistre qui enveloppe les nô, quand le tambour magique coup à coup commence à battre et qu'on entend sangloter quelqu'un d'abstrait.

LE SHAMISEN. — Le tambour, ou ce rouleau du tisserand appelé *Kinuta*, dont la femme bien loin là-bas, dans la légende chinoise, à travers la distance et le souvenir se sert pour rappeler son mari absent. Il revient traînant à chacun de ses pieds avec le *hakama* trop long un lambeau de ce chemin qu'il a parcouru.

LE POÈTE. — *Kinuta*. C'est un nô de forme curieuse. Le *Waki* dans la première partie ne fait que paraître et disparaître, juste le temps de recevoir le message de l'épouse. Et le *Shité* qui lui succède, cette créature masquée, ce n'est pas la femme réelle, mais déjà l'image que plus tard après le suicide reconstituera du mari le remords rétrospectif.

LE SHAMISEN. — Comme on aimerait voir un nô joué sur cette estrade que nous avons vue à Miyajima et que la mer à chaque marée montante circonvient ! Se refléter les dieux !

LE POÈTE *(chantant)*. — *Un dieu apparaît dans le brouillard mêlé de morceaux d'or.*

LE SHAMISEN *(faisant l'accompagnement)*. — *À travers le feuillage une minute on voit étinceler son char.*

LE POÈTE. — C'est de la sylve sacrée de Ysé que tu veux parler?

LE SHAMISEN. — À quoi t'unissait avant ta naissance la destinée, le *Karma*.

LE POÈTE. — Je ne suis pas bouddhiste.

LE SHAMISEN. — Qui donc t'a amené de si loin sous les cèdres et camphres, parmi le conciliabule de ces noirs colosses, et par un chemin tournant au milieu de cette forêt profonde comme la mort? Où que se porte l'œil, quel silence de voir que tout est vert! La rivière par un chemin tournant au milieu de ce feuillage immense, la rivière, moitié gravier et moitié étincellement mystérieux, eau... Attestera-t-elle par une sandale de paille l'ermite mort là-haut dans une hutte pourrie?

LE POÈTE. — Aucun bruit. Au lieu du gazouillement qu'on attendrait de ce ru rapide rien qu'un fourmillement d'étincelles et d'éclairs.

LE SHAMISEN. — Nous avons laissé bien loin...

LE POÈTE. — ... cette foule joyeuse à grands cris dans l'eau claire qui attelée à de longues cordes et dans la bénédiction des éventails halait vers la forêt les énormes éléments du temple futur.

LE SHAMISEN. — Il n'y a pas besoin d'être bouddhiste pour croire à la fatalité pour nous de certains coins de la terre, une attraction, une occulte parenté, une porosité à certaines influences non seulement des sens mais de ce qu'il y a en nous d'éternel, une communication, la succion de notre temps personnel par l'immense temps de la nature.

LE POÈTE. — Ainsi le premier Empereur du Japon, Jimmô Tennô, quand entre les trois collines il parvint au centre de la Grande Plaine des Roseaux.

LE SHAMISEN. — Un Japon sauvage et forestier et

vers le Nord la fumée bleue des huttes Ainos! Les temples Shinto ont conservé l'architecture du wigwam. — La nuit tombait : te rappelles-tu cette vaste esplanade au milieu des bois et des marécages et là-bas par-devant ces édifices ténébreux une tache blanche qui nous attendait, ce hiérophante de soie qui se mit en marche vers nous, avec son casque de bois noir, traînant d'énormes sabots de laque noir à ses pieds!

LE POÈTE. — Avant que Nara ne fût. Avant qu'immobile et volante la Pagode à l'échancrement de ce col n'enlevât l'énorme falbala de ses toits superposés que termine un long piquet, la tige raide entreficelée de ce multiple calice.

LE SHAMISEN. — Allons, nous n'échapperons pas à ce développement sur les temples de Nara que je vois venir depuis le commencement de cet entretien, et que j'essayais vainement d'éluder. Vas-y! superpose les étages de ta pensée comme cet édifice acharné que construit la main gauche du pianiste pendant que la main droite fait ruisseler dessus de brillants arpèges!

LE POÈTE. — Le toit Japonais, c'est la géométrie éludée par l'aile! Le triangle. Prenons un temple grec, c'est la même chose. Prenons un fronton de temple grec. C'est toujours le même élément architectonique. Il s'agit toujours d'un triangle! Par exemple chacun de ces couvercles superposés de la pagode dont nous parlions, c'est quoi? tout simplement quatre triangles réunis par la pointe; non pas verticaux mais obliques.

LE SHAMISEN. — Le temps, tout le consume et l'amour seul l'emploie.

Ce n'est pas moi qui ai trouvé cette jolie pensée…

LE POÈTE. — Les grands toits du temple de Daibutsu, ces toits d'une ligne si pure avec la courbure presque insensible dans le bas — il n'y a pas de ligne droite au Japon mais une série d'approximations exquises presque jusqu'à s'y confondre, — ces toits, dis-je, ce ne sont pas des rectangles, ce sont des trapèzes, c'est-à-dire des triangles réséqués.

LE SHAMISEN. — ... C'est Voltaire. — On croit connaître quelqu'un...

LE POÈTE. — Mais attention ! voilà nos deux triangles, quelle est la différence ?

LE SHAMISEN. — Le triangle du fronton grec est fermé.

LE POÈTE. — Celui-ci est ouvert ! Les deux lignes divergentes se recourbent et se relèvent légèrement créant au-dessous d'elles un vide qui attire à lui tout l'édifice dont elles sont la base en l'air et non pas le couronnement. Le fronton grec est taillé dans un marbre inerte, il est la forme du poids, mais ici nous avons un triangle végétal et vivant, quelque chose d'autonome. Ce n'est pas le faîte en qui se consomme la montée, c'est tout l'édifice qui est suspendu hors de la réalité ; féerique, soustrait au travail.

LE SHAMISEN. — L'angle dont tu parles est celui des aiguilles du pin, ou les deux jambages qui font le caractère homme. On croit connaître quelqu'un...

LE POÈTE. — Laisse-moi achever !

LE SHAMISEN. — ... on a vécu avec lui pendant vingt ans et tout à coup on le voit descendre à la table du déjeuner avec une cravate bleue aussi inopinée que la petite vérole !

LE POÈTE. — De plus les lignes du triangle grec ne font que relier trois points l'un à l'autre et déterminer entre elles un champ de rapports et de proportions mathématiques. Ce sont des lignes inertes ou disons éternelles. Elles ne bougent pas, elles ne partent de rien, elles ne vont nulle part. Le triangle Japonais au contraire est dirigé vers le dehors dans toutes les directions à la fois. Il est l'intersection devenue sur un point visible de lignes indéfinies. Il est par toutes ses pointes inachevé. Il est l'alliance de la ligne droite et de la courbe. Il ne tient à rien. Il est l'expression et moins la fusion que l'accolade de deux mouvements à la fois convergents et divergents. Il est la limite gracieuse et souple entre l'attraction et la pression, ce qui tire et ce qui cède, le ressort de ce qui plie, l'alliance de ce qui résiste.

LE SHAMISEN. — Tarara, boum, boum, gdnn, gdnn!

LE POÈTE. — Examinons maintenant, et c'est là que je voulais en venir, quel rapport ont ces idées avec l'art du bouquet.

LE SHAMISEN. — En fait d'édifice, tu sais, le tien ressemble à ceux que les passants construisent sur la tête de Jizô avec des petits cailloux.

LE POÈTE. — Le bouquet Japonais n'est pas comme la botte Européenne le butin de Flore, un trophée, la mise en tas confusément pour repaître nos sens, parmi le vert, de tout ce que la nature peut végéter de bleu, de jaune, de rouge. Et toi maintenant, dis quelque chose.

LE SHAMISEN. — Le lac, le lac, le lac. Au milieu du lac il y a une île, une île faite moins de rivages et d'arbres que d'une certaine matité spirituelle, une certaine absence dans l'immense clair de lune à la fois de lumière et de reflet ou de ce qui est, entre les deux, poussière, si toutefois ces mots peuvent te suffire pour une définition de feuillages. Je vais t'expliquer cela avec de la musique.

LE POÈTE. — Tais-toi. J'arriverai sans toi à trouver ce que je veux dire, il n'y a qu'à se fier à cette faculté de déduction qui est le nez d'un esprit sur la piste. Pour trouver son chemin il n'est rien que de fermer les yeux.

LE SHAMISEN. — Attache à ton cœur pour le guider le plus silencieux rayon de la musique.

LE POÈTE. — Une ligne égale entre deux points part indifféremment de l'un ou de l'autre. Si elle est plus grosse d'un côté et va vers l'autre en s'effilant comme font les plantes, on dit qu'elle a un commencement et une fin, une direction. Elle introduit dans l'œil une idée de mouvement, et si la ligne est régulière de mouvement régulier. Elle nous donne aussi les notions de court et de long, je veux dire de plus court et de plus long, dans la durée plus que dans l'espace.

LE SHAMISEN. — Ce qui est long quelquefois c'est ce violon interminable qu'il faut être soi-même sonore pour entendre et que j'essaye en vain de dérouter ou d'interrompre.

LE POÈTE. — Supposons maintenant en émulation avec cette droite une ligne courbe ou brisée qui aille dans la même direction et tantôt l'accompagne, tantôt s'en rapproche, tantôt s'en écarte : *brisée*, qui est le revirement brusque ; *courbe*, qui est l'obstacle amoureusement épousé et surmonté par le détour. Dès lors nous n'avons plus seulement une direction, nous avons un rapport, quelque chose qui interprète et qui module, à côté de la direction abstraite et nécessaire quelque chose de personnel et de particulier, de libre et d'inséparable. Dès lors le sentiment intervient, car la ligne courbe ou brisée ne cesse de *sentir* la ligne droite et d'en profiter : un besoin de rejoindre qui sans cesse s'exprime par un écart. Aussitôt les idées de vivacité et lenteur, d'inquiétude ou de patience, de caprice ou de fidélité, de variété ou d'insistance, et d'une certaine moquerie amoureuse, bien d'autres encore qu'il ne serait pas difficile de trouver, viennent s'ajouter à notre vocabulaire. Dès lors la ligne droite n'a plus besoin d'exister et notre ligne irrégulière n'est plus que la traduction d'un certain sens invisible, une excursion autour de la nécessité dans le possible, le mariage du hasard et de la raison, affirmée par la seule contradiction de la spontanéité avec la loi.

LE SHAMISEN. — Quant à moi j'échappe à la durée par la note et à la ligne par l'exclamation.

LE POÈTE. — Un arbre n'est beau, une montagne, un bouquet, un paysage, que s'il s'inscrit dans une certaine figure géométrique, de préférence un triangle, présentant des proportions si belles qu'elles détruisent la contingence. C'est le passager qui s'inscrit dans l'éternel.

LE SHAMISEN. — Cela, c'est une autre idée, et si tu t'y élances, tu n'iras pas jusqu'au bout de la première. Je vois s'avancer toute une théorie de la géométrie.

LE POÈTE. — Dans le paysage Japonais avec l'exclusion de la ligne droite l'idée de la nécessité inflexible et celle même de la réalité sont bienheureusement exilées, la proposition remplace la contrainte. Le chic de la chose est que ça pourrait être autrement.

LE SHAMISEN. — Tu viens de dire tout juste le contraire, mais ça ne fait rien.

LE POÈTE. — N'ai-je point dit le caprice à l'intérieur de la nécessité ?

LE SHAMISEN. — Oui, oui, oui. Non, non, non.

LE POÈTE. — Attends un peu! Cette odeur de marée tout à coup, cette odeur d'algues marines dans ma pensée est si forte qu'elle renverse tout! Te rappelles-tu cette plage de Isé à neuf heures du matin, cette mer dans la fraîcheur du matin, cette fraîcheur qui est le contact de la pureté, la mer sous le soleil de neuf heures et le cri visible de la lumière, une orgie de visibilité; riante, retentissante, resplendissante, pleine d'esprit, d'espérance et de lumière, à la fois vive monnaie et nappe étalée; la plénitude de l'eau?

LE SHAMISEN. — Tinngle, tinngle! fait la petite clochette au cou du chien qui ranime chez l'ivrogne le remords de la ligne droite.

LE POÈTE. — Un bouquet de lignes. Cette variation à la ligne droite en appelle d'autres, toute une touffe, chacune appuyant l'autre et la complétant, je veux dire lui faisant équilibre, mais évitant à la fois le désordre et la symétrie, la redite et la contradiction, et toutes ces intersections offensantes qu'ont énumérées les maîtres de l'art *Enshiu*.

LE SHAMISEN. — Il reste à parler des incidentes, et non plus seulement de la ligne principale et de ses émules, mais des lignes dépendantes.

LE POÈTE. — Un mouvement n'est vraiment sensible que s'il est efficace, s'il crée des mouvements contraires, comme on voit par le fil et les remous d'une rivière. Non! ce n'est pas un bouquet de lignes qu'il faut dire, c'est un bouquet de mouvements! une touffe d'actions! la dépense qui se compense! le départ et le retour, le désir et la provision (ce qu'on met de côté); la version et le renversement; le mouvement qui en se compensant récupère l'immobilité. Le bouquet épuise par le mouvement toutes les ressources de l'immobilité.

LE SHAMISEN. — Ce que tu as dit tout à l'heure des figures géométriques me laisse une certaine démangeaison.

LE POÈTE. — Et précisément ces rejetons que la plante et l'arbre envoient de tous côtés, n'est-ce pas comme pour explorer les frontières de ce triangle invisible ? Et de même les constructions que tu vois dans ce pays, il ne faut pas les considérer en elles-mêmes, elles font partie d'un édifice non bâti dont la base ou si tu veux la pince est dans le coin, tout est posté latéralement, elles établissent un certain angle auquel tout le reste du paysage désormais ne saurait plus échapper.

LE SHAMISEN. — De sorte que toute beauté peut se reporter sur un angle ?

LE POÈTE. — Sur un cercle et sur un angle. C'est ce qu'indique l'éventail dans la main souveraine de l'artiste.

LE SHAMISEN. — À toute cette géométrie il y a un moyen d'échapper par l'aile, tout le réseau des lignes ne peut rien contre la couleur et contre la musique.

LE POÈTE *(chantant)*. — Contre la beauté et contre l'amour cherchons donc un refuge dans le cœur de la rose !

LE SHAMISEN *(chantant)*. — Au fond des pétales blancs de la pivoine je respire l'exhalation de cette rougeur par qui l'âme est précédée.

LE POÈTE *(chantant)*. — La rose n'est que la forme un instant tout haut de ce que le cœur tout bas appelle ses délices.

LE SHAMISEN. — Du moins c'est ce que disait le Gouverneur de la Caroline du Nord au Gouverneur de la Caroline du Sud, ou quelque chose d'approchant.

Tokyô, Juin 1926.

LE POÈTE
ET LE VASE D'ENCENS

LE POÈTE. — Petit pot à idées, vase à esprit qui divises tout aliment qu'on te fournit en cendre et en fumée, comme la chaleur de trois morceaux de charbon entre les mains gagne peu à peu sous les vêtements tout le corps transi, ainsi ton parfum qui ranime le passé et qui endort le présent pénètre de cellule en cellule jusqu'aux racines de la cervelle. Je te prendrai avec moi comme une lampe, viens fiscaliser dans ma main le profond magasin des écritures oubliées, qui sait si elles n'ont pas travaillé dans le tonneau ? Qui sait si elles n'ont pas multiplié dans la nuit et si toutes sortes de choses n'ont pas profité de mon absence pour venir s'y agréger ?

LE VASE D'ENCENS. — C'est bien. Souffle sur moi et je brillerai et dans la reprise de ton haleine mon parfum remplira tout entier ta cave comme une lumière faisant de tous côtés tressaillir mille escarboucles et bouteilles.

LE POÈTE. — Colore, liqueur subtile, les canaux et ramifications les plus ténus de ma pensée.

LE VASE D'ENCENS. — La vertu bleue qui une fois a fui ne réintègre plus la pastille d'encens. Le parfum ne renaîtra pas de la cendre. Pas plus qu'il n'y a chose à espérer de ce petit tas noir de mots brûlés que tu remuais l'autre jour avec ta canne sous une dalle de ciment et qui sont tout ce qui reste des trois cent mille bouquins de l'Université Impériale.

LE POÈTE. — Et cependant c'est sur ton souffle patient que je compte pour ranimer comme une rouge passementerie quelques lignes d'écriture sur l'impalpable carbone. La flamme et le vent ont repris ce qui leur appartenait, mais de plusieurs manuscrits consumés avec ma maison il reste quelques noirs papillons comme des enfants mal morts qui de temps en temps viennent me redemander la vie. Aide-moi à conjurer ces mots épars avec ce parfum apparenté au souffle qui jadis les a formés.

LE VASE D'ENCENS. — J'ai entendu. Ainsi c'est la forêt maudite d'Angkor à laquelle tu demandes que de nouveau j'unisse mon exhalaison?

LE POÈTE. — C'est elle-même qui est venue me rechercher. À peine arrivions-nous au Cap Saint-Jacques à la limite de l'eau douce et de l'eau salée où la vague mâche avec dégoût comme une bouchée de foin ces radeaux mous de jacinthes que l'intérieur ne cesse de lui expédier...

LE VASE D'ENCENS. — Déjà la barque de notre ami Aurousseau dansait dans les remous de l'hélice. Là-bas sur une île au milieu de l'un des étangs sacrés on venait de trouver un cheval de pierre! Celui qui tous les mille ans, d'après la légende indienne, heurte le sol d'un de ses sabots. Et le patient guetteur qui à ce moment peut se cramponner à sa crinière ou à sa queue va-t-au ciel.

LE POÈTE. — À ce moment j'ai cru voir au-dessus de l'horizon plumuleux des aréquiers se dresser dans les sombres vêpres de la pluie les cinq tours d'Angkor Vat — les cinq ananas de pierre frangés de flammes, — pareils à ces faux fruits qui sont en réalité des sacs à vers tout enduits intérieurement d'un noir guano.

LE VASE D'ENCENS. — Réjouis-toi d'être revenu de là-bas sans rien de plus grave que la colique.

LE POÈTE. — J'ai failli me tuer du haut d'une de ces tours disjointes et tout le monde à Saïgon vous raconte l'histoire de M. Long, de Lord Northcliffe et d'André Tudesq. Dans la ville pourrie le pied heurte douloureusement des morceaux d'idoles à moitié digérés par la terre juteuse, on est toujours fatigué, on nage dans un air cadavérique. La seule chose belle, c'est le matin, au-dessus des éléphants paissants dans les profondes tranchées, la tempête des singes, ces demi-dieux du bond, qui passent en trombe hurlante sur le plafond élastique de la forêt. Le bond est quelque chose d'aussi merveilleux que le vol.

LE VASE D'ENCENS. — Permets-moi d'insister.

LE POÈTE. — Ton encens se mêle à un autre encens ! Je me rappelle ces corridors souterrains et pleins d'embûches, ces noirs cachots éclairés d'en dessous par un soupirail vert où tournoient d'affreux vols de chauves-souris, ces sanctuaires éclairés par un cierge près de s'éteindre où un dieu à la face morte et sanglé d'un pagnot pourri est assis sur un trône d'excréments ! Et partout au-dessus de nous le vent de ces ailes immondes, la ronde des rats volants et cette puanteur hideusement parfumée qui, au fond de nos entrailles, lie je ne sais quelle connivence avec notre corruption intime. Je suis hanté par la malédiction du vieux Prophète : *Intret corruptio in ossa tua et subter te scateat !*

LE VASE D'ENCENS. — Pourquoi disputer cette

ville maudite à la forêt qui s'était jetée sur elle et déjà l'avait plus qu'à moitié digérée ?

LE POÈTE. — Elle perce le grès, elle remue les marches, elle sonde les tours avec une espèce de sabre qui pond, elle jaillit de l'épaule d'Indra, elle engloutit le nœud des nagâs sous un reptile plus tenace, elle intervient dans la vie privée des bas-reliefs, elle attelle aux colonnes ses crics et ses cordages, elle sécrète et corrode, elle monte des mécaniques, elle placarde les pans de mur avec l'anastomose de sa musculature acharnée, j'ai vu cette ogive fantôme que soutient seul dans l'air verdâtre un ficelage de lianes, et cette racine de fromager qui s'enfonce entre les dalles visqueuses comme un vaisseau gonflé de chyle ! Cette ville en pâture à la forêt on dirait un cadavre jeté aux lions !

LE VASE D'ENCENS. — Comme le Bayon devait être une belle chose sous l'hydre végétale avant que les archéologues en aient fait cette espèce de jeu de quilles hagard ou de panier à bouteilles !

LE POÈTE. — Pareils à tes filaments de fumée que mon souffle s'amuse à diviser, odeur, vapeur, il ne cesse de monter de ce sol putréfié je ne sais quoi de vague et de dansant.

LE VASE D'ENCENS. — Sans doute ces *apsaras* comme des insectes au fin corsage avec un masque de chenilles que les sculpteurs ont reproduites comme au patron sur tous les piliers, agitant gracieusement leurs palpes.

LE POÈTE. — C'est ici le grand marécage, la Mer de lait dont il est parlé dans le *Ramayana* et que les dieux ont baratté aux jours de la Création, se servant du grand Serpent primitif comme ribot. On voit cela dans un style rondouillard et mollet sur une des pages de pierre qui décorent le péristyle d'Angkor Vat. Les dieux bons sont d'un côté, les mauvais génies de l'autre, affrontés en une double file interminable que dominent de distance en distance les Seigneurs, les Tours, Brahma, Siva, le Singe Hanuman. Attelés à la corde ils se livrent à leur tug-of-war cosmogénique. Au-dessous on voit le monde de l'eau et de la boue, les larves, les poissons, les tortues, les crocodiles, au-dessus la foule infinie des *apsaras* gambillantes qui filent au ciel comme des moustiques, comme des bulles de gaz.

LE VASE D'ENCENS. — Arrivons au carré d'Angkor Vat.

LE POÈTE. — Encore cette odeur noire! Siva, le dieu de l'amour et de la destruction, siégeant, éventé par les vampires, sur un trône de déjections! Et n'es-tu pas frappé qu'à ce temple énorme il n'y ait pas de porte extérieure, mais des pertuis simplement pour s'y glisser? Et tout en haut, en bas de l'ananas central on voit une espèce de chatière, un jas de serrure, un trou comme celui que laisse le ver quand il sort d'un fruit, on dit qu'il est piqué.

LE VASE D'ENCENS. — Il me semble que tu as oublié quelque chose à propos des *apsaras*.

LE POÈTE. — «Brahma est entré dans l'homme par la pointe des pieds et c'est pourquoi les pieds sont appelés pieds et non pas serres ou sabots. Puis il monta plus haut et les cuisses furent appelées cuisses.» Puis il dit : «Mettons-nous à l'aise», et il y eut le ventre. «Faites-moi place», et il y eut les poumons. Puis Brahma monta encore et il y eut la tête, ce pour quoi la tête est appelée tête.» C'est un texte des Oupanishads. Il illustre bien ce mouvement des *apsaras* piquant une tête de bas en haut.

LE VASE D'ENCENS. — Puisque tu es si savant, dis-nous aussi que cette danse frénétique et vaine, c'est ce que les Hindous rattachent au sentiment appelé *bhakti*. Dieu créant le monde sans aucune raison, dans le transport de sa joie, dans le délire de son ivresse.

LE POÈTE. — Pour moi c'est l'évolution des anges imitée par le trépignement des damnés, ce sol dont ils ne peuvent s'arracher.

LE VASE D'ENCENS. — Cela ne nous empêchera pas d'appeler Angkor Vat une série de plateaux superposés.

LE POÈTE. — C'est ici que j'aurais besoin de mes papiers détruits. J'essayais de démontrer que l'idée carrée d'Angkor Vat c'était l'étang. Des trônes superposés d'eaux planes, comme ce lotus qui sert de support à Bouddha. Chacun de ces étages de péristyles, de réservoirs et de cours repose sur un piédestal de murailles taillées en accordéon qui sont, à ce que je suppose, une stylisation de nuages ou d'une pile de coussins, une idée à la fois d'humilité et d'élévation ou de redressement, la grimpée du serpent, un mouvement de bas en haut, la vibration de l'air chaud, l'*s* respiratoire[1].

LE VASE D'ENCENS. — Si tu suis ton idée avec logique, tu finiras par tout retrouver. Je t'aiderai. Et je commence par poser la question : Qu'est-ce que l'étang?

LE POÈTE. — L'étang, c'est l'eau immobile.

LE VASE D'ENCENS. — Le miroir. L'eau qui com-

---

1. Du *Samhita Veda* l'*n* est la force, l'*s* est le souffle ou soi-même (Atman).

(Les Oupanishads.)

mence à refléter dès qu'elle s'arrête. Pareille au néant, image du vide et reflet de tout.

LE POÈTE. — L'eau thésaurisée et stagnante, exactement adéquate à son cadre. À l'état de niveau. Immobile. Consciente d'elle-même, jouissant d'elle-même, communiquant avec elle-même, totalisée dans le poids, échappant à l'éternité par le moment.

LE VASE D'ENCENS. — Prise ailleurs et retenue (le souvenir), sans source, sans écoulement. Emblème de la séparation et de l'exil.

LE POÈTE. — Le poids ne sert plus à l'entraîner ailleurs (la pente), mais à la retenir où elle est.

LE VASE D'ENCENS. — Elle reste, elle permane, elle ne passe pas, elle ne vient pas, elle ne va nulle part. Impuissante à se décoller et à échapper au spectacle par l'action. Une condensation du temps. Une digestion de mirages. Elle atteste, elle *dépose*.

LE POÈTE. — L'eau parquée, emprisonnée, condamnée, incapable de s'échapper et de fuir.

LE VASE D'ENCENS. — Inutile, n'ayant de vertu que pour refléter et non plus pour atteindre. Conservant tout ce qu'on lui confie et l'analysant, le corrompant. Les vers y vivent, les insectes de la mort y pondent.

LE POÈTE. — *Lacus, stagnum.* La citerne, la bourse de l'avare.

LE VASE D'ENCENS. — Elle ne va plus nulle part, elle ne conduit plus à rien, on n'y va que par l'accident et par la chute.

LE POÈTE. — Il y a quelque chose qu'elle avait et qu'elle n'a plus, quelque chose où elle était faite pour aller et où elle ne va plus, quelque chose qu'elle était faite pour faire et qu'elle ne fait pas.

LE VASE D'ENCENS. — Elle est morte, elle est

excommuniée. La prison l'a rendue éternelle à la même place. Elle ne pousse pas. Elle n'est plus poussée. Elle cuit, elle ne circule plus. Elle a cessé de servir et d'obéir. Elle a cessé d'être acte, pour devenir cette espèce de *toute-puissance* à rebours qu'est le néant.

LE POÈTE. — On la conserve au lieu de la donner, comme les Juifs qui ont voulu conserver avarement leur promesse pour eux tout seuls, on la possède comme un moyen qui est devenu sa propre fin. L'eau qui a cessé de recevoir et de donner, qui a cessé d'être dépendante.

LE VASE D'ENCENS. — Ainsi le temple d'Angkor avec ses vasques superposées parmi des vases renversés est une espèce de hiérarchie d'étangs. Un système d'eaux cantonnées que contourne la muette procession des péristyles servant de support à des vases retournés, à des cavités sans lumière où dansent sans arrêt les vampires dans un air fétide et confiné.

LE POÈTE. — Il me semble bien que là s'arrêtait mon papier. Il n'y avait plus que quelques phrases déclamatoires pour finir, comme un acteur de mélodrame qui fait des effets de cape et de bottes pour dissimuler l'embarras de la sortie.

LE VASE D'ENCENS. — Je sens que tu n'as pas fini et que le nez encore te chatouille. N'est-ce pas? C'est ce «mouvement de bas en haut» sourdement qui continue à vermiller au fond de ton esprit?

LE POÈTE. — Comment ne pas associer — avec les yeux et les narines — mon esprit à ton exhalaison? Mon œuvre est l'inverse de la tienne. Tu désagrèges le charbon en une mèche aiguë et moi ma respiration de mille soies déliées à travers la filière de l'intelligence finit par tirer l'idée.

LE VASE D'ENCENS. — Ce mouvement de bas en haut...

LE POÈTE. — ... n'est-il pas caractéristique de toute l'Asie ? Ce qui va de bas en haut c'est l'esprit. Ce qui va de bas en haut c'est qu'il ne peut aller ailleurs et qu'autour de lui sur le même plan, à gauche, à droite, tout absolument est fermé et que la volonté est assise sur des diamètres égaux. Or, qu'est-ce que l'Asie ? une élévation de montagnes étagées au milieu d'un immense cloisonnement horizontal. L'Inde est un triangle et la Chine est un segment de cercle, les deux formes géométriques de la fermeture, car on peut s'échapper d'une prison, mais on ne peut pas s'échapper d'un triangle. Le Japon est un groupe d'îles.

LE VASE D'ENCENS. — Un homme enfermé dans un carré forcément il lèvera les yeux en haut. Il n'y a plus à marcher, il n'y a qu'à regarder et attendre, tout au plus faire le tour.

LE POÈTE. — En Europe tout est disposé pour la direction horizontale face au spectateur, tout est avenue et vallée vers la mer. Les deux murs à droite et à gauche ne permettent pas de s'écarter et la voûte est là qui rabat le regard sur un chemin repéré par des colonnes. Où va l'œil le pied le suit. Tout est à portée de la main.

LE VASE D'ENCENS. — Mais ici en Asie...

LE POÈTE. — ... l'œil en les appréciant escalade les solides superposés de la *stoupa*, une sphère sur un cube et le tout terminé par un cylindre, qui signifient le ciel, la terre et le feu, il égrène l'ascension, les étapes verticales de la pagode.

LE VASE D'ENCENS. — Tu comprends ainsi pourquoi dans les peintures ici la perspective est toujours aménagée dans le sens de la hauteur.

LE POÈTE. — Cela est évident ici à Angkor avec ses cours l'une dans l'autre encastrées comme des castes et je suppose que ce temple colonial ne fait qu'imiter les grands sanctuaires de l'Inde. Mais même en Chine ou au Japon, il y a toujours cet arrangement d'enclos, cette hiérarchie de paliers et de toits, et devant l'idole comme un maître dans l'ombre qui enseigne, ces vastes parquets aussi plans que des lacs, les paillassons circulaires des bonzes ressemblant pas mal à des lotus. Dès qu'il y a une montagne un temple à la base en profite.

LE VASE D'ENCENS. — Quelque chose au milieu qui siège et à sa base dans une aire circonscrite qui traduit l'impossibilité d'être ailleurs des gens qui se consument dans le regard.

LE POÈTE. — Comme toi dans le *tokonoma* au ras du sol et le *kakémono* continue ton exhalation verticale.

LE VASE D'ENCENS. — Ainsi l'Occident regarde la mer et l'Orient regarde la montagne. Et ce mouvement de bas en haut, tu pourrais aussi citer ce que suggèrent les jambages inclinés du *torii*, cette intelligence chez les peintres de l'attitude végétale, et aussi l'aspiration de ce toit triangulaire, de ce calice renversé, de cet appareil à faire monter qu'est le triangle japonais, dont je t'ai entendu l'autre jour t'entretenir avec ton ami le *Shamisen*.

LE POÈTE. — Ajoute la colonne des caractères chinois suspendus l'un au-dessous de l'autre et l'un à l'autre rattachés par le vide, qui instruit l'œil pour lire à remonter.

LE VASE D'ENCENS. — Et de même la bande étroite du *kakémono* — comme les deux murs de la nef compriment l'attention vers l'autel — oblige l'œil à s'élever de cime en cime. Il s'élève comme un oiseau, il descend par le chemin de la pluie.

LE POÈTE. — Pendant que l'esprit pratique ainsi de palier en palier son ascension, comment le corps pourrait-il changer de place ? Il est occupé éternellement à mesurer ce qui est là devant lui et qui l'empêche de passer. Celui qui regarde de bas en haut attend et prie, celui qui regarde droit devant lui désire et conquiert, celui qui regarde de haut en bas, il domine et il possède. Le premier regarde toutes les hauteurs d'où ça redescend vers lui-même, le second est comme tiré en avant, le troisième est associé au poids de tout.

LE VASE D'ENCENS. — Le Japonais ne s'assoit pas, il se met à genoux.

LE POÈTE. — Le spectacle pour lui sur la longue bande du *kakémono* comme à travers la fente longitudinale de la fenêtre se découpe toujours dans le sens de la hauteur. En bas le détail fourmillant et quotidien, les choses immédiates et vivantes, un bateau, une eau infiniment détaillée, une auberge, des moissonneurs, des coulis qui portent des fardeaux ; au-dessus la forêt qui change à la mode du mois, le défilé des pèlerins et des animaux de charge ; au-dessus les formes immobiles du mouvement, des escaliers, une cascade aussi fixe qu'un palier de marbre ; en haut enfin, tout en haut, les cimes éternelles soustraites au changement et à la diversité. Tout cela existe à la fois mais plus l'œil s'élève plus il trouve de repos. La peinture même la plus menue au milieu de la bande du *kakémono*, il y a toujours un dessus et un dessous, elle interrompt une étoffe.

LE VASE D'ENCENS. — La Sagesse de l'Orient...

LE POÈTE. — ... consiste surtout à nous donner le sentiment des choses permanentes.

LE VASE D'ENCENS. — Il y a donc deux points : les choses permanentes et le sentiment des choses permanentes. De même qu'en chemin de fer ce sont les choses immobiles qui nous donnent l'impression de la vitesse, de même dans l'esprit de l'ermite au troisième étage de ta montagne, ce sont les choses qui passent qui nous donnent la connaissance du permanent.

LE POÈTE. — Je voudrais que tu t'expliques.

LE VASE D'ENCENS. — Ce qui permet de voir la muraille constante, c'est l'huile graduellement dans la mèche qui monte et qui s'épuise. Ce qui permet ce parfum continuel que je produis, ce sont mes racines de feu parmi ces trois grains de charbon. Ainsi le Sage pareil à un tuyau alimente sa méditation par une communication avec la substance des choses passagères, il éprouve en lui-même que ce qui ne passe pas est la cause qui les oblige à passer, et l'intelligence qui les analyse est pareille au feu qui désagrège l'encens pour en faire cette sainte odeur.

LE POÈTE. — Attends un peu ! Cela réveille dans ma pensée un vieux son de mots jadis lus. Ce mouvement de bas en haut dont tu parles ne serait-ce pas ce qu'on pourrait appeler *le Chemin* ?

LE VASE D'ENCENS. — *Le Chemin* ou *le Tao*.

LE POÈTE. — C'est cela. Brûle-moi ce texte du Tao Teh King que j'ai jadis copié pour toi.

LE VASE D'ENCENS. — Lao Tzeu dit : « La multitude des hommes paraît heureuse et satisfaite, comme les convives à un grand festin, comme les gens qui du haut d'une tour regardent la terre fleurie. Moi seul je suis silencieux et disjoint, mes désirs ne m'ayant pas encore donné indication de leur présence. Je suis comme un enfant qui n'a pas encore souri. Je parais éperdu et accablé comme si je ne savais où aller. La multitude des hommes a assez et davantage. Moi seul j'ai l'air d'avoir tout perdu. Mon esprit est celui d'un homme stupide. Je suis dans un état de chaos. Les hommes ordinaires ont l'air déluré et intelligent, et moi j'ai l'air d'être dans les ténèbres. Ils sont pleins de raisonnements et de discriminations, et moi je suis pesant et embarrassé. Je suis emporté comme par la mer, je dérive comme s'il n'était pas de repos. Tous les hommes ont leur sphère d'action, moi seul je suis incapable. Et ainsi je suis différent des autres hommes, mais la chose que j'apprécie est *la Mère*. »

LE POÈTE. — Qu'appelle-t-il la Mère ?

LE VASE D'ENCENS. — Le Tao naturellement.

LE POÈTE. — Qu'est-ce que le Tao ?

LE VASE D'ENCENS. — Essaye de te débrouiller dans la bouffée que je t'envoie.

LE POÈTE. — Au-dessous de toutes les formes ce qui n'a pas de forme, ce qui voit sans yeux, ce qui guide sans savoir, l'ignorance qui est la suprême connaissance. Serait-il erroné d'appeler *la Mère* ce suc, cette saveur secrète des choses, ce goût de Cause, ce frisson d'authenticité, ce lait qui instruit de la source ? Ah, nous sommes au milieu de la nature comme une portée de marcassins qui sucent une truie morte ! Que nous dit Lao Tzeu sinon de fermer les yeux et de mettre la bouche à la source même de la Création ?

LE VASE D'ENCENS. — Cela et autre chose.

LE POÈTE. — Quelles autres choses ?

LE VASE D'ENCENS. — Tu ne t'es pas aperçu qu'avec ton vieux texte tu as mis le feu dans mon ventre à un grand tas de papiers et voilà la fumée qui s'échappe par tous mes trous.

LE POÈTE. — Est-ce l'éloge du vide qu'elle m'apporte en noirs bouillons? Ce vide qui fait le pot, ou l'essieu, ou le violon, ou l'esprit de l'homme?

LE VASE D'ENCENS. — Aimes-tu mieux quelques plaisanteries sur Confucius?

LE POÈTE. — Je ne me lasserai jamais d'entendre turlupiner ce vieux pédant.

LE VASE D'ENCENS. — «Les choses qu'on peut enseigner ne valent pas la peine d'être apprises.»

LE POÈTE. — Comment dis-tu? Horrible, idiot, scandaleux! C'est trop! Tu vas trop loin! Ah, tu flattes mes plus mauvais instincts, tu dévoiles cyniquement mes pensées inavouables! Je t'écoute avec remords et ravissement!

LE VASE D'ENCENS. — Alors je te raconterai l'histoire de l'Équarrisseur.

LE POÈTE. — Non! je me bouche le nez! je ne peux pas t'entendre!

LE VASE D'ENCENS. — Aimes-tu mieux l'histoire de la Perle noire?

LE POÈTE. — Quelle est l'histoire de la Perle noire?

LE VASE D'ENCENS. — Par le chemin des Monts Kouan loun, Hoang Ti revenant de son ermitage sur le pic le plus aigu de la Grande-Ourse...

LE POÈTE. — La Grande-Ourse, constellation des Sages, est faite d'un triangle et d'un carré.

LE VASE D'ENCENS. — ... perdit sa Perle noire.

LE POÈTE. — Inutile d'expliquer que la Perle noire est le Tao.

LE VASE D'ENCENS. — Il demanda à Sagesse de retrouver la Perle noire, Sagesse ne la retrouva pas. Il demanda à Clairvoyance de retrouver la Perle noire, Clairvoyance ne la retrouva pas. Il demanda à

Recherche-Véhémente de retrouver la Perle noire, Recherche-Véhémente ne la retrouva pas. Il demanda à Sans-aucun-dessein de retrouver la Perle noire et Sans-aucun-dessein la retrouva.

LE POÈTE. — Ah! ah! ah! Tu me chatouilles! tu m'agaces! tu m'entres par les yeux et par le nez, je ne sais plus s'il faut rire ou pleurer, pouah! atchoum! Tu me fais éternuer! C'est drôle! c'est ridicule! c'est absolument stupide!

LE VASE D'ENCENS. — Si c'est comme ça tu ne connaîtras pas l'histoire des Trois Amis.

LE POÈTE. — Vas-y! raconte tout de même! Je t'écoute avec une seule narine.

LE VASE D'ENCENS. — Non, je ne te la dirai pas, et d'ailleurs il commence à faire froid et je n'ai plus que le souffle.

LE POÈTE. — Sois gentil, mon petit pot à esprit!

LE VASE D'ENCENS. — Sur l'Océan s'ébattaient deux amis, le Vent du Nord et le Vent du Sud.

LE POÈTE. — C'est comme au jeu de mah-jong.

LE VASE D'ENCENS. — C'est bien, je me tais. L'histoire est faite pour illustrer cette théorie du Vide que tu comprends si mal.

LE POÈTE. — Ne fais pas le méchant! raconte!

LE VASE D'ENCENS. — Elle éclaire aussi les procédés du Suprême Artiste et de l'Homme d'État excellent qui agit en n'agissant pas et dans tout ce qu'il fait s'efforce à imiter le hasard, le hasard étant la seule chose contre laquelle les dieux n'ont pas de puissance.

LE POÈTE. — Raconte!

LE VASE D'ENCENS. — Sur l'Océan se jouaient deux amis, le Vent du Nord et le Vent du Sud. Si tu veux nous appellerons le premier Sans-soin et le second Va-vite.

LE POÈTE. — Je veux bien.

LE VASE D'ENCENS. — Leur grand ami était le vieillard Chaos. Ils allaient souvent lui rendre visite. Un jour Sans-soin dit à Va-vite : «J'ai pitié de ce pauvre Chaos. Les hommes ont neuf trous et c'est pourquoi ils sont si intelligents. Mais Chaos n'a pas de trou. Il faut faire un trou à Chaos.» Depuis lors chaque jour, tous les jours, un jour Sans-soin, un jour Va-vite, chaque jour on fit un trou à Chaos. Ils ont fait tant de trous que Chaos est mort. *(Le Vase s'éteint.)*

LE POÈTE. — C'est stupide! ça n'a pas de sens! je n'ai jamais entendu quelque chose d'aussi parfaitement insipide! Et d'ailleurs ça y est! ça s'est éteint dans ton ventre. Tu es froid, tu sens mauvais, pouah! c'est comme un renvoi d'ivrogne! Va-t'en au diable! *(Il envoie le vase par la fenêtre.)*

[Août 1926]

HISTOIRE
DE L'ÉQUARRISSEUR

Le cuisinier du Roi Wan hui était en train de découper un bœuf. Partout où il appliquait sa main, donnait de l'épaule, plantait son pied et pressait du genou, dans le bruyant arrachement de la peau et l'opération du couteau à découper, les sons se suivaient en cadence régulière. Les mouvements et les sons se suivaient comme l'air de danse «La Forêt des Mûriers» ou les notes entrelacées du King shun. Le Roi dit : «C'est admirable! Comment es-tu devenu si parfait dans ton art?» Le cuisinier posa son couteau et répondit : «Votre serviteur pratique la méthode du Tao qui est quelque chose en avance de tous les arts. Quand je commençai à découper les bœufs c'est la carcasse entière que je voyais, j'en avais plein les yeux. Au bout de trois ans j'ai cessé de la voir comme un tout. J'agis sur elle d'une manière spirituelle et ne la regarde plus avec mes yeux. J'ai renoncé à l'usage de mes sens et je laisse mon esprit agir comme il veut. Observant les lignes naturelles, mon couteau glisse à travers les grandes crevasses, plonge à travers les grandes cavités, prenant avantage des facilités qu'elles lui présentent. Mon art évite la ligature des fibres et les gros os plus encore.

Un bon cuisinier change de couteau chaque année ; un cuisinier ordinaire en change tous les mois. Moi, je me sers de mon couteau depuis dix-neuf ans ; il a découpé plusieurs milliers de bœufs et cependant son fil est aussi acéré que s'il sortait de la meule. Il y a les interstices de jointure et le fil de mon couteau n'a pas d'épaisseur appréciable ; quand si fin il entre dans un interstice, comme il travaille facilement ! La lame a plus de place qu'il ne lui en faut. Néanmoins quand j'arrive à une jointure compliquée et que je vois qu'il y aura quelque difficulté, je procède curieusement et avec précaution, je ne permets pas à mes yeux de s'égarer et ma main va tout doux. Puis par un très léger tour de couteau, la partie est vivement détachée et tombe par terre comme une motte. Alors, le couteau en main, je regarde autour de moi et bien à mon aise, avec un air de satisfaction, je l'essuie et le remets dans son étui… » Le Roi Wan hui dit : « Excellent ! J'ai entendu les paroles de mon cuisinier et reçu d'elles nourriture. »

[Août 1926]

JULES OU L'HOMME-
AUX-DEUX-CRAVATES

JULES. — Je ne sais pourquoi il vous a plu de m'affubler de ce nom de Jules qui a quelque chose de joufflu et de giboyeux.

LE POÈTE. — Mon cher Jules, c'est à cause de ce creux au milieu de vous comme un cornet de dictaphone qui me permet de communiquer commodément avec les silos de notre cavité intérieure, je dis *notre* puisque c'est de moi que vous tirez tous vos moyens d'existence, je néglige la réalité matérielle. Mais *giboyeux* est un mot auquel je ne me serais pas attendu.

JULES. — Eh bien, je vous en fais cadeau, comme vous m'avez fait cadeau de cette double cravate du J et de l'L, sans parler de ce petit nœud coquet à la Fanfan *es* pour finir mon nom.

LE POÈTE. — *Je, Ju*, je trouvais dans ce nom de Jules quelque chose de caressant, de confidentiel et de juteux qui devrait vous faire plaisir. Jules César descendait de Vénus comme vous savez. Le J et l'L ne sont pas des cravates mais la double oreille proverbiale, s'il vous plaît, avec quoi vous m'écoutez.

JULES. — Que de choses il me faut entendre !

LE POÈTE. — Vous m'écoutez si bien que ce n'est

presque pas la peine de parler. Oui, des choses me reviennent de vous dont sans votre gracieuse collaboration je n'aurais presque pas compris que c'était des paroles.

JULES. — C'est mon métier d'écouter. C'est pourquoi vous m'avez pris avec vous. Un kodak ne vous aurait pas rendu les mêmes services. Je ne vois pas seulement, j'entends. Il faut une certaine pratique pour entendre ce que les yeux voient.

LE POÈTE. — Alors c'est aujourd'hui, cher ami, que nous allons nous mettre ensemble à ce grand poème que vous m'avez commandé depuis si longtemps et que toutes sortes d'excuses et de besognes m'ont permis jusqu'à ce jour de différer?

JULES. — Excuses, je l'espère bien, que ces dix jours de croisière que nous allons faire ensemble sur la mer jolie déjà ont liquéfiées.

LE POÈTE. — Si vous voulez mon avis, je vous dirai que les poèmes se font à peu près comme les canons. On prend un trou et on met quelque chose autour.

JULES. — Cela veut dire, je suppose, que le poème serait moins une construction ligne à ligne et brique à brique et une matière à coups de marteau que le résultat d'un effondrement intérieur dont une série d'expéditions ensuite auraient pour objet de déterminer des contours.

LE POÈTE. — Les barrières rompues, notre âme est envahie et beaucoup d'hectares de terre cultivable sont remplacés par cette eau désirante en nous qui regarde et qui est sensible.

JULES. — De sorte que le poème n'a de limites que provisoires et derrière l'horizon écrit par les jours de grande visibilité il serait possible de distinguer les essais d'une autre enceinte bleue.

LE POÈTE. — Idée qui se corrompt dès qu'on la formule, mais il est certain que toute émotion qui se produit dans le cœur est toujours à la recherche de nouveaux rivages.

JULES. — J'aime autant prévenir Monsieur que si dans ce poème que vous allez me donner à fabriquer il y a une histoire à raconter quelconque, il n'y a plus de Jules, c'est Émile ou Irma qu'il vous faudra appeler.

LE POÈTE. — Tout doux, rien qu'une petite histoire, mon cher Jules, pour amuser et endormir le lecteur et à l'abri de laquelle cauteleusement nous vaquerons à nos petites opérations !

JULES. — L'amour surtout ! Ah, assez ! la barbe ! la barbe ! J'en ai assez de toutes ces histoires idiotes !

LE POÈTE. — Pardon. Le grand savant Freud ne dit-il pas que la convoitise sexuelle est l'expression même et le vœu de notre nature la plus profonde ?

JULES. — Il n'y a rien de plus faux. Ce ne sont pas les gens qui crient le plus fort qui sont les plus importants. C'est comme cette idée inouïe, le même Freud, que le petit enfant qui se met un doigt dans la bouche cherche à se procurer une sensation érotique !

LE POÈTE. — Ce sont les gencives qui l'agacent tout simplement ou l'instinct de téter.

JULES. — Ou, si vous voulez faire l'homme profond, dites que c'est la première forme de la communion avec soi-même et qu'il veut se procurer le sentiment de sa propre identité. Il y a dix autres explications tout aussi bonnes. Il se prouve à lui-même qu'il est là.

LE POÈTE. — Cependant nierez-vous au fond de vous-même cette espèce de contamination sournoise ?...

JULES. — Tout le monde connaît ces hôtes incommodes qui n'aiment rien tant que se mêler de ce qui ne les regarde pas.

LE POÈTE. — Éros ne serait donc pour vous qu'un hôte ?

JULES. — Un parasite si vous voulez. Les théories ne coûtent pas cher. Pourquoi n'aurais-je pas la mienne aussi bien que ce Monsieur de Wien, Autriche ?

LE POÈTE. — De sorte que selon vous le besoin génital et l'appareil qui lui sert d'organe serait une espèce de greffe, quelque chose à nous de semi-étranger...

JULES. — Presque un être vivant qui n'est pas nous et qui profite de nous.

LE POÈTE. — Quelque chose comme un cancer !

JULES. — Il faut bien exagérer pour se faire comprendre. C'est quelque chose de nous et qui n'est pas nous, qui ne nous sert pas, mais qui nous exploite, l'exploitation de l'individu par le bourgeon et par l'enfant futur, un instrument plus encore qu'un organe. Une femme qui accouche, comme on voit qu'elle est en proie à la vie ! On s'est servi de cette femme. Et l'homme, c'est pareil. Rien de vraiment fondamental et essentiel. C'est là le sujet de tous les drames. Nous portons au plus intime de notre chair cet être à nous accroché qui vit de notre mort et qui a d'autres fins que les nôtres.

LE POÈTE. — Toujours vigilant, toujours à l'affût, enraciné au plus intime de notre système nerveux et relié à notre pouvoir d'imaginer par le lien fort de la délectation.

JULES. — L'âme admire, elle se complaît, elle désire, et notre appareil à semence aussitôt se jette sur tous ces sentiments pour les exploiter à son profit. Mais ne dites pas qu'il les a satisfaits, c'est tout le contraire. Il les a d'abord défigurés et ensuite exterminés, non pas consommés mais assommés. Entre l'amour que nous avons pour une femme et la satisfaction de cet amour, Don Juan sait qu'il y a une différence radicale. Il y a un certain point où les routes ont divergé et celle où nous sommes n'est plus la vraie. On nous avait promis autre chose. Il ne faudrait pas beaucoup me presser pour me faire dire qu'Éros est un appareil pour faire avorter l'âme au profit de la chair. Ah, si on le laissait faire il aurait bientôt fait de nous abrutir et de nous écrouer !

LE POÈTE. — Toute la vie n'est qu'une série de disputes et de transactions avec ce locataire inexpugnable.

JULES. — La musique de temps en temps nous rend le sentiment de notre liberté.

LE POÈTE. — Et cependant c'est cet ennemi en nous qui donne à notre vie son élement dramatique, ce sel poignant ! Si notre âme n'était pas aussi brutalement attaquée, elle dormirait et la voilà qui bondit, c'est la lutte du tigre et du dragon ! Il faut toute mon âme pour lutter contre toute ma chair. Pas un nerf assoupi, pas un ressort ignoré que cette flamme subtile qui voudrait tout de nous ne vienne retrouver et solliciter. C'est la lutte qui est l'apprentissage de la victoire ! Que parlions-nous de cancer tout à l'heure ? Nous ne serons libérés que par quelque chose d'affreux ! Béni soit ce créancier qui nous saute à la gorge et qui nous oblige à nous acquitter tant bien que mal de cette vie que nous avons reçue et qui me réclame pêle-mêle ce que je dois et ce que je ne dois pas ! Notre âme était aux fers et ce n'est pas la musique qui brise le fer et les parfums qui fendent la muraille.

JULES. — Tout de même comme ce serait gentil si au milieu de cette vie criarde il y avait quelquefois une trêve, un armistice entre les sexes, un lac de chant, une espèce de carnaval enchanté! une espèce d'intervention lunaire, comme la lune qui nous débarrasse de notre réalité et donne à chacun de nous une légèreté et une allégresse de fantômes.

LE POÈTE. — Si nous étions pour quelques heures délivrés de l'intérêt, de cette préoccupation corrosive de tirer profit ou volupté les uns des autres, de l'envie, de l'orgueil, de la cupidité et de la luxure, si nous étions comme de bons enfants sans malice qui jouent et se prennent par la main! et si, quand les mauvais sentiments essaient de revenir, que la jeunesse en nous soit la plus forte et que tout cela soit emporté par une espèce de rire et de valse triomphale! Si les relations entre l'homme et la femme en particulier pouvaient cesser pour un moment d'être empoisonnées et que la joie entre eux serve de rançon à l'amour!

JULES. — La pureté comme elle est la clef des cœurs et des âmes est aussi celle de la nature. Pourquoi l'enfance nous apparaît-elle comme un âge d'or parce que nous étions nets alors de toutes ces passions rongeantes et que nous ne portions pas sur notre front la flétrissure de Caïn, difformes et déformants. C'est pourquoi il n'y a pas de crime plus horrible que de souiller le cœur d'un enfant.

LE POÈTE. — Cette petite discussion nous a permis de gagner du temps et il me semble qu'à l'abri de nos théories antiviennoises cette idée d'un poème considéré non plus comme une émersion mais comme une lacune commence à gagner silencieusement des couches de plus en plus claires de votre esprit.

JULES. — Du moins il s'efforce consciencieusement de créer le vide approprié à la goutte grossissante de votre pensée.

LE POÈTE. — Je parle d'un poème qui s'obtiendrait par une espèce de décantation, de soutirage du site. Rien qu'un petit mot de temps en temps qui fasse que ces îles n'aient plus assise sur la mer mais sur une espèce de matière radieuse et de vide intellectuel. Voyez! Les choses n'ont pas changé mais par une espèce d'opération mystérieuse, sans qu'on y voie rien, la matérialité, disons plutôt l'actualité par en dessous leur a été soustraite. Si l'on frappait dans ses mains tout s'évanouirait. Tout à l'heure il y avait des villages, des rochers, des arbres, des bateaux, — et là-bas un volcan qui fume, — rien n'a changé et à la place de tout cela il n'y a plus que des mots. Tout ne tient plus ensemble que par ce *mot* secret, par cette communication élémentaire, tout est suspendu au sein de l'esprit. Il n'y a plus de poids, il n'y a plus entre les choses que cette convention tacite, cette secrète intelligence.

JULES. — Vous dites qu'il n'y a plus que des mots, je n'aime pas cette idée d'émiettement. Il faudrait que le poème fût une espèce de continu verbal, une espèce de grande nappe prosodique.

LE POÈTE. — Ce qui ressemble le plus à ce que nous avons dans l'esprit ce sont les *Géorgiques* de Virgile ou surtout l'*Énéide*.

JULES. — Il n'y a rien de plus divin au monde que les six premiers Livres et cependant l'on se rend compte que les six derniers, si le poète avait pu y remettre la main, les auraient encore surpassés à la fois par l'art et par l'ineffable tendresse du sentiment. Là, même les combats de cavalerie, tout se passe comme au sein d'une liqueur céleste.

LE POÈTE. — C'est l'enchantement de la prosodie qui, recevant même les termes les plus vulgaires, leur confère un mouvement sacré.

JULES. — Quelque chose comme ce qui est offert à nos yeux en ce moment, cet événement d'un immense jour d'automne sur la mer ! Et voyez, par un effet de mirage, les deux pointes de chaque île ont l'air de se décoller de l'eau, on dirait qu'elles vont s'envoler !

LE POÈTE. — Oui, ces pointes qui se détachent et qui se rebroussent, on dirait les accents circonflexes des pagodes !

JULES. — Tout cela fera partie de notre poème ? Oui ? ces îles l'une derrière l'autre en voyage vers l'horizon, ces rues d'eau dans toutes les directions, ce caillou carié à qui la mer fait une bague de neige, ce pin seul survivant du bateau qui a apporté les dieux ?

LE POÈTE. — Oui, tout cela en fera partie et sans aucune description. Pour me représenter l'eau ruisselante je n'ai besoin d'aucune photographie. Il me suffit d'avoir soif.

JULES. — Et ce typhon dans le port de Kobé, cet ouragan de pluie et de soleil, ce vent visible, la mer fouettée, souffletée, fumante, furieusement sanglée à coups de verges ?

LE POÈTE. — Oui, tout cela sera mêlé à ces étagements de rizières autour de nous et à l'industrie des marais salants.

JULES. — Et ce motor-boat dans la lumière de sept heures du matin, qui filait vers nous, soulevant deux grandes lames d'eau à l'avant !

LE POÈTE. — ... Comme l'Ange au premier chant du *Purgatoire* que l'on nous dépeint glissant vers Dante et Virgile émergés de la Malébolge.

JULES. — Et vous ne me jouerez pas un de vos sales tours habituels ? Vous ne m'engagerez pas dans une... Oh ! et il y aura aussi le Château Noir d'Okayama à ce détour de la rivière comme un tas de petites maisons chevauchant et empilées en croix l'une sur l'autre ?

LE POÈTE. — Aussi, — et également ce jardin de cycas comme une ménagerie d'hydres et de monstres emplumés.

JULES. — ... Je veux dire dans une de ces histoires dont on ne sait plus comment se dépêtrer. Il n'y a rien de plus facile que de faire entrer un bonhomme sur la scène, mais c'est le diable ensuite de le faire sortir honorablement. Partir, ça va toujours bien, mais quel ennui qu'on soit forcé d'arriver !

LE POÈTE. — Ces chemins qui mènent quelque part, nous ne sommes plus en France ! Et déjà l'œil a fait tout le voyage avant que le pied gauche se soit séparé du pied droit. Mais ici il n'y a pas de chemins, il y a un centre vers lequel les eaux du ciel pèlerinent par toutes sortes d'aventures, de rencontres et de détours.

JULES. — L'homme qui s'est promené dans la Mer Intérieure connaît tout le principe du Jardin Japonais. Celui du Jardin Français...

LE POÈTE. — Celui du Jardin Français est l'idée de la Vallée que nous imitons par l'allée, et le confluent par le carrefour ou quinconce où les directions qui se heurtent rejaillissent vers le ciel sous la forme de jets d'eau et de sculptures en un poème passionné. Les lignes à droite et à gauche de la gouttière qui nous conduit, ce sont les murailles de la charmille ou les bordures du buis. Les églises et les châteaux sont remplacés par ces statues décoratives, ces attitudes pâles, qui historient les haltes de notre méditation. Une terrasse pas à pas à l'allure de la rivière que nous côtoyons.

JULES. — La rivière... pas à pas... n'allons pas si vite ! Tout d'abord le jardin français est un domaine autour d'un château. On suit très bien le progrès qui va de l'édifice féodal avec ses tours aux tonnes maçonnées de Chambord et au complexe Louis XIII avec ses galeries et ses pavillons. Les anciennes douves ont été comblées ou remplacées par un pourtour de terrasses, d'orangeries et d'esplanades. Au-devant la cour d'honneur prolongée par des parterres, un tapis carré, une aire, une espèce d'antichambre et de plateau exposé de tout côté à l'inspection de ces rangs de fenêtres superposés. Il faut tenir le monde à distance respectueuse et c'est pourquoi on a rempli tous les blancs avec des ramages de buis décoratifs semblables aux fioritures de la plume sur une feuille de papier pour qu'on n'y mette pas autre chose.

LE POÈTE. — En réalité cette cour dont vous parlez, c'est le perron, le quai de départ, d'où s'écartent vers tous les points du domaine les chemins d'exploitation. Vous retrouvez ces allées de nos châteaux dans nos chemins de ferme avec leur double rang de pommiers, dans ces layons et tranchées qui servent à l'aménagement de nos vieilles forêts.

JULES. — Ce promenoir dont vous parliez le long de la rivière qui nous entraîne et à laquelle nous jetons un long regard avant de nous y arracher, avant de revenir en arrière à contre-courant, il est bien vrai que c'est l'essentiel de nos jardins avec leurs canaux de sable rectilignes. Partir, revenir, repartir et revenir encore, une conférence, un va-et-vient incessant entre l'horizon ou la forêt et la maison pareille à une préfecture de cette circonscription rurale.

LE POÈTE. — On pourrait dire qu'en France le jardin est une accommodation progressive du paysage à notre utilité, à notre goût et à notre agrément personnels. Le champ devient pelouse et parterre, les luzernes et les blés cèdent la place aux légumes et aux fleurs, le cadastre devient dessin, la forêt s'aligne et se peigne. Le jardin est une préparation à une nature de plus en plus vaste et indéfinie qui de toutes parts nous enveloppe et nous invite. Mais au Japon le jardin est une invitation à ne pas bouger.

JULES. — De là tout d'abord un des éléments essentiels de ce paradis, la paroi devant nos yeux, le flanc de montagne, le talus végétal qui empêche le regard de passer outre. Vous vous rappelez tous ces jardins bouddhistes de Kyotô et d'ailleurs ?

LE POÈTE. — Un mur uniforme repousserait le regard en le meurtrissant. Il y faut cette pente à gravir qui occupe notre effort imaginatif et, pour servir de voile au monde en amortissant notre curiosité, cette vivante surface d'herbes et de feuilles artistement variées. On a bien soin de les choisir telles que, sans flétrir l'étoffe toujours fraîche et brillante, chaque saison passe sur elle en lui laissant sa trace.

JULES. — Si une percée nous est ouverte sur le paysage comme à Mitô, on a bien soin de le séparer de nous par une bande oblique de buissons taillés en boules, comme si nous jouissions d'une vue de la terre cultivée à travers un nuage du haut du séjour des Immortels.

LE POÈTE. — Là la villa du Prince T..., avec le zigzag de ses toits en escalier, est logée dans l'angle d'un grand paravent de cèdres, caressée par ces deux immenses panneaux de velours vert et flottant sur un air qui est fait d'une exhalation de pruniers.

JULES. — ... *Variées.* Je compare cette variété de formes, de nuances et de textures à la robe des bonzes qui, comme vous me l'avez fait remarquer, n'est pas faite d'une seule étoffe mais de carrés cousus.

LE POÈTE. — Le regard ne se lasse pas de les suivre et de les comparer, d'y étudier les jeux de l'ombre et du soleil, le suspens de la minute, de se baigner copieusement dans cette multiple verdure qui est comme la transpiration de l'âme de la terre.

JULES. — Toute cette fraîcheur distille çà et là une goutte transparente, un long fil clair,

LE POÈTE. — Comme si c'était la matière incolore à qui nous devons le vert,

JULES. — Quand la lumière cause tout bas avec l'ombre de ce rouge que notre cœur pressent,

LE POÈTE. — De ce choc que notre oreille attend,

JULES. — Attente sur le seuil,

LE POÈTE. — Bruit de l'eau sur l'eau, ombre d'une feuille sur une autre feuille.

JULES. — Je me souviens de ce grand cèdre à ce palier au milieu des escaliers de Kompira qui précisément, quand nous arrivions dessous, le vent souffla ! il en tombait de longues larmes alternativement d'ombre et d'eau et quand elles touchaient notre joue il n'y a que l'âme d'un dieu pour être si fraîche !

LE POÈTE. — Kompira est le temple des gens de mer. Ce n'est pas la rosée de la nuit qui tombait sur nous entre le cou et l'épaule, ce sont les larmes des veuves !

JULES. — De la fenêtre du dieu à travers les stries fines du store (après que nous eûmes lappé une gorgée de saké dans une coupe de terre crue) on aperçoit un paysage vraiment sacré : sur le tapis riant de la rizière vers une mer semée d'îles ces trois triangles parfaits, trois montagnes à des distances exquises, deux en intersection, l'autre sommet là-bas de la base, moins des montagnes que des instruments à créer le monde, pures idées au matin de la Création, dans cette eau qui a précédé le matin !

LE POÈTE. — Une goutte de ce saké échappée à la main du céleste échanson a fait le lac de mon jardin.

JULES. — Et le lac a fait le jardin. Tout se compose autour de cette eau qui pense.

LE POÈTE. — Ou du moins qui réfléchit,

JULES. — Un vide qui attire et qui rassemble directions, volumes et couleurs, tous les éléments de l'enclos, de ce « motif » abrégé,

LE POÈTE. — « Motif » au sens des peintres, une géographie consciente.

JULES. — Il est vrai, le jardin est avant tout la conscience du site, tout pareil à cette flaque inexplorée de lumière liquide que Dieu a mise au fond de nous-mêmes, cette chose par laquelle il se sait et se connaît lui-même à la fois dans son ensemble et dans ses parties.

LE POÈTE. — Ce qui dure à travers les saisons et ce qui regarde le durable = le ciel = ces hautes régions simples où n'habite plus que l'âme modifiée par la seule lumière.

JULES. — L'eau ainsi est le regard de la terre, son appareil à regarder le *temps*, ce qui sent, à la fois ce qui unit et ce qui s'unit, âme, point.

LE POÈTE. — Comme le Japon au moyen de cent îles pareilles à ces blocs de liège qui retiennent un grand filet s'est approprié une partie de la mer pour observer la jonction de la longitude avec la latitude.

JULES. — Ainsi le jardin avec sa cavité un moment entre les pierres propose au ruisseau de s'élargir et de s'arrêter.

LE POÈTE. — Miroir moins que frisson, et profondeur réduite à la seule sensibilité, à la fois pause et caresse, passage d'un archet liquide sur un concert de mousses, lame fraîche où chaque feuillage marie son fantôme à tout le reste du bouquet et où la couleur, grâce à la réalité que ravit un courant invisible, est devenue idée, peinture sur une matière transparente.

JULES. — À défaut du lac ou du ruisseau, une étendue de sable curieusement ratissée, un simple torrent de cailloux ronds en tiendront fort bien la place.

LE POÈTE. — Nous associer d'aussi près que nous le pouvons ces eaux que nous avons déléguées à la contemplation de ce qui existe et d'une nature savamment concentrée, c'est le rôle de ces pierres plates qui nous permettent, heureuses grenouilles, d'occuper telle ou telle position sur le miroir.

JULES. — Ou de ce pont là-bas qu'une femme bleue ou orange va traverser.

LE POÈTE. — Ou de ces îles habitables grâce au kiosque qui les surmonte. En ce lieu fictif le spectateur devient roman lui-même.

JULES. — Là-haut une fine pagode de granit à quinze ou dix-sept étages achève d'évaporer et de canaliser vers le ciel tout ce qui lui reste de regard.

LE POÈTE. — Que dire de ces pierres transformées par le temps en documents hiéroglyphiques que je vois çà et là éparses et comme ruminantes ?

JULES. — On a transporté ici tout ce que ces monuments naturels comportent de présence et de témoignage.

LE POÈTE. — Ils consacrent le caractère exception-
nel de ce site où l'homme est venu au secours des
intentions latentes du relief, une sorte d'explication
informe. Ancêtres sans visage, ils tiennent lieu de notre
œil absent. Ils posent les repères et les distances. Ils
rassemblent les directions. Ils se répondent par leurs
proportions et leurs formes et constituent le poids
intérieur de l'ensemble.

JULES. — Inutile après cela de souligner le même
rôle de vigilance et d'attention qui est décerné aux
torô (ou lanternes), ces sentinelles, ces chandelles de
pierre. En ce lieu tout regarde et tout est regardé.
Tout est poste et attention.

LE POÈTE. — Les arbres, soit ceux qui par le
mariage de leurs verdures sont chargés de dire non à
toute possibilité pour nous de ne pas être là,

JULES. — Soit, isolés, ceux de qui émane un can-
tique continuel,

LE POÈTE. — Traduction de tout ce qui pousse et
vit et conspire à la fleur,

JULES. — Herbes organisées,

LE POÈTE. — Vases, statures, attitudes, efforts,
essais de membres, dialogues avec la racine,

JULES. — Géants, naïades, sémaphores,

LE POÈTE. — Tout cela est l'action sourde et le
drame végétal, pour l'interprétation du temps, de ce
théâtre autour de nous convoqué. Écoutons le sang
au fond de nos veines qui s'y associe et cette espèce
de connivence physique.

JULES. — Et toujours ce miroir sous nos pas et ce
ruisseau sans cesse qui reconduit notre œil vers le
reflet. Séjour bien fait pour une âme en exil et qui se
souvient des cieux ou ne serait-ce qu'une seule étoile.

LE POÈTE. — Pendant qu'au fond de ce trou nous

recueillons des œufs de moustiques avec des baguettes d'ivoire, notre poème n'a pas beaucoup avancé. Et voyez, il est près de midi et la mer s'est couverte de papillons blancs entre les îles diaphanes.

JULES. — L'usine à ciment au sommet de celle-ci qui tout à l'heure blasphémait à notre droite est maintenant à gauche.

LE POÈTE. — Cher Jules, j'ai cependant déjà, pendant que je vous écoutais, rassemblé quelques idées qui se dissolvent en longs filaments. Mais comme c'est ennuyeux quelquefois de parler avec des mots dont le meilleur est un à-peu-près et de ne pouvoir échapper pour les réunir à la phrase et à la grammaire! Le sens ne passe que par les interstices. Ou bien, par exemple, je suis en colère, je veux écrire une espèce de furieux petit poème, je voudrais ça tout de suite dehors comme un animal, eh bien, je suis forcé d'abord d'expliquer pourquoi et contre qui je suis en colère, ce n'est pas ça du tout, ce n'est plus la colère pure, tapant de tous côtés.

JULES. — Il faudrait vous servir de la musique.

LE POÈTE. — La musique exprime la colère, elle n'*est* pas la colère, ce n'est pas elle qui a fabriqué chacune des plumes de cet aigle sur un rocher au milieu des vagues en tumulte que nous avons admiré sur les panneaux de ce temple à Onomichi.

JULES. — Comme c'était amusant ce petit port de pêche au bord de son étroit canal! Cette odeur de marée! Le reflet tremblant de l'eau de mer sur les boutiques! Cette rue des poissons et cette autre rue sèche des étoffes! Ce marché dans le soleil du matin! Ce bruit de voix mêlé de cris et de claquements de sabots parlant toutes à la fois! Le soleil même nous paraissait salé!

LE POÈTE. — Et notre ascension ensuite sous le soleil brûlant parmi ces énormes boulets de granit jusqu'à ce petit portique orné de chiffons secs!

JULES. — Il n'y avait rien. Le vrai temple était en dessous à côté. C'est là que se trouvaient les peintures.

LE POÈTE. — J'en reviens à ce que je voulais dire...

JULES. — Aristote l'a dit mieux que vous avant vous, qui écrit que «la nature n'est pas ce monde extérieur des choses créées, mais la force créative et le principe productif de l'univers».

LE POÈTE. — Je voulais simplement parler du bec de cet aigle si bien ajusté tout près de l'œil, vous rappelez-vous? Dites donc, si nous avions ça entre les deux yeux pour taper avec! La nature, quand elle a fourni ça, était dans un de ses jours d'inspiration!

JULES. — C'est la même nature qui, dans un profond sommeil, a lâché ce papillon dont vous me parliez l'autre jour, cet instrument à tâter la nuit, cet expert en velours de lune, ce fils du brouillard et du phosphore!

LE POÈTE. — Au lieu d'éponger ma pensée à mesure qu'elle noircit comme un papier qu'on applique brutalement sur une page fraîche, vous feriez mieux de m'aider à la sortir.

JULES. — Cela m'amuse au contraire de vous égarer et de lâcher deux papillons à la fois qui se poursuivent et que l'œil n'arrive plus à distinguer.

LE POÈTE. — Mon idée est mélangée à ce quadruple papillon qui est partout à la fois un et dix.

JULES. — Plus inextricable que la rose, l'artiste lui oppose cette surface invisible où se colleront ses ailes.

LE POÈTE. — Pour connaître la rose quelqu'un emploie la géométrie et un autre emploie le papillon.

JULES. — Mais le rosier simplement pour connaître la rose produit une autre rose.

LE POÈTE. — Las de produire des idées, je voudrais produire des êtres.

JULES. — Comme ce peintre qui, sur cette surface de neige et d'argent...

LE POÈTE. — Quand je pense violent ou mou, quand je sens une certaine manière de me comporter dans la pluie ou le rayon de soleil, alors il me faut un animal ou cette branche avec ses feuilles.

JULES. — Comme ce peintre, disais-je, qui sur le carré de papier blanc ne pense pas en idées mais en cigognes et bambous. Le dessin sort de lui par une espèce de contagion. Le fruit mûrit, l'ombre d'un pin imprègne peu à peu le feutre. Autour de l'œil la bécasse se constitue. Quand je me sens plein de gaieté, ce n'est pas le clavier qui éclate sous mes dix doigts, c'est toute une volée de petits oiseaux.

LE POÈTE. — Si j'écris de la musique ou des vers, c'est facile à comprendre que je suis content ou triste. Mais il faut puiser à des couches plus profondes que l'intelligence ou le sentiment pour en tirer simplement un lapin ou une grenouille. Avec mon pinceau je dispose de cette cause qui fait. Ce n'est qu'en faisant les choses qu'on en apprend le secret. Comme je participe aux arts de la Nature...

JULES. — Par exemple, quand je roule cette idée entre mes mains, et que je souffle dessus, et que peu à peu sous mon souffle elle se couvre de plumes et d'écailles...

LE POÈTE. — Comme je participe à cet art poétique de la nature je suis admis au mystère de ses intentions.

JULES. — C'est le pinceau et l'encre dont vous

seriez bien embarrassé de vous servir. Il vous faudrait remplacer l'un par la sympathie et l'autre par la conception.

LE POÈTE. — Je pense quelquefois que les êtres et les objets sont des espèces de signes, de conventions, dont nous ignorons le sens complet mais que le peintre avance et joue sur l'échiquier du cadre par une espèce d'instinct. Comme dit Saint Grégoire : *Dum gestum narrat, mysterium tradit.*

JULES. — C'est pour cela sans doute que tous ces rudes peintres qui ont décoré la maison de leur dieu à Sankakiju avec des images de la vie étaient des prêtres.

LE POÈTE. — Je ne dirais pas tellement «images» et «représenté», que non pas qu'ils nous ont fourni ce qui pour louer Dieu nous manquait d'ailes, de pétales et de nageoires. Comme on donne aux enfants des exemples de courage et de désintéressement, ils nous ont donné des leçons de cerisiers et de singes. Moitié maîtres d'école et moitié mimes, ils nous ont appris comment il fallait s'y prendre pour que l'air nous soutienne, pour employer quatre membres à bondir et pour, répondant à l'invitation ténébreuse des camphriers et des cèdres, nous couvrir, pour prendre, comme on dit *prendre* le voile, pour *prendre* la pourpre et l'or, pour nous couvrir de boutons roses et de prodigieuses glycines !

JULES. — Il y a dans le pinceau de ces vieux maîtres une violence, un emportement, une espèce d'enthousiasme sacré, une intensité de possession, une ruse, une autorité irrésistible, qu'un de ces hommes mâchés et détrempés par l'amour ne connaîtra jamais. C'est l'acte en nous directement attaqué par l'esprit comme le vitriol sur la limaille de fer ! Le mâle incompromis !

Souvenez-vous de ce dragon dans l'ouragan qui combat contre un arbre foudroyé! Et ces grues, les unes élargissant leurs pennes, les autres qui viennent se poser, avec quelle sainte fureur ce vieux diable les a arrachées du néant!

LE POÈTE. — Je suis surtout frappé de l'intelligence profonde avec laquelle ces cœurs purs ont compris les propositions du panneau. Ce n'est pas le cadre qui coupe le tableau, c'est le tableau qui naît spontanément d'un rapport entre les dimensions. Ce coin là-haut, je vous le demande, comment faire pour n'y pas loger ces trois petits oiseaux?

JULES. — Je comprends moins le tigre.

LE POÈTE. — Le tigre dans les idées japonaises symbolise les délicatesses de l'amitié. Notre sollicitude lui emprunte cette agilité qui permet au puissant animal de franchir cent lieues en un seul jour.

JULES. — Ce serait prudent de peindre un filet pardessus pour qu'il n'aille pas faire des dégâts dans le voisinage.

LE POÈTE. — Les moines ont eu cette sage précaution souvent pour mieux faire tenir sur son panneau tel chevreuil ou carpe particulièrement suspecte.

JULES. — De même nous pourrions presque nous nourrir des œufs que le paon peint pond.

LE POÈTE. — Mon cher Jules, si vous lâchez des plaisanteries aussi basses, je vais vous mordre.

JULES. — J'allais vous parler de cette autre peinture où l'on voit un pont interrompu...

LE POÈTE. — Et où le pont peint pend?

JULES. — C'est cela!

LE POÈTE. — Assez, ou je vais te mordre!

JULES. — Pardon!

LE POÈTE. — Précisément votre oreille est à ma portée.

JULES. — Essayez !

LE POÈTE, *happant vers la gauche*. — C'est la mienne que j'ai attrapée ! Aïe !

La Maison-du-Pont-des-Faisans.

Novembre 1926.

L'ABÎME SOLAIRE

En avril, précédé par la floraison prophétique de la branche de prunier, commence sur toute la terre le travail de l'Eau, âcre servante du Soleil. Elle dissout, elle échauffe, elle ramollit, elle pénètre et le sel devient salive, persuade, mâche, mélange, et dès que la base est ainsi préparée la vie part, le monde végétal par toutes ses racines recommence à tirer sur le fonds universel. L'eau acide des premiers mois peu à peu devient un épais sirop, un coup de liqueur, un miel amer tout chargé de puissances sexuelles, de même que les clairs éthers d'avril, les pâles verdures, les lumineuses floraisons du Cinquième Mois dans la fête infinie du sang frais, se foncent jusqu'à l'uniforme, jusqu'au sombre silence, jusqu'à la noire congestion de juin. Tout se détend, un soleil brouillé entre deux typhons est placardé dans le ciel fatidique de septembre. On pourrait écrire sur votre calendrier spirituel : Période de l'inquiétude, c'est fini et qu'est-ce qui va arriver? Humeurs changeantes, accès de rage, désespoirs, ennuis, invasions du brouillard, à d'amères insinuations se mêlent des sourires incertains, ferveurs accablées, sanglots, bouffées, stupeurs, immenses crises de larmes après lesquelles on s'aperçoit que le paysage au lieu d'être éclairé par l'espérance ne l'est plus que par le souvenir. Et puis il est arrivé un matin que l'âme tout entière avec d'indicibles délices a frissonné sous un souffle sévère ! Rien n'est fini mais au contraire tout commence, c'est comme un coup de trompette ! et l'homme avec la nature apprend que le moment est venu pour lui de se dépouiller, non pas comme un malade qui se met au lit mais comme un athlète qui se prépare à une lutte inexorable. Peu à peu en toutes choses l'élément fixe et pur l'emporte sur la chose précaire et trouble, le vent souffle et le ciel se nettoie, d'une force égale et continue, déplaçant un immense air, il souffle du même côté ! Les portes du Nord se sont ouvertes, le Règne de l'Esprit commence ! et tous les tuyaux de l'orgue l'un après l'autre, depuis les groupes de colonnes, depuis les faisceaux de canons, depuis les guirlandes de cannes et de flageolets jusqu'aux plus minces chalumeaux, entrent en jeu sous les poumons de la mer ! Il n'y a pas moyen de résister au ronflement général, tout ce qui est flûte piaule, tout ce qui est corde se tend, le sang brûle, la grande symphonie passe en tempête, et tout ce qui avait commencé par le désir se termine par le son ! Ah, pour répondre à ce souffle inépuisable, et la graine une fois en sécurité, la nature n'avait pas trop de cette prodigieuse accumulation de combustible, et sous la réquisition de la Banque elle liquide d'un seul coup tout son papier, il n'est valeur que de l'or ! Impossible de résister plus longtemps à la nécessité de l'évidence et refuser cette lumière en moi dont j'étais débiteur ! Je suis interrogé avec le feu et je m'accuse dans la flamme ! sous l'insistance de l'Esprit tout ce qui était existence en moi est devenu couleur et tout ce qui était action est devenu intelligence. Je ne survivrai pas éternellement à un monde mangé par la gloire ! De ce feu qui me détruit je suis passionnément complice. On a jeté tout, on marche sur les étoffes et les trésors et une longue fumée bleue s'échappe des écuries du soleil ! On a ouvert pour un après-midi la grille des jardins de la Fable ! Plis sur plis, les montagnes et les vallées à perte de vue disparaissent sous un cimetière de pourpre. Et quand un souffle parfois agite ces cuves aveuglantes, le flanc des montagnes apparaît et l'on voit des monstres noirs remuer au fond de l'abîme solaire.

Tokyô, Novembre 1926.

LE VIEILLARD
SUR LE MONT OMI

LA TERRE-PURE

Le Vieillard, les manches retroussées, rapporte chez lui un seau d'eau claire qu'il est allé puiser à la source. Il est neuf heures du matin. Il fait un temps superbe. Le talus est couvert d'une herbe jaune, sèche, brillante, lumineuse, toute remplie d'asters violets et de chrysanthèmes sauvages et de chardons d'un rouge réconfortant. Un grand vent froid entrecoupé de pauses brûlantes. Il y a un arbre dépouillé à l'exception de trois feuilles et dessus un Monsieur-Petit-Oiseau qui n'est pas à son aise et qui aimerait autant être ailleurs. Il ne chante pas, eh! gredin pourquoi est-ce que tu ne chantes pas? C'est drôle! Comme nous sommes tous heureux! Il y a de quoi se tenir les côtes!

RÉFLEXIONS SUPPLÉMENTAIRES

Il y a des moments où l'on a l'impression qu'on a surpris la nature en pleine préparation d'une de ces énormes plaisanteries archiconnues et qu'elle est pétrifiée de confusion, eh! grande vache!

PERSONNE

Dans la petite cabane de bois, il n'y a personne. Pas autre chose sur la table qu'un grand chapeau de paille et une pipe et quelques grains de riz cuits. Et par la porte basse, comme par le hublot d'un diorama, on aperçoit un paysage étonnamment clair et lumineux, des montagnes et des vallées couvertes de neige, et au milieu un commencement d'arc-en-ciel.

AUTRE ARC-EN-CIEL

Le Pèlerin, abîmé, couvert d'un manteau de paille, qui chemine péniblement en levant haut les pieds au travers de cette précipitation céleste, aperçoit tout à coup un arc-en-ciel au milieu de la neige qui tombe d'une hauteur incommensurable.

ET UN AUTRE ENCORE

L'iris au milieu de la cascade. Et il y a six mois cette lampe à arc dans l'épaisse matière blanche et rose des fleurs de cerisiers émanation des eaux les plus pures nées de la neige fixité du mouvement et de la source.

ET UN AUTRE POUR EN FINIR

Au flanc de la cascade — à la hauteur de cet arbrisseau avec ses feuilles comme de petites étoiles rouges — les deux fées dans leurs longues soutanes verte et bleue, chacune tenant dans sa main un mouchoir de soie, l'un vert et l'autre bleu.

ET LE DERNIER QUE J'AVAIS OUBLIÉ

Le col de la Montagne — une immense plante sèche — et dans le blanc qui se déchire Bouddha sur son éléphant lumineux entouré d'un arc-en-ciel aux sept couleurs de la neige.

UN ARBRE À PLEINS POUMONS

Laissez-moi respirer à pleins poumons cet arbre rouge. Et ce soir, me pinçant le nez et me frappant à petits coups la gorge du tranchant de la main, vous verrez une vapeur de cinabre arborescent s'échapper du fond de la caverne dorée.

À MINUIT

Je suis réveillé par mon chien qui tousse et aussitôt, tirant la cloison de papier, j'ai le temps encore une seconde d'apercevoir dans la lumière de la nuit cette espèce d'énorme paon blanc qui s'épanouit dans le frisson d'un million de girandoles de cristal. Puis tout est redevenu notre terne et patiente nuit terrestre. Quel dégoût ! Quelle pauvreté !

FINS DE PHRASES

Le Roi Emma derrière mon dos. Dessiné avec la pointe d'une aiguille sur une coquille d'œuf.

ET POUR CONTINUER

Dessiné avec la pointe d'une aiguille sur une coquille d'œuf. Peint sur l'œil. En rêve piqué par l'ombre d'une puce. Regardé par cette goutte de rosée comme un œil sans point ni trou. C'est comme ça que commencent les poissons.

LE VIEILLARD DANS LA LUNE

Cependant qu'en moi la pensée et la réflexion ont atteint un état parfaitement perpendiculaire, je regarde avec tranquillité la servante qui s'occupe autour de moi dans la chambre d'une distance de 850 000 kilomètres. C'est remarquable comme je la vois bien.

DISTANCE

Nous ne marchons pas du même pas et c'est ennuyeux de ne nous être aperçus qu'à la minute même que nous sommes séparés par une distance de dix millions d'années.

MÊME PENSÉE

Un regard sardonique lui rappelle tout à coup que je lui suis antérieur de dix millions d'années.

PRÉCAUTION UTILE

Plus malin qu'une vieille rate, j'ai mis dans le coin de ma chambre un seau d'eau. De cette façon, je ne crains plus les visiteurs importuns. Rien de plus facile que de se couler instantanément dans l'autre monde par cet œil-de-bœuf.

GRATTEMENT

En attendant le dîner je gratte avec un peigne sur le bout de la table. Communication avec les morts.

DE L'AUTRE CÔTÉ DU MUR

Écoutez-les qui parlent de l'autre côté du mur. Ils ne savent pas que je suis là. Laissez-moi rire en dedans.

PIÉTÉ FILIALE

Ce bon fils qui pour obtenir la guérison de ses parents va supporter toute la nuit entièrement revêtu par l'écume — entre ses épaules le pilier de la cascade — nul doute que le poids de ces eaux directement sur lui descendues des montagnes divines ne fasse fonctionner en sa personne une véritable dynamo spirituelle et l'âme à l'eau adaptée.

ON PEUT FAIRE TOURNER

Suivant le temple que je visite, il m'est loisible en faisant tourner comme j'y suis invité soit cette bibliothèque octogone chargée de 50 000 volumes de la loi, soit cette plate-forme où huit Bouddhas de bronze adossés envisagent tous les angles de la miséricorde, il m'est loisible, dis-je, il me sera loisible plutôt si les mérites de mes ancêtres me valent de parvenir à l'extrémité de cette phrase imprudemment commencée, soit d'enrouler à cette énorme bobine les fils de la connaissance par l'autre bout amarrés à des milliards de cœurs d'hommes et d'animaux, soit de déclencher la dégringolade d'une destinée autour de moi cycloramique, en manœuvrant cet octuple Dieu sur pivot, dont je tiens le manche comme la roue au centre du navire.

FÊTE POPULAIRE

Une heure du matin. J'éteins la lampe et aussitôt fête populaire entre les jambes du grand *torii* sous l'arbre municipal qui porte à son cou allongé une cloche comme un chalumeau. Les familles sont bien heureuses de profiter d'un rayon de soleil entre deux averses. Toutes ces dames et demoiselles ont sorti leurs plus jolies ombrelles vertes et roses.

FÊTE FUNÈBRE

Je vous invite à une petite fête. Ce soir on enterre mon nom. Il était temps. J'en étais excédé. On va l'enfouir quelque part avec les apaisements appropriés de manière qu'il ne se réveille pas tout à coup en poussant des hurlements. Que je me sens à mon aise et soulagé dans ce nom nouveau ! Cela vaut bien de boire quelques coupes de saké. Acceptez également, Messieurs, ces crevettes salées.

GRAIN

Dans l'infini de la neige là-bas au-dessous de moi, je vois un point noir comme un grain de tabac qui se déplace vers mon ermitage. Le détachant de l'ongle et le plaçant sous le microscope il ne serait pas difficile de distinguer une femme dans son *kagô* entre les deux porteurs, empaquetée comme il convient pour une si longue pérégrination.

À minuit j'allume ma lampe, et aussitôt les sentences et les peintures m'apparaissent de toutes parts suspendues autour des parois de ma hutte.

Ikao
Férie de la Moisson
19 Octobre 1925.

CHRONOLOGIE

Cette chronologie ne pouvait être que sommaire ; un peu plus détaillée toutefois pour les débuts et les séjours en Chine et au Japon au cours desquels furent composés Connaissance de l'Est *et* L'Oiseau noir dans le soleil levant.

1868 *6 août :* Naissance de Paul Claudel, à Villeneuve-sur-Fère, en Tardenois. Son père, Louis Claudel, originaire de La Bresse, dans les Vosges, était receveur de l'enregistrement ; il avait épousé Louise Cerveaux, originaire de Villeneuve, où son père était médecin ; son oncle était curé de ce village.

1870 Louis Claudel est nommé à Bar-le-Duc.

1875 Paul Claudel entre au lycée de Bar-le-Duc ; il poursuivra ses études à Nogent, puis à Wassy-sur-Blaise, où son père est nommé ensuite.

1882 Tandis que Louis Claudel reste à Wassy, la famille s'installe à Paris. Camille, la sœur aînée, travaille dans un atelier de sculpteur. Paul entre au lycée Louis-le-Grand.

1884 Baccalauréat. En classe de philosophie, Claudel a pour condisciples : Marcel Schwob, Léon Daudet, Romain Rolland...

1885 Claudel commence des études de droit.

1886 *Juin :* Découverte de Rimbaud.
25 décembre : Conversion à Notre-Dame.

1887 Premiers poèmes. Claudel fréquente chez Mallarmé.

1889 Claudel poursuit ses études à l'Institut des Sciences politiques.
      Tête d'Or, première version.
1890 *Février :* Claudel est reçu au concours des Affaires étrangères. Il est nommé attaché au Ministère.
      La Ville, première version.
      Décembre : Confession. Retour à la pratique religieuse.
1892 *La Jeune Fille Violaine*, première version.
1893 Nomination de vice-consul, à New York, puis à Boston.
      L'Échange, Tête d'Or, seconde version.
1895 *Février :* Retour en France.
      Juin : Départ pour la Chine.
      Juillet : Arrivée à Shanghai.
      Vers d'exil.
1896 *Le Repos du septième jour.*
      Premiers poèmes de *Connaissance de l'Est* (voir les dates données à la fin de chaque poème).
      Mars : Claudel est chargé de la gérance du consulat de Fou-Tcheou.
      Décembre : Retour à Shanghai.
1897 *Mars :* Nomination à Han-k'éou.
      Septembre : Retour à Shanghai.
      La Ville, seconde version.
1898 *Juin :* Voyage au Japon.
      Septembre : Nomination de consul à Fou-Tcheou.
      La Jeune Fille Violaine, seconde version.
1899 *22 octobre :* Départ pour un congé en France.
1900 En France. Claudel entre à l'abbaye de Ligugé. Ses supérieurs lui conseillent de repartir pour la Chine. Publication au Mercure de France de *Connaissance de l'Est*, première partie.
1901 Retour en Chine. Rencontre d'Ysé.
1902-1905 Derniers poèmes de *Connaissance de l'Est*.
      Art poétique.
1905 Retour en France. *Partage de Midi.*
1906 *Mars :* Mariage. Départ pour la Chine.
      Nomination à T'ien-Tsin.
1907 Naissance de Marie Claudel.
      Nouvelle édition, au Mercure de France, de *Connais-*

sance de l'Est, avec neuf poèmes inédits qui en forment la seconde partie.

Les *Grandes Odes*.

1908 Naissance de Pierre Claudel.

Premiers poèmes de *Corona Benignitatis Anni Dei*.

1909 Nomination à Prague.

1910 Naissance de Reine Claudel.

L'Otage.

1911 *L'Annonce faite à Marie*.

Septembre : Nomination à Francfort.

1912 *La Cantate à trois voix*.

Naissance d'Henri Claudel.

1913 *Mars :* Mort de Louis Claudel. Internement de Camille.

Protée.

Octobre : Nomination à Hambourg.

1914 *Août :* Retour en France, à la suite de la déclaration de guerre.

Le Pain dur.

Publication à Paris chez l'éditeur Crès de l'édition dite coréenne de *Connaissance de l'Est*, édition composée à Pékin, sous la direction de Victor Segalen, l'édition «canonique» du texte, selon Claudel.

1915 Claudel est chargé d'une mission économique en Italie.

1916 *Le Père humilié*.

Nomination au Brésil, comme ministre de France.

1917 *Janvier :* Départ pour le Brésil.

Juin : Naissance de Renée Claudel.

1919 *Janvier :* Retour en France.

Juillet : Nomination à Copenhague.

1921 *Janvier :* Nomination d'ambassadeur.

Septembre : Départ pour le Japon.

Octobre-novembre : Voyage en Indochine.

1922 Claudel travaille au *Soulier de satin*. Pour les textes de *L'Oiseau noir dans le soleil levant*, voir les dates portées à la fin des textes, dans cette édition.

1923 *Septembre :* Tremblement de terre au Japon.

1924 Achèvement du *Soulier de satin*.

1925 *Janvier :* Départ pour un congé en France. Séjour à Lutaines (Loir-et-Cher). Conférences en France, en Angleterre, en Suisse, en Espagne.

1926 *Janvier :* Retour au Japon. *Protée*, seconde version.
      Décembre : Nomination à Washington.
1927 *Février :* Départ du Japon. Après un court séjour aux
      États-Unis, Claudel arrive en France en avril.
      Première édition (illustrée par Foujita) de *L'Oiseau noir
      dans le soleil levant.* « J'ai pris ce titre parce que mon nom
      peut se traduire à peu près en japonais par « oiseau noir »
      et que dans les gravures japonaises, vous le savez, on
      représente toujours un oiseau noir dans le globe du soleil
      levant. Peut-être aussi l'ai-je appelé ainsi en souvenir du
      vieux corbeau, si cher à mes enfants, qui chaque année
      revenait dans les jardins de l'Ambassade. Il se perchait
      sur le mât de pavillon et venait inspecter ce lieu qu'il fré-
      quente peut-être depuis des siècles. » (Interview parue
      dans *Les Nouvelles littéraires*, 7 mai 1927.)
      Le Livre de Christophe Colomb.
      Août : Départ pour les États-Unis.
1928 Au mois de juillet, à Brangues (Isère), Claudel com-
      mence *Au milieu des vitraux de l'Apocalypse*, premier des
      commentaires bibliques qui seront, jusqu'à sa mort, sa
      principale activité littéraire.
      Lors d'une nouvelle édition de *Connaissance de l'Est*,
      chez Pichon, Claudel ajoute, en tête du recueil, le texte
      inédit *Hong-Kong* qui sert de préface.
1929 Publication à la NRF de l'édition remaniée et augmen-
      tée de *L'Oiseau noir dans le soleil levant.*
1933 Nomination en Belgique.
1934 *Le Festin de la Sagesse.*
      Jeanne d'Arc au bûcher.
1935 *Un poète regarde la Croix.*
      Mars : Mise à la retraite. Échec à l'Académie française.
1937 *L'Épée et le Miroir.*
1938 *L'Histoire de Tobie et de Sara.*
1940-1944 Claudel passe les années d'occupation à Brangues.
      Il travaille à *Paul Claudel interroge l'Apocalypse*, au *Can-
      tique des cantiques.*
1943 Représentations du *Soulier de satin.*
1946 Élection à l'Académie française.
      La Rose et le Rosaire.

1948 *Emmaüs.*
Représentations de *Partage de Midi.*
1949 *L'Évangile d'Isaïe.*
1951 *L'Échange,* seconde version.
Trois figures saintes pour le temps actuel.
1955 Représentations de *L'Annonce faite à Marie* à la Comédie-Française.
23 février : Mort de Paul Claudel.

Table   335

L'OISEAU NOIR
DANS LE SOLEIL LEVANT

Ce volume,
le cent troisième de la collection Poésie,
a été composé par Interligne
et achevé d'imprimer sur les presses
de CPI Bussière à Saint-Amand (Cher),
le 29 mars 2010.
Dépôt légal : mars 2010.
1ᵉʳ dépôt légal dans la collection : mai 1974.
Numéro d'imprimeur : 101019/1.
ISBN 978-2-07-041776-6./Imprimé en France.

176771